第二节　行车调度员日常作业流程……………………………………173
　　第三节　安全风险管理……………………………………………………180
　　第四节　标准化制度管理…………………………………………………188

第六章　应急处置……………………………………………………………200
　　第一节　处置原则…………………………………………………………200
　　第二节　应急预案…………………………………………………………202
　　第三节　行车调整…………………………………………………………220
　　第四节　信息发布…………………………………………………………225

第七章　未来调度模式展望…………………………………………………229
　　第一节　无人驾驶条件下的调度指挥……………………………………229
　　第二节　调度指挥与人工智能结合应用…………………………………230

参考文献………………………………………………………………………233

附　录…………………………………………………………………………234
　　附录A　列车运行图
　　附录B　S1线综合布置图

目 录 >>>>

第一章　技术设备 ················001
第一节　线路基础知识 ················001
第二节　供电基础知识 ················012
第三节　信号基础知识 ················022
第四节　车辆基础知识 ················041
第五节　机电基础知识 ················053

第二章　运营组织基础 ················064
第一节　运营组织原则 ················064
第二节　运营组织内容 ················065
第三节　运营组织架构 ················066

第三章　行车组织 ················070
第一节　列车运行图 ················070
第二节　行车闭塞法 ················085
第三节　调度命令 ················089
第四节　行车分析 ················102
第五节　ATS系统操作 ················107

第四章　施工管理 ················148
第一节　施工计划分类 ················148
第二节　施工计划审批 ················151
第三节　施工组织 ················154
第四节　施工安全 ················165

第五章　日常工作管理 ················170
第一节　行车调度员岗位职责 ················170

路基本体包括用天然土、石所填筑的路堤和在天然地层中挖出的路堑，它直接支撑轨道，承受通过轨道的列车荷载，是路基的主体；排水设施主要用来把路基范围内的地面水迅速排到路基以外，并防止路基以外的地面水流入路基范围；护坡是用来防护路基边坡，使其免受自然作用破坏而出现坡面变形或失稳的设施，其主要作用是防护坡面、支持固定路基、防止雨水冲刷及防止沙雪掩埋路基。

（五）S1 线路基情况简介

S1 线大部分线路为高架和隧道，其中桐岭—潘桥区间和动车南站区段共约 3 km 线路为地面段线路，路基形式为路堤。S1 线地面段线路情况如图 1-1-1 所示。

图 1-1-1　S1 线地面段线路情况

二、道　床

（一）定　义

道床是轨道的重要组成部分，是轨道框架的基础。道床通常指的是铁路轨枕以下、路基

第一章 技术设备

第一节 线路基础知识

【学习目标】
（1）掌握路基、道床、钢轨、道岔的基本概念及作用。
（2）掌握道岔的结构及分类。
（3）了解S1线路基、道床和钢轨的基本形式。

一、路 基

（一）定 义

路基是轨道的基础，是经过开挖或填筑而形成的岩土结构物。

（二）作 用

路基是由填筑或开挖而形成的直接支承轨道的结构，其主要作用是为轨道铺设及列车运行提供必要条件，并承受轨道及机车车辆的静荷载和动荷载，同时将荷载向地基深处传递与扩散。在纵断面上，路基必须保证线路需要的高程；在平面上，路基与桥梁、隧道连接组成完整贯通的线路。

（三）分 类

路基依其所处的地形条件的不同，分为两种基本形式：路堤和路堑，俗称填方和挖方。

（四）组 成

路基主要包括本体、排水、护坡几个部分。

前 言

城市轨道交通是一个庞大复杂的技术系统,包括线路、车站、车辆、供电、通信、信号等多个专业,涵盖了土建、机械、电子信息、环境控制、运输组织等多个门类。因此,对从业人员开展岗位技能培训,成为城市轨道交通行业人员技能业务提升的重要途径,也是企业的一项重要任务。

本书从行车调度员岗位相关基础知识、作业标准、应急处置及安全管理等方面入手,参考相关企业的培训教材进行编写,并在教学内容中介绍了温州轨道交通S1线技术设备、运营指挥、行车组织、施工组织、日常工作管理、应急处置等内容,此外还结合当前轨道交通发展趋势,对未来全自动无人驾驶情形下的调度指挥进行了初步探讨。

本书在编写过程中汲取了相关教材的精华,结合前期的培训讲义、专业技术资料和培训师的授课心得,紧密联系城市轨道交通行车调度员的工作实际,其内容深入浅出,文字力求通俗易懂。在教材结构及内容编排上,一方面以温州市域铁路为背景介绍城市轨道交通行车调度员的具体工作内容,另一方面结合常见应急场景介绍行车调整分析,提升行车调度员的应急处置能力,具有较强的针对性。通过学习本教材,可以使学员较快掌握行车调度员的日常工作,提高其实践工作能力。

由于编者水平有限,编写时间仓促,书中难免有错误和不妥之处,恳请读者批评指正。

编 者

2020年9月

获得了多项科技进步奖项。另外,温州轨道交通S1线还被授予"城市轨道交通技术创新推广项目(工程类)"荣誉称号,在全国轨道交通建设中予以推广。该线于2019年9月28日全线开通运营,标志着温州正式迈入城市轨道交通时代。

近年来,随着我国综合实力与科技水平的提升,城市轨道交通建设和运营得到快速发展,但"日益增长的运营专业技术人才需求与现有市场人才供应不足之间的矛盾"已成为轨道交通行业和企业发展的主要矛盾。在这样的大环境下,企业的人才自主孵化和自主培养显得尤为重要,开发贴合温州轨道交通运营人才培养需求的教材迫在眉睫。运营分公司于2019年开始着手编写培训教材,结合规章及实际运营的优秀经验,历时一年开发出了一套符合专业技能人才培训的系列教材。本套教材涵盖了客运、乘务、调度和市域铁路机电设备接口调试实践等多个模块内容,可应用于全国市域轨道交通"订单班""定向班"、员工上岗取证等人才培养项目,希望能对轨道交通行业,尤其是市域线的人才培养有所帮助。

最后祝愿各行业同仁能学有所获、学有所用、学有所长,立足岗位,创出佳绩。

温州市铁路与轨道交通投资集团有限公司 董事长

序 言 >>>>

温州市铁路与轨道交通投资集团有限公司（以下简称"温州铁投集团"）是温州市唯一承担城市轨道交通项目前期规划、工程建设、投融资、运营管理及沿线资源开发等"五位一体"建设的市级国资企业。温州市铁路与轨道交通投资集团有限公司运营分公司（以下简称"运营分公司"）成立于2014年3月21日，为温州铁投集团全资控股子公司，主要承担温州轨道交通的建设、运营、管理等职责。自成立以来，温州铁投集团紧紧围绕市委市政府总体部署，坚持"轨道交通+新型城镇化+智慧化"发展理念，秉承"用心温暖每一程"的服务理念，努力践行"幸福轨道，链接温州新未来"的企业使命，着力把温州轨道交通真正打造成温州的"民生线、幸福线、安全线、风景线、致富线"。

温州地处我国东南沿海，山水分隔、土地稀少、海相冲积，素有"七山二水一分田"之称，加之民营经济发达、人口密集、城镇化程度高，块状经济、城镇组团特征明显。为构建紧凑集约、资源要素配置合理的城市格局，打造温州1小时"交通圈""经济圈"，温州铁投集团发扬"敢为人先、特别能创业创新"的新时代温州人精神，围绕打造"全国性综合交通枢纽"的目标，结合《温州市城市总体规划（2003—2020年）》，制定了"国家干线铁路+城际铁路+市域铁路S线+城区地铁M线"四层功能互补、融合发展的轨道交通发展体系。

温州轨道交通S1线作为全国首条制式模式创新的轨道交通线路，被国家发改委列为"国家战略新兴产业示范工程"，拥有"市域动车组项目""点式ATC信号系统""基于TD-LTE的通信技术""同相供电系统"四项创新关键技术，并凭借上述技术在轨道交通业内

面以上铺设的石砟（道砟）垫层。

（二）作　用

道床（如图 1-1-2 所示）主要有以下几方面的作用：
（1）承受来自轨枕的压力并均匀地传递到路基面上。
（2）提供给轨道横向阻力，保持轨道的稳定。
（3）提供轨道弹性，减缓和吸收轮轨的冲击和振动。
（4）提供良好的排水性能，以提高路基的承载能力及减少道床病害。
（5）便于轨道养护维修作业，校正线路的平纵断面。

图 1-1-2　道床（轨枕至路基之间的部分）

（三）道床分类

道床铺设于路基、桥梁或隧道等下部结构之上，钢轨、轨枕或支承块之下的碎石、卵石层或混凝土层，作为钢轨或轨道框架的基础。根据材料不同可分为有砟道床和整体道床。

1．有砟道床

道砟通常由具有一定粒径、级配和强度的硬质碎石堆集而成，道砟块之间存在着空隙和摩擦力，使得轨道具有一定的弹性，这种弹性不仅能吸收机车车辆的冲击和振动，使列车运行比较平稳，还大大改善了机车车辆和钢轨、轨枕等部件的工作条件，延长了使用寿命。

道砟应具有以下性能：质地坚韧、有弹性、不易压碎和捣碎；排水性好，吸水性差；不易风化，不易被风吹动或被水冲走。

2．整体道床

整体道床常为现浇钢筋混凝土结构，常用于不易变形的隧道内或桥梁上。

整体道床由混凝土整体灌筑而成，道床内可预埋木枕、混凝土枕或混凝土短枕，也可在混凝土整体道床上直接安装扣件、弹性垫层和钢轨。

（四）S1 线道床情况简介

S1 线的地面段线路采用碎石道床（见图 1-1-3），高架及地下段线路采用整体道床（见图 1-1-4）。

图 1-1-3　碎石道床

图 1-1-4　整体道床

三、钢　轨

（一）钢轨作用

钢轨是轨道的主要组成部件。它的功能在于引导机车车辆的车轮前进，承受车轮的巨大压力，并传递到轨枕上。

（二）钢轨类型

（1）钢轨的类型是以每米长的钢轨质量千克数表示的。我国铁路上使用的钢轨有 75 kg/m、60 kg/m、50 kg/m、43 kg/m 和 38 kg/m 几种。

（2）钢轨的断面形状采用具有最佳抗弯性能的工字形断面，由轨头、轨腰以及轨底三部分组成，钢轨断面构成如图 1-1-5 所示。为使钢轨更好地承受来自各方面的力，保证必要强度条件，钢轨应有足够的高度，其头部和底部应有足够的面积和高度、腰部和底部不宜太薄。

图 1-1-5　钢轨断面构成

（3）以上各种类型钢轨中，38 kg/m 钢轨现已停产，目前，我国城市轨道交通采用的钢轨主要有 50 kg/m 和 60 kg/m 两种。相比而言，60 kg/m 钢轨具有以下特点：

① 强度更大、稳定性更好、安全可靠性更高。
② 垂向刚度大、冲击振动小、线路平顺、噪声小。
③ 钢轨断面大、耐磨性好、使用寿命长。
④ 有利于降低供电能耗和提高杂散电流防护能力。
⑤ 初期投资较大，但由于其使用寿命长，伤损率低，养护维修工作量小，寿命周期内综合费用较低，综合效益好。

（三）钢轨长度

我国钢轨的标准长度为 100 m、50 m、25 m 和 12.5 m 四种，通称为标准轨；短于标准者称为短轨。

曲线缩短轨长度有比 12.5 m 标准轨短 40 mm、比 12.5 m 标准轨短 80 mm、比 12.5 m 标准轨短 120 mm 三种，有比 25.0 m 标准轨短 40 mm、比 25.0 m 标准轨短 80 mm、比 25.0 m 标准轨短 160 mm 三种。

（四）钢轨扣件

扣件是用于连接钢轨与轨枕的零件。其主要作用是将钢轨固定在轨枕上，保持轨距，阻止钢轨的横、纵向移动，并提供适当的弹性。

扣件性能直接影响轨道的安全性、平顺性和乘坐舒适性，主要设计原则如下：

（1）扣件应具有足够的强度、耐久性及适量的扣压力，以抵抗钢轨的纵向力和横向力，保证轨道结构的稳定性。

（2）扣件应具有较好的弹性，以减轻列车荷载的冲击。

（3）扣件应结构简单，安装方便，少维修。

（4）扣件应具有良好的绝缘性能，以减少杂散电流对结构的腐蚀。

为便于轨道进行几何形位调整，减小梁轨相互作用，城市轨道交通高架线路整体道床一般采用无挡肩、有螺栓、弹性分开式的小阻力扣件，扣件通过轨下胶垫或轨下小阻力复合胶垫提供弹性。

温州轨道交通 S1 线高架段主要采用 WJ-2A 型扣件，地下段及地面段主要采用弹条Ⅱ型扣件（其中地下段为分开式扣件）。扣件如图 1-1-6 所示。

（a）

（b）

图 1-1-6　扣件

（五）轨　枕

1. 概　念

轨枕是轨道的基础部件，承垫于钢轨之下，将钢轨所承受的压力和应力分散传递到道床

上，同时又能有效地保持钢轨的轨距和方向。

轨枕必须具备一定的柔韧性和弹性，能固定钢轨，有抵抗纵向和横向位移的能力。轨枕还能阻止钢轨因列车行驶压力而被拖动，能使两条钢轨之间保持一定的距离和方位。

2．分　类

轨枕一般可分为木枕、钢筋混凝土轨枕、钢枕及合成树脂轨枕。其中，钢筋混凝土轨枕因其使用寿命长、稳定性高、养护工作量小、损伤率与报废率低、自重大等优点而被广泛应用。

钢筋混凝土轨枕如图 1-1-7 所示。

图 1-1-7　钢筋混凝土轨枕

（六）S1 线钢轨情况简介

S1 线正线及配线采用 60 kg/m 钢轨，车辆段除与正线衔接的出入段线和试车线采用 60 kg/m 钢轨外，其他线路均采用 50 kg/m 钢轨。

S1 线正线采用跨区间无缝线路钢轨，钢轨焊接前后对比如图 1-1-8 所示。

（a）焊接前

（b）焊接后

图 1-1-8　钢轨焊接前后对比

四、道　岔

（一）定　义

道岔是一种使机车车辆从一股道转入另一股道的线路连接设备。

（二）作　用

通过道岔可以充分发挥线路的通过能力，通常在有技术作业的设备集中站铺设，可实现列车的交会、越行、转线、折返等作业。道岔是轨道中的薄弱环节之一。

（三）道岔结构

以最常见的普通单开道岔为例，道岔由转辙器、连接部分、辙叉及护轨三个单元组成，如图 1-1-9 所示。

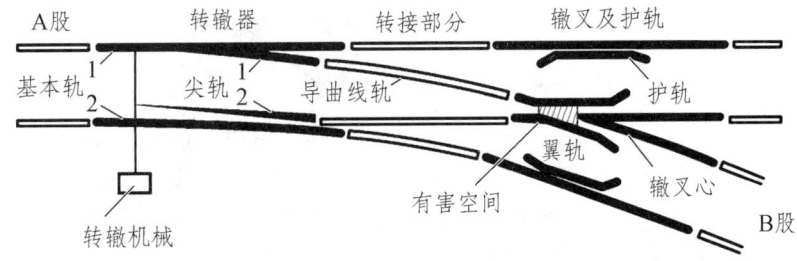

图 1-1-9　普通单开道岔

转辙器包括基本轨、尖轨和转辙机械。当机车车辆从 A 股道转入 B 股道时，操纵转辙机械使尖轨移动位置，尖轨 1 密贴基本轨 1，尖轨 2 脱离基本轨 2，这样就开通了 B 股道，关闭了 A 股道，机车车辆进入连接部分沿着导曲线轨过渡到辙叉和护轨单元。这个单元包括固定辙叉心、翼轨及护轨，作用是保护车轮安全通过两股轨道的交叉处。

道岔护轨是固定型辙叉的重要组成部分，设于固定辙叉的两侧，用来控制车轮运行方向，防止其在辙叉有害空间冲击或爬上辙叉心轨尖端，从而保证行车安全。在可动心轨辙叉中，一般仅在侧股设护轨，用以防止心轨的侧面磨耗。

（四）道岔分类

按照道岔结构类型可分为单开道岔、可动心轨道岔、对称道岔、三开道岔、复式交分道岔等，城市轨道交通线路中最常用的道岔为单开道岔。

1．单开道岔

单开道岔有主线和侧线，通过尖轨的动作实现道岔的开通，尖轨的动作由转辙机控制。单开道岔是现场使用最多、最典型的道岔类型，如图 1-1-10 所示。

道岔有顺向和对向之分：道岔尖轨往辙叉心方向为对向、辙叉心往道岔尖轨方向为顺向。

图 1-1-10　单开道岔

2．可动心轨道岔

前文讲解单开道岔时，大家可能已经发现，车轮在通过辙叉时，从两根翼轨的最窄处与辙叉心的最尖端之间有一段空隙，这就是道岔的有害空间。车轮通过此处时，有可能因走错辙叉槽而引起脱轨。设置护轨的目的也就在此，它要强制引导车轮的运行方向。尽管如此，有害空间的存在限制了列车通过道岔的速度，对开行高速列车十分不利。

解决道岔有害空间的根本之道就是消灭有害空间，而普通道岔难以做到，因此研制了特殊道岔——可动心轨道岔。可动心轨单开道岔如图 1-1-11 所示。

可动心轨最主要的特点是辙叉心轨可以扳动。当我们要开通某一方向股道时，可动心轨的辙叉心轨就与开通方向一致的翼轨密贴，与另一翼轨分开，这样一来，普通道岔的有害空间就不存在了。实践证明，消灭了道岔有害空间，行车更加平稳，过岔速度限制较小，因而特别适合运量大、需要开行高速列车的线路使用。

图 1-1-11　可动心轨单开道岔

3. 辙叉角（道岔号数）

道岔岔心所形成的角，称为辙叉角。道岔各个部分的主要尺寸，通常用辙叉角（α）的余切值来表示，即道岔号数 $N=\cot\alpha = FE/AE$。9 号道岔转辙角 6°20′25″，12 号道岔转辙角 4°45′49″，18 号道岔转辙角 3°10′47.39″。

显而易见，辙叉角 α 越小，N 值就越大，导曲线半径也越大，列车侧线通过道岔时就越平稳，允许过岔速度也就越高。所以采用大号道岔对于列车运行是有利的。不过，道岔号数越大，道岔越长，造价越高，占地越多。因此，采用什么号数的道岔要因地制宜，因线而异，不可一概而论。我国铁路主要线路上大多采用 9 号、12 号、18 号三个型号的道岔。道岔号数计算示意如图 1-1-12 所示。

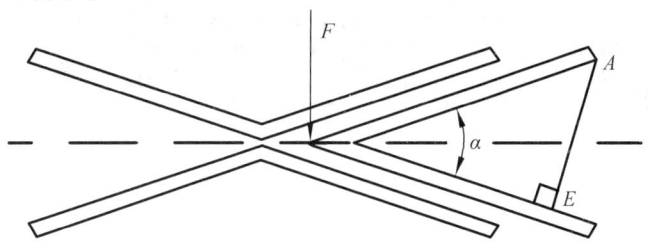

图 1-1-12　道岔号数计算示意

（五）S1 线道岔应用简介

（1）S1 线正线、配线均采用 60 kg/m 钢轨 12 号道岔（灵昆站存车线道岔采用 9 号道岔），桐岭车辆段内采用 50 kg/m 钢轨 9 号道岔。道岔允许通过速度如表 1-1-1 所示。

表 1-1-1　道岔允许通过速度

道岔类型	9 号道岔	12 号道岔
直向允许速度/（km/h）	100	120
侧向允许速度/（km/h）	35	50

（2）为了适应列车高速运行和无缝线路等结构的需要，S1线采用与中轴线不对称工字型的矮特种断面尖轨，简称AT轨（A和T是"矮"和"特"字汉语拼音第1个字母），且采用曲线尖轨。曲线尖轨与直线尖轨特点对比如表1-1-2所示。

表1-1-2 曲线尖轨和直线尖轨特点对比表

	曲线尖轨	直线尖轨
优点	1. 逆向过岔时较平顺，尖轨尖端轨距加宽量小，直股行车条件好，侧向过岔速度高； 2. 尖轨根端采用弹性可弯结构，结构稳定； 3. 道岔长度略短，可节省土建投资； 4. 可适用于跨区间无缝线路	1. 左右开道岔尖轨可通用互换，不需分别备料； 2. 与国铁道岔钢轨件相同，便于养护维修； 3. 单点牵引，可节省电务投资
缺点	1. 左右开道岔尖轨不通用，需分别备料； 2. 尖轨较长，需两点牵引，增加电务投资	1. 逆向过岔走行侧股时冲击角大，尖轨根端活接头养护维修量较大； 2. 侧向过岔速度低； 3. 尖轨根端的活接头结构无法冻结，难以用于跨区间无缝线路

AT尖轨（如图1-1-13所示）具备如下特点：
① 尖轨尖端采用"藏尖式"。
基本轨轨头下颚刨切，尖轨尖端藏于其内，防止轮缘轧伤，消除了列车过岔的垂直不平顺，提高直股过岔速度。
② 靠根端处轨底内侧刨切一部分，便于弯曲形成曲线，增大导曲线半径。
③ 尖轨根端与普通钢轨断面相同，便于用普通鱼尾板联结。
④ 采用限位器防止尖轨爬行。
⑤ 尖轨下设24 mm高滑床台，可减少沙、雪的影响，提高行车安全性。

 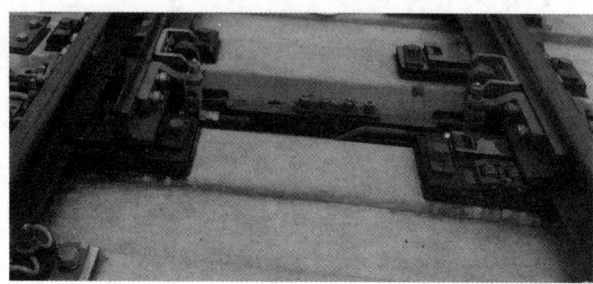

图1-1-13 AT尖轨

（3）S1线高架及地面线路部分铺设的道岔采用可动心道岔。其中动车南站最外端的W0101/W0103道岔、灵昆站正线上的道岔及其他高架站的道岔均采用12号可动心道岔，有效提高了列车侧向过岔的平顺性。

思考题：
1. 单开道岔由哪些组成？
2. 道岔号与辙叉角及导曲线半径、通过速度的关系是什么？

3. 路基的主要形式及作用有哪些？

4. 钢轨的型号及作用有哪些？

评价表

项目名称	技术设备	学生姓名	
任务名称	线路基础知识	分数	
项目		分值	考核得分
1. 路基基础知识掌握		10	
2. 道床基础知识掌握		10	
3. 钢轨基础知识掌握		10	
4. 道岔知识掌握		20	
5. 温州 S1 线路基础设备应用情况掌握		50	
教师简要评语：			
			教师签名：

 第二节　供电基础知识

【学习目标】

（1）了解供电系统的组成和工频单相 25 kV 交流的应用和特点。

（2）了解分区所和开闭所的概念。

（3）掌握接触网的定义及基本作用。

（4）了解柔性和刚性接触网的异同。

一、变配电

（一）供电系统

城市轨道交通供电系统根据功能不同，一般划分为以下几部分：外部电源、主变电所（牵引和电力合建）、20 kV 环网、车站降压变电所、电力监控系统等。

供电系统由 110/27.5 kV（"/"表示变压，下同）主变电所、27.5 kV 牵引网系统、牵引回流系统、电力监控系统及 110/20 kV 电力变电所、20/0.4 kV 电力变电所、0.4 kV 动力照明配电系统等组成。

（二）单相工频交流制应用

单相工频交流制是指主要用于大运量、重载的铁路运输，额定电压为 25 kV，目前得到了广泛采用。主要采用直接供电+回流线方式进行供电。

单相工频 25 kV 交流制特点如下：

（1）与国家电力行业接轨，易于标准化。

（2）接触网额定电压较高，负荷电流相对较小。使接触网导线截面积减小，牵引变电所间距延长，减少工程投资。

（3）电能损失和运营费用少。

（4）感应电对人身安全威胁大。

（三）牵引网

电力系统输电线路电压从 110 kV 降到 27.5 kV，经馈电线将电能送至接触网。接触网沿钢轨上空架设，市域动车组升弓后便可从其取得电能，用以牵引列车。两相邻主变电所之间设有分区所。主变电所供电至分区所之间的接触网称供电分区。由于两相邻主变电所供电分区的接触网电流相位不同，所以设有无电区用于市域动车组惰行通过。牵引网主要由馈电线、接触网、轨道及其他设备构成，具体如图 1-2-1 所示。

馈电线：连接牵引变电所和接触网的导线。

接触网：沿线路露天敷设，通过和受电弓的滑动接触把电能输送给电力机车的供电设施。接触网由接触线、承力索以及支持、悬挂和定位等装置组成。

轨道：牵引电流的回流导线、支撑与导向、信号专业轨道电路。

其他设备：馈电线、回流线、牵引变压器、避雷器、架空地线、供电线。

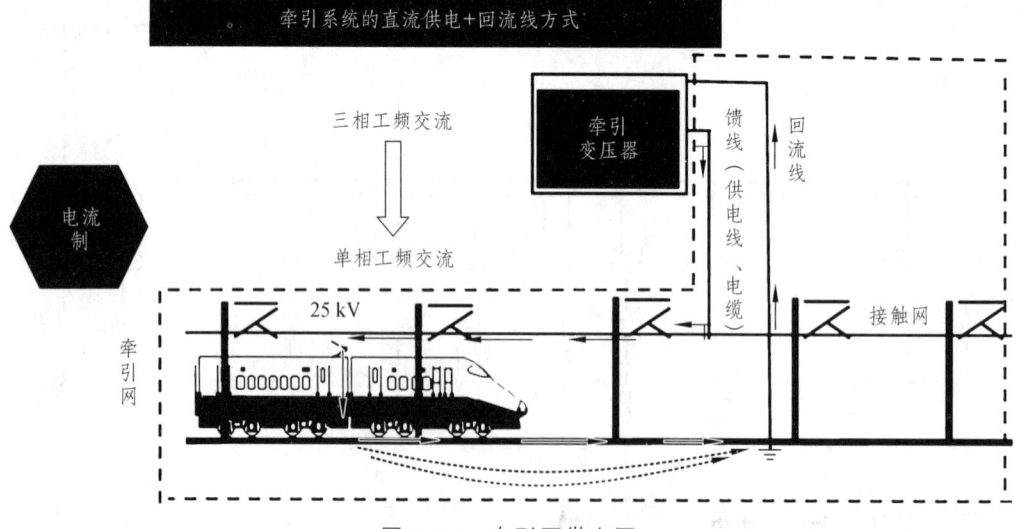

图 1-2-1　牵引网供电图

（四）主变电所（牵引所）

主变电所引入两回独立 110 kV 电源。温州 S1 线全线共设温州站主变电所、灵昆站主变电所 2 座（牵引和电力合建）。通过牵引变压器将 110 kV 降压为单相 27.5 kV 和 6 kV，6 kV 经同相供电装置升压为 27.5 kV，向全线接触网供电；通过电力变压器将 110 kV 降压为 20 kV 交流电后，通过 20 kV 环网向全线车站降压变电所供电。

温州主变电所如图 1-2-2 所示。

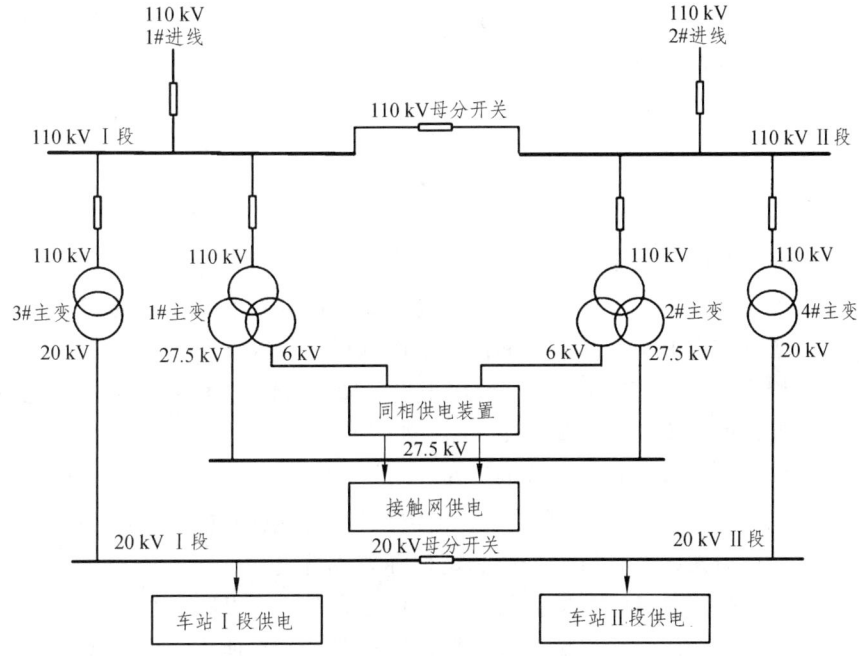

图 1-2-2　温州主变电所

20 kV 环网如图 1-2-3 所示。

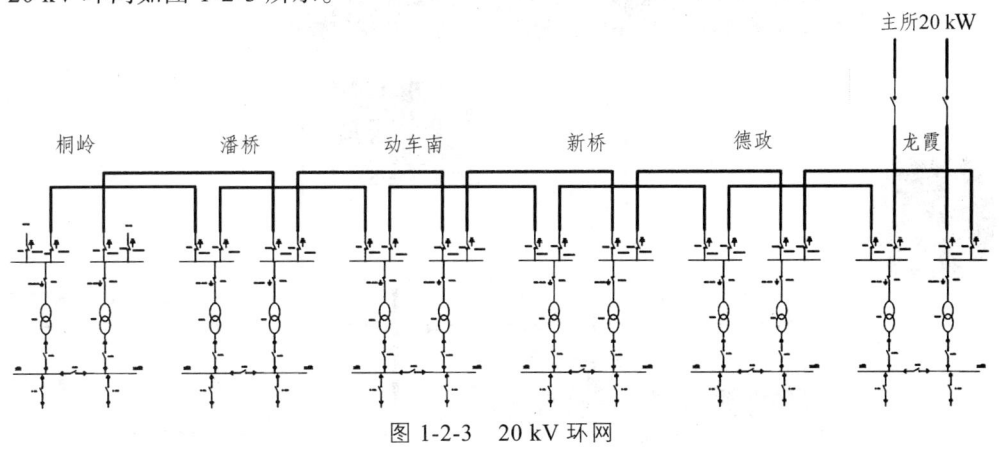

图 1-2-3　20 kV 环网

（五）车站降压变电所

车站、工作井和隧道出入口附近设置 20/0.4 kV 室内变电所，变电所两路 20 kV 电源均

由两条 20 kV 环网供电。S1 线共设有 21 个 20/0.4 kV 车站变电所用于车站设备供电、3 个 20/0.4 kV 工作井变电所用于地下区间通风井设备供电、2 个地下隧道变电所用于地下区间隧道口设备供电、2 个隧道箱变用于山体隧道设备供电。车站降压变电所如图 1-2-4 所示。

正常工作时，两台变压器同时运行。当其中一台变压器因故退出运行时，通过 SCADA 远方手动方式进行分/合闸操作，由另一台变压器带全所一级和二级负荷。

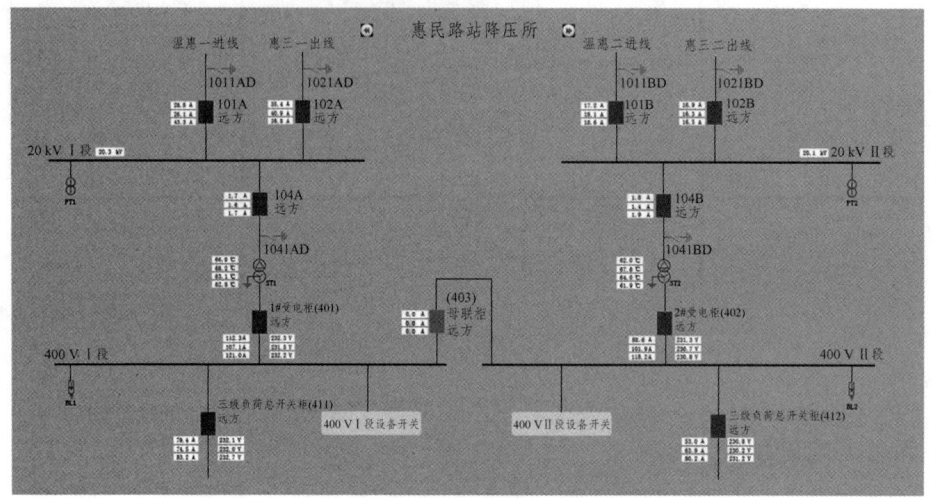

图 1-2-4　车站降压变电所

（六）分区所

1．定　义

交流电气化铁路上为了增加供电灵活性并提高运行可靠性，常在两个牵引变电所的供电分区中间加设分区所。

2．作　用

（1）可以使两相邻的供电区段实现并联工作或单独工作。当实现并联工作时，分区所的断路器闭合，否则打开。分区所上下行并联供电状态如图 1-2-5 所示。

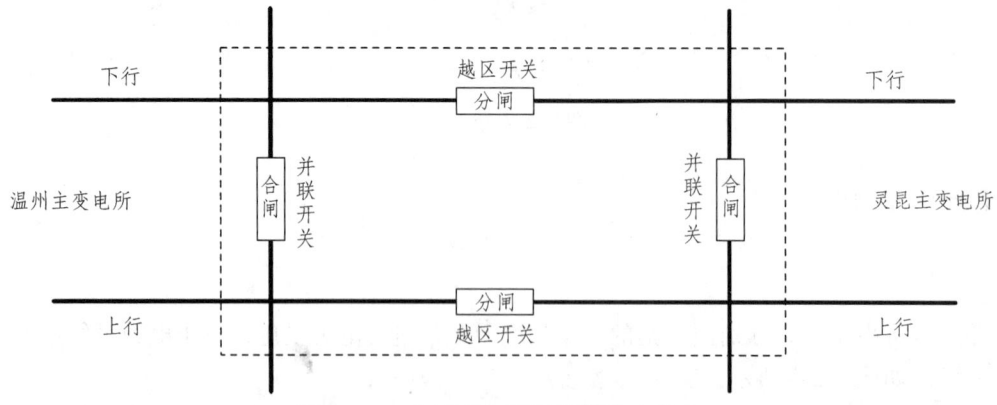

图 1-2-5　分区所上下行并联供电状态

（2）当相邻牵引变电所发生故障而不能继续供电时，可以闭合分区所的断路器由非故障牵引变电所实行越区供电。分区所越区供电状态如图1-2-6所示。

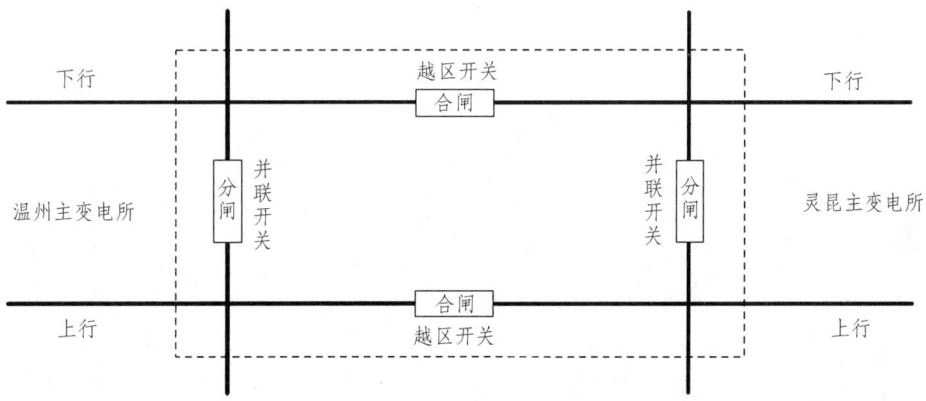

图1-2-6　分区所越区供电状态

（3）两边同时供电的供电区内发生牵引网短路事故时，可由分区所的断路器切除事故点的一半供电区，非事故段仍可照常工作。分区所如图1-2-7所示。

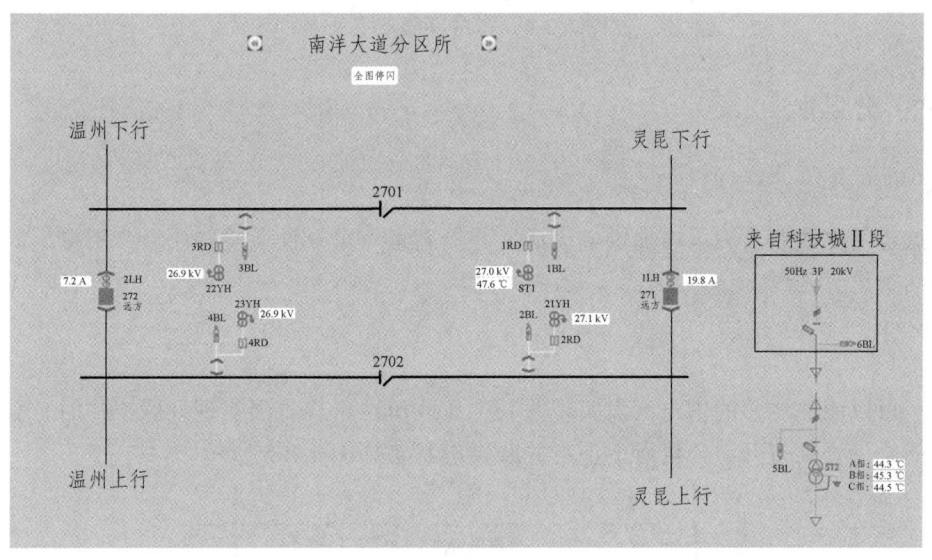

图1-2-7　分区所

（七）开闭所

1．定　义

开闭所将高压电力分别向周围的几个用电单位供电的电力设施，位于电力系统中变电站的下一级，如图1-2-8所示。

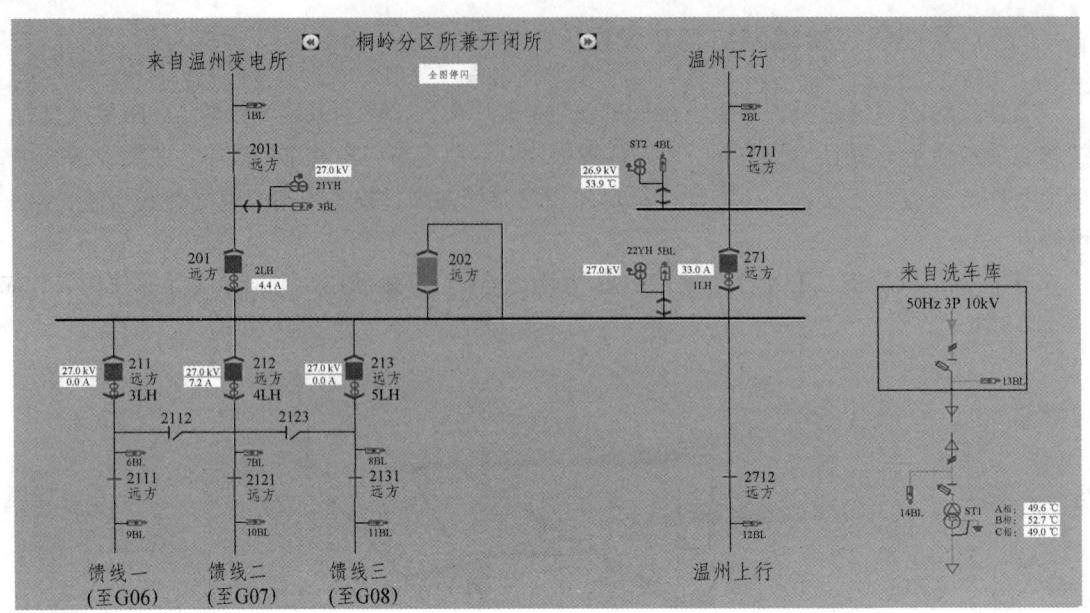

图 1-2-8 开闭所

一般在下面两种情况或系统中设置：
（1）在离牵引变电所较远的铁路枢纽地区，由于站线多，接触网相对复杂。
（2）动车组作业繁忙，故障概率变大。

2．作　　用

为保证枢纽供电的可靠性并缩小事故范围，一般将接触网横向分组及分区供电，由开闭所的多路馈线向接触网各分组和分区供电。

二、接触网

（一）接触网定义

接触网是电气化轨道交通所特有的、沿路轨架设的、为电动车组提供电能的特殊供电线路，是电气化轨道交通牵引供电系统的重要组成部分。

目前，城市轨道交通常用的供电方式为接触轨或接触网供电，接触网又可分为柔性接触网和刚性接触网。一般高架及地面段采用柔性接触网，地下段采用刚性接触网。

（二）接触网的作用

接触网的作用是通过电动车组的受电弓和接触网的滑动接触，电能由接触网传入电动车组，驱动牵引电动机使列车运行。

（三）柔性悬挂接触网结构与设备

柔性接触网系统是沿铁路上空架设的输电线路，柔性接触网系统弹性好、弓网接触良好、接触线受流质量高并且不受空间、地理位置限制。常用于高架段及车辆段中。在柔性系统中，单个零件的制造工艺简单，工艺性能稳定，相互协调性高，提高了整个系统的安全性、防火性等。

柔性接触网由支柱和基础、支持装置、定位装置、接触悬挂、附加导线等部件构成，如图 1-2-9 所示。

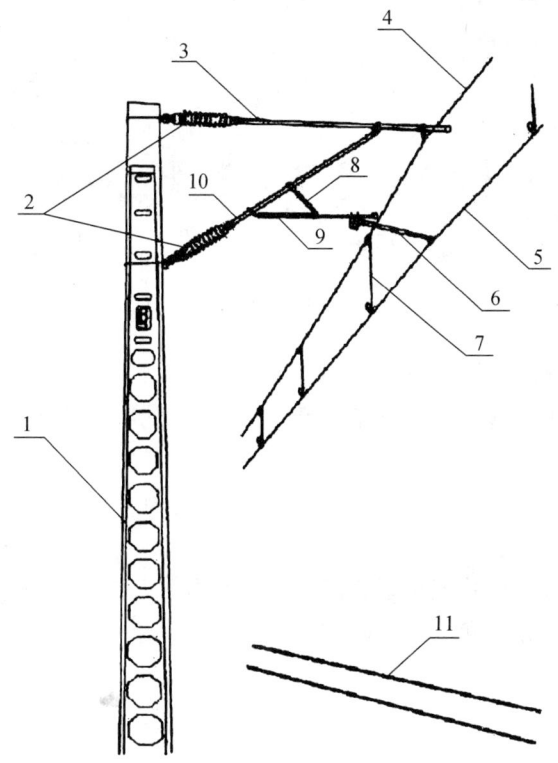

1—支柱；2—棒式绝缘子；3—平腕臂；4—承力索；5—接触线；6—定位器；7—吊弦；
8—定位管支撑；9—定位管；10—平腕臂；11—钢轨。

图 1-2-9　柔性悬挂接触网结构图

1．支柱与基础

支柱是用来承受接触悬挂及支持装置负荷，并将其负荷传递给基础或大地，把接触悬挂固定在规定的高度上的接触网支撑设备。

2．支持装置

支持装置的作用是支撑和固定接触悬挂的同时承受接触悬挂的重力和水平力。

3．定位装置

定位装置的作用是确定接触线的水平距离，不脱离受电弓的接触且使受电弓滑板均匀磨耗。

腕臂及其附属设备如图 1-2-10 所示。

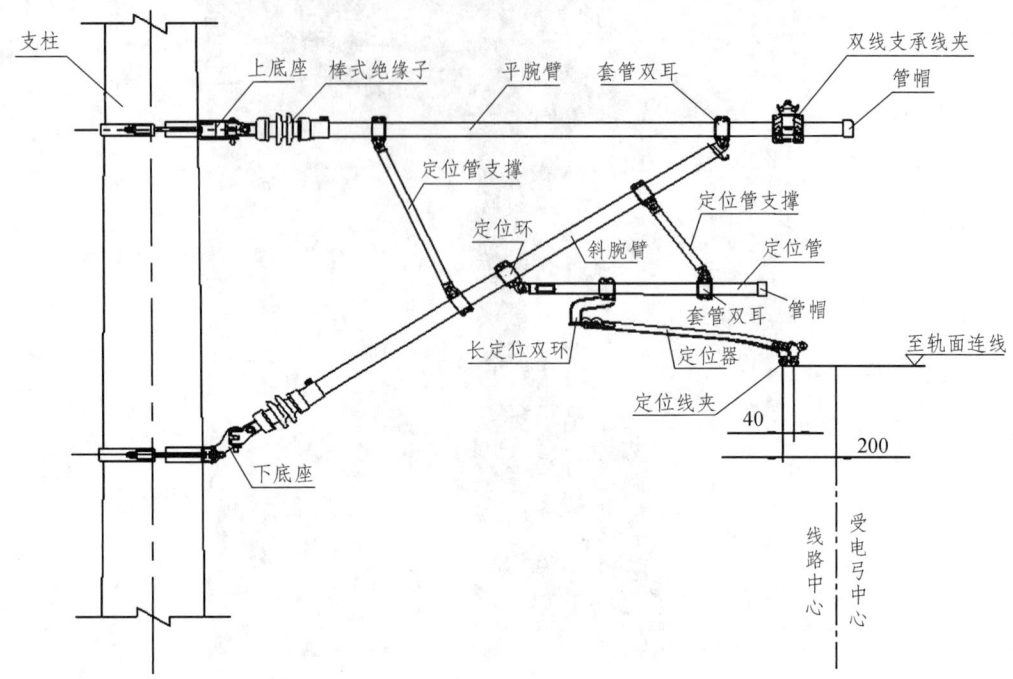

图 1-2-10　腕臂及其附属设备

4．接触悬挂

接触悬挂的作用是通过与受电弓接触将电能输送给电动车组从而获取驱动动力源。

（1）承力索。

承力索的作用是通过吊弦承受接触线的重量，导通电流，与接触线并联供电，同时保证接触线对轨面的相对高度。

（2）接触线。

接触线的作用是在各种复杂环境中，安全良好地向电力机车或动车组输送电流。

（3）吊弦。

吊弦起到把接触线悬吊在承力索上，并确定接触线高度，改善受流质量的作用，同时还起到承力索与接触线间导通电流的作用。

（4）锚段及锚段关节。

接触网分成若干一定长度且机械、电气上相互独立的分段，称为锚段；两个锚段相互衔接的部分称为锚段关节。

锚段关节的作用：当电动车组通过时，使受电弓能够平滑、顺利、安全地由一个锚段过渡到另一个锚段。

（5）补偿装置（坠砣）。

补偿装置由补偿器和补偿制动装置组成，作用是线索在因温度变化引起沿线路纵向移动时，保持接触悬挂良好的工作状态，如图 1-2-11 所示。

图 1-2-11 坠砣

（6）中心锚结。

在两端设有补偿器的锚段中部，将接触线与承力索进行固定，同时将承力索与支柱或其他固定装置固定，这种悬挂固定装置被称为中心锚结。

5．接地保护及回流装置

地线也叫保护线，确保接触网在短路异常的情况下，及时将泄漏电流流回牵引所，使保护装置动作，切断电源。

6．附加悬挂

（1）馈电线：减小接触网电阻，提高供电末端电压。

（2）均回流线：建立牵引电流返回变电所的通道。

（3）架空地线：保护线。

7．其他设备

（1）线岔。

线岔的作用是保证受电弓由一条股道上空的接触线平滑、安全地过渡到另一条股道上空的接触线上，从而完成转换线路运行的目的。

（2）隔离开关。

隔离开关的作用是实现对电分段和线路的控制，满足检修和其他作业停电的要求。

（3）避雷器。

避雷器的作用是防止电气设备遭受过电压破坏。

（四）刚性悬挂接触网

刚性悬挂接触网是将接触导线夹装在汇流排上的一种悬挂方式，依靠汇流排自身的刚性使得接触导线保持在同一安装高度，从而取消链形悬挂承力索使接触悬挂系统具备最小的结构高度，最大程度地利用有限的悬挂空间。刚性悬挂系统中接触导线及汇流排不受张力作用，与柔性接触悬挂系统相比，绝无断线的可能。

刚性接触网及其构成如图 1-2-12 所示。

图 1-2-12　刚性接触网及其构成

（1）汇流排。

接触导线一般采用银铜导线，与柔性接触悬挂所采用的接触导线相同或相似，其截面积一般采用 120 mm^2 或 150 mm^2。接触导线通过特殊的机械镶嵌于"Π"型汇流排上、或通过专用线夹固定于"T"汇流排上，与汇流排一起组成接触悬挂。作用是夹持、固定接触线，承载和传输电能。

（2）伸缩原件。

伸缩原件的功能是能在一定范围内自由伸缩，同时又能满足电气性能的要求，既能保证电气上的良好接触和导电的需要，又能保证机械上的良好伸缩性。

（3）接头。

接头由汇流排接头连接板和螺栓组成，用于连接两根汇流排。

（4）中心锚结。

中心锚结由中心锚结线夹、绝缘线索、调节螺栓及固定底座组成。其作用是防止接触悬挂窜动。

思考题：

1. 供电系统由哪些组成？
2. 接触网由哪些设备组成？

评价表

项目名称	技术设备	学生姓名	
任务名称	供电基础知识	分数	
项目		分值	考核得分
1. 变配电基础知识		40	
2. 柔性接触网		30	
3. 刚性接触网		30	
教师简要评语：			
		教师签名：	

 第三节 信号基础知识

【学习目标】

（1）了解信号系统基本原理。
（2）掌握信号基础设备及其工作原理。
（3）掌握联锁的定义及其能实现的基本功能。
（4）掌握 ATS 子系统的常用功能。
（5）掌握 ATP 子系统的基本组成。
（6）了解 ATO 和 DCS 子系统的基本知识。

一、信号系统基本介绍

信号系统是城市轨道交通的重要基础设施之一，它对确保列车运行安全和提高行车效率起到至关重要的作用。

城市轨道交通信号系统被称为列车自动控制系统（ATC），是通过信息交换网络构成闭环控制系统，实现地面控制与车载控制相结合、现地控制与中央控制相结合的列车自动控制系统。ATC 系统靠控制列车运行终点及运行速度来保证列车在一定的空间间隔条件下按照经济合理的速度安全运行。

ATC 系统主要包含 ATP（列车自动防护）子系统、ATS（列车自动监控）子系统和 ATO（列车自动驾驶）子系统，列车在 ATP 子系统的防护下，按照 ATS 子系统发出的指令由 ATO 子系统自动控制列车按运行图计划运行。ATC 系统主要结构如图 1-3-1 所示。

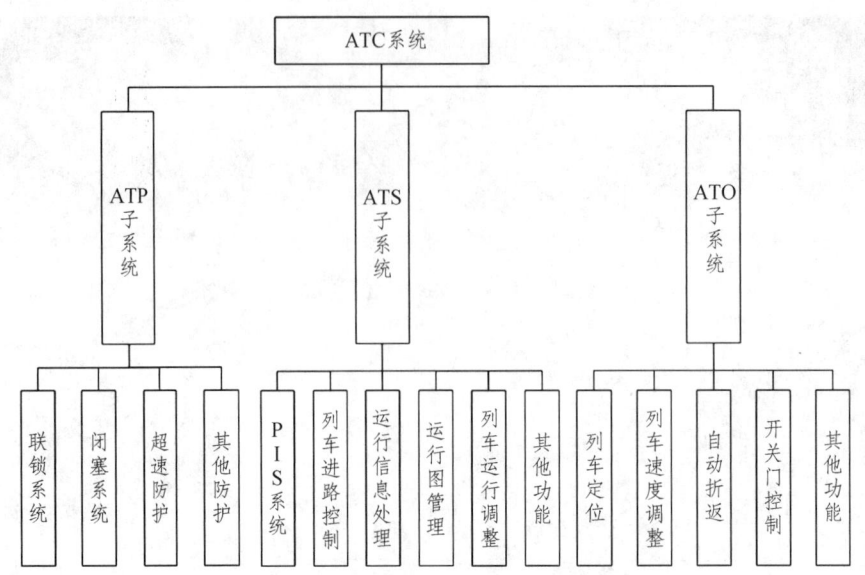

图 1-3-1　ATC 系统结构示意

信号系统主要由车辆段信号系统和正线信号系统两部分组成。控制设备可以分为车载设备和地面设备。车载 TOD 显示屏如图 1-3-2 所示。轨旁应答器如图 1-3-3 所示。

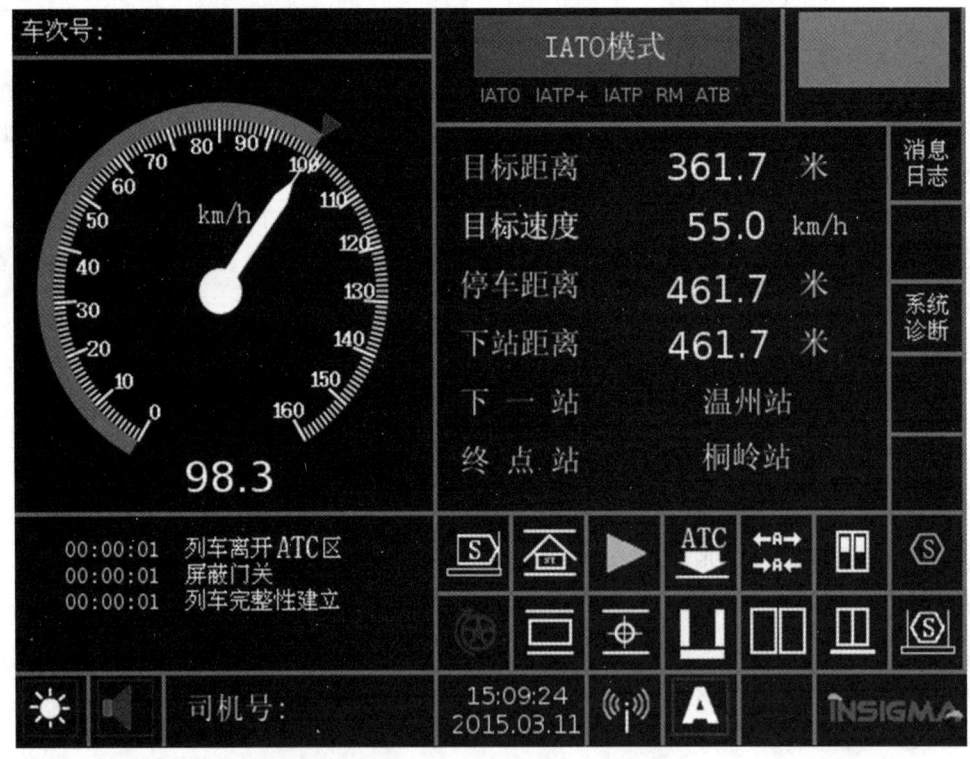

图 1-3-2　车载 TOD 显示屏

图 1-3-3　轨旁应答器

二、信号基础设备

(一) 继电器

继电器是一种电磁开关，能以较小的电信号控制执行电路中的大功率设备，实现自动控制和远程控制。

在联锁设备中，继电器作为主机与信号机、轨道电路及转辙机的接口电路使用。信号继电器在使用过程中具有表示功能、驱动功能，并能够实现逻辑电路。继电器具有"故障-安全"性能，即在信号系统发生故障的情况下，其后果不应危及行车安全。

(二) 信号机

1．信号分类

信号可分为地面信号和车载信号。

地面信号：设置在线路附近供驾驶员辨识的信号。

车载信号：通过传输设备，将地面信号或其他方式传输的信号直接引入列车驾驶室显示的信号。

城市轨道交通一般采用"地面信号与车载信号相结合、以车载信号为主"的运用方式，列车运行速度不取决于地面信号机的显示，地面信号只起辅助作用。

2．信号机设置

信号机通常设置于列车运行方向一侧，在存车线尽头设置阻挡信号机，为红色单显示结

构，在车辆段出入口处设有出段信号机和入段信号机。

在正线道岔区段、降级运行时的列车进路始终端、其他需防护的特殊位置（如从车辆段进入正线 ATC 控制范围入口处）以及为满足后备模式下间隔要求，设置防护信号机，其余地点原则上不设置地面信号机。

3．信号机分类

（1）进站信号机。

进站信号机主要用来防护车站区域，具体来说，就是用来防护接车进路。

进站信号机的显示明确了列车应该站外停车还是通过车站，是站内直股进站停车还是进入侧线停车。信号开放前检查进路上的道岔位置是否正确，进路上有无车辆占用，是否未建立敌对进路，紧急停车按钮、站台门状态等是否满足联锁条件，以保证进路安全。

（2）出站信号机。

出站信号机主要是为了指示列车可否由车站出发进入区间及以什么样的条件进入区间。在开放前须检查站外第 1 个和第 2 个闭塞分区的空闲状态，未建立敌对进路的情况下，允许开放出站信号机指示列车由车站出发。

（3）区间通过信号机。

在城市轨道交通中由于列车在正线上运行时以车载信号为主体信号，因此通过信号机以绿灯为定位。当信号系统发生故障进行降级控制时，通过信号机作为站间闭塞的地面信号参与到列车运行控制中。

区间通过信号机一般为三显示机构，自上而下灯位为黄、绿、红。

（4）阻挡信号机。

阻挡信号机设于线路的终点，起阻挡列车的作用。阻挡信号机采用单显示机构，为一个红灯。

（5）进路表示器。

进路表示器不能单独开放，在有两个出站方向的出站信号机作为辅助显示信号，当出站进路经道岔侧向出站时，进路表示器显示一个白色灯光，配合开放的出站信号机，指示列车可经道岔侧向按出站信号机显示的要求出站。

（6）调车信号机。

为保证列车在车站（车辆段）内的行车安全，凡影响列车作业的调车进路，均应设置调车信号机，调车信号机要根据调车作业的实际需要设置。

调车信号机一般为矮型信号机，蓝灯表示禁止调车，白灯表示允许调车。

4．信号机编号

进站、出站、区间通过及阻挡信号机按列车运行方向命名，上行用 S 表示，下行用 X 表示，调车信号机用 D 表示，在名称后面加股道或数字编号。

S1 线信号机编号由 4 位组成，前两位为车站序号，后两位为信号机顺序编号，下行方向为单数，上线方向为双数。信号机外形如图 1-3-4 所示，信号机布置及编号如图 1-3-5 所示。

图 1-3-4　信号机

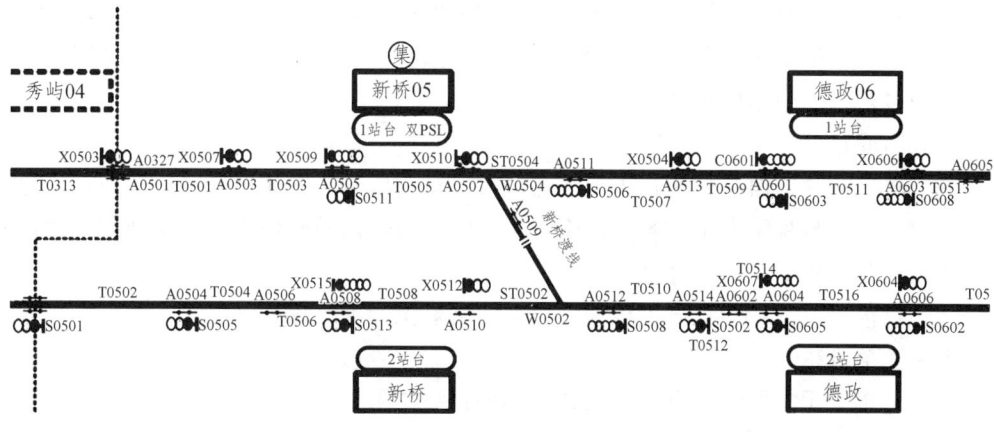

图 1-3-5　信号机布置及其编号

（三）计轴设备

（1）计轴设备是通过比较进入和驶离轨道区段两端计轴点的列车轴数，来完成轨道区段空闲与占用状态自动检查的专用铁路信号设备，计轴原理如图 1-3-6 所示。

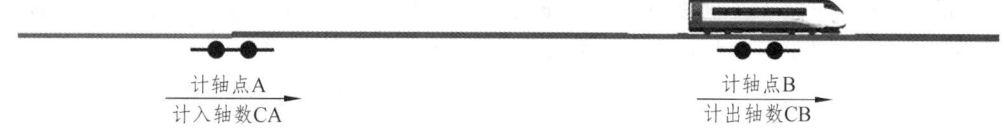

图 1-3-6　计轴原理示意

如图 1-3-6 所示，列车从所监视区段的 A 端驶入，计入轴数为 CA，列车从所监视区段的 B 端驶出，计出轴数为 CB。当 CA 不等于 CB 时，区段占用（计轴区段占用用红色表示）；当 CA 等于 CB 时，区段空闲。

（2）S1线正线范围内采用计轴设备将正线划分为若干个轨道区段，并实时监视区段占用情况，计轴区段是联锁的基础。车轮传感器（计轴点）如图1-3-7所示，电缆终端盒如图1-3-8所示。

图1-3-7　车轮传感器（计轴点）

图1-3-8　电缆终端盒

（3）计轴干扰。

当计轴设备受外界电磁信号干扰或被铁质异物错误划过磁头传感器时，虽然实际上并无机车车辆占用，但计轴区段仍会显示占用（计轴区段红光带），此情况为非正常情况。

遇计轴受扰时，可通过计轴预复位操作恢复设备。进行计轴预复位操作时应首先应确认受扰区段无机车车辆占用且无人员或异物侵限，然后在车站IBP盘上进行计轴预复位操作，确认操作完成后，命令后续列车降级限速通过该区段，当系统判断计入和计出轴数相等后红光带消失，表示计轴复位成功，可以恢复正常运行。若计轴复位操作后，红光带仍存在，则计轴设备存在其他故障，在故障修复前只能确认安全后授权司机越红灯运行，同时通知维修单位进行抢修。

（4）计轴复位操作。

当对计轴系统进行维护或者由于轨行区的施工、维护人员作业导致计轴区段占用时，可通过复位操作使设备恢复到空闲状态。执行复位操作后，计轴区段轴数被清零，但计轴区段

仍处于占用状态。当下一次计轴过程中，计入和计出轴数相等时才能给出轨道空闲状态，从而保障列车运行安全。下一次计轴过程也可以通过放大板的模拟行车按钮执行。IBP 盘计轴预复位按钮如图 1-3-9 所示。

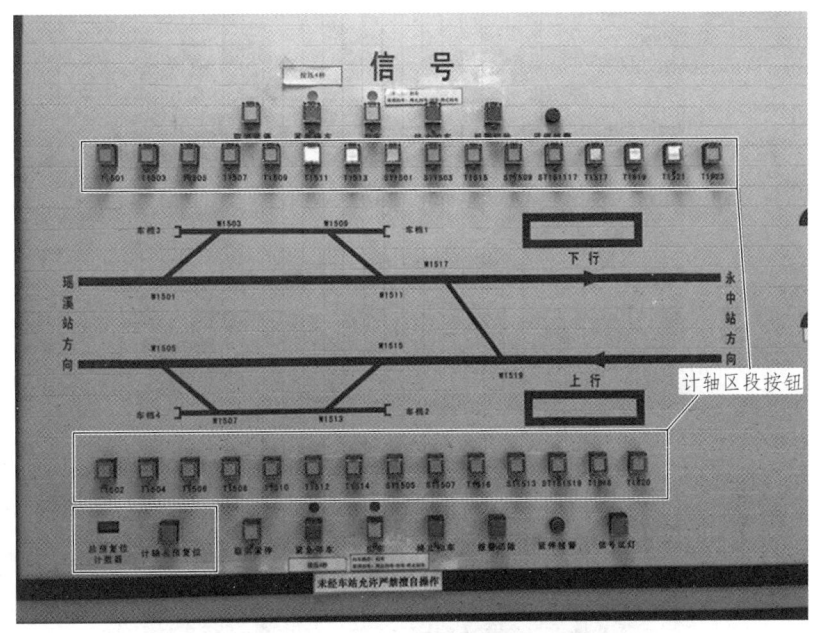

图 1-3-9　IBP 盘计轴预复位按钮

（四）转辙机

（1）转辙机是重要的信号基础设备，用于实现对道岔的转换和锁闭，是直接关系行车安全的设备，对保证行车安全和提高运输效率，起着非常重要的作用，如图 1-3-10 所示。

图 1-3-10　转辙机

（2）在集中联锁设备中，转辙机的作用是接收到命令后带动道岔转换，其主要功能如下：
① 根据操作要求，将道岔转换至定位或反位。
② 道岔转换至规定位置而且密贴后，自动实行机械锁闭，防止外力改变道岔位置。
③ 当道岔尖轨与基本轨密贴后，正确反映道岔位置，并给出相应表示。
④ 发生挤岔以及道岔长时间处于"四开"位置(尖轨与基本轨不密贴）时，及时发出报警。

（3）道岔转辙机一般设有动作杆和表示杆两个外部部件，道岔动作杆用来传递转辙机的动力，牵引道岔尖轨来回动作，从而实现道岔位置的转换；道岔表示杆则在道岔转到规定位置并密贴后在行车设备终端给出相应的位置表示。道岔动作杆及表示杆如图 1-3-11 所示。

图 1-3-11　道岔动作杆及表示杆

道岔定反位表示（左图表示定位、右图表示反位）如图 1-3-12 所示。

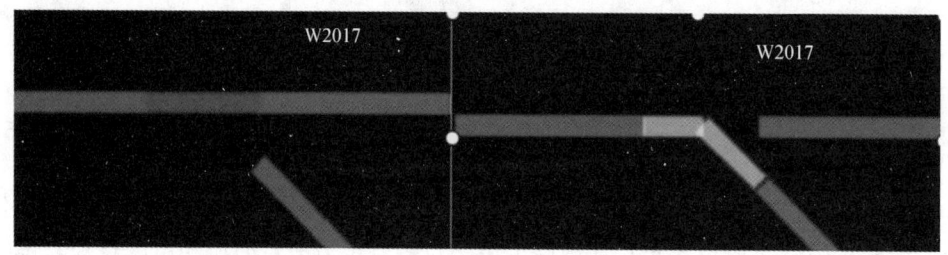

图 1-3-12　道岔定反位表示（左图表示定位、右图表示反位）

三、联　锁

城市轨道交通车站技术作业主要包括列车到达、停靠、上下乘客、出发等，为保证作业安全，不致发生冲突、追尾等危险，信号系统采用联锁进行防护。

（一）定　义

联锁是指为了保证行车安全，在信号机、道岔和进路之间通过技术手段建立的相互制约关系。实现这种关系的设备称作联锁设备。联锁设备除了保证作业安全外，还有提高作业效率和降低劳动强度等作用。

（二）分　类

联锁设备分为集中联锁（计算机联锁和继电联锁）和非集中联锁（色灯电锁器联锁和臂板电锁器联锁）。集中联锁按使用的器件不同又分为机械集中联锁、电气集中联锁、计算机联锁等，现有联锁设备几乎全部采用计算机联锁。

（三）联锁关系

（1）信号机、道岔、进路之间的联锁关系主要有：

① 道岔位置不正确、进路未排列、进路上有车占用，防护该进路的信号机不能开放允许信号。

② 信号一旦开放允许信号，进路被锁闭，不准许改变进路上的道岔位置，敌对进路（不允许同时建立的进路）的防护信号亦被锁闭在关闭状态。

③ 列车或车列驶入进路，信号机立即自动关闭，且不能自动重复开放。

（2）联锁是存在于两个对象之间的，例如：道岔与信号机之间、敌对信号机之间、进路与信号机之间等。在设计联锁关系时要将车站所有进路、信号机、道岔之间的相互制约关系找出，并列入联锁表中，以免疏漏。

联锁进路表（仅供参考）如图 1-3-13 所示。

进路编号	进路始端	进路终端	始端按钮	终端按钮	进路属性	点式进路	信号显示 始端	信号显示 终端	线端红灯丝断丝转移始端	区段 轨道区段	区段 侵限区段	道岔	敌对信号	IMC（快速解锁） d	IMC（快速解锁） 解锁时间（秒）	DMC（延时解锁） 区段	DMC（延时解锁） 解锁时间（秒）	保护区段 轨道区段	保护区段 侵限区段	保护区段 道岔	泊车区段	解锁时间（秒）列车在站台	解锁时间（秒）区段解锁（进入进路解锁）
1	S0104	S0108	S0104LA	S0108LA	区间通过	是	U	HU/H L/U/H	—	T0108	—	—	X0110 <W0102/0104>X0112	<S0205>T0	35	T0110 T0112	285	—	—	—	—	—	—
2	S0106	S0115	S0106LA	S0115LA	进站	否	U	Lb/Ub/HU/H U	否	ST0104 T0105	—	W0102/0104	X0110 <W0109/0111>X0111 X0112 X0102(背对时)	—	—	T0107	60	ST010915	—	W0109/0111 W0113/0115	T0105	0	75 [445]
3	S0108	S0113	S0108LA	S0113LA	进站	否	U	Lb/Ub/HU/H U	否	ST0102 T0106	—	W0102/0104	<W0113/0115>X0109 X0110	<S0104>T0	35	T0108	285	ST011113	—	W0109/0111 W0113/0115	T0106	0	75 [445]
4	S0108	S0115	S0108LA	S0115LA	进站	是	UU	Lb/Ub/U/H	否	ST0102 T0104 T0105	—	(W0102/0104)	<W0109/0111>X0111 X0112	<S0104>T0	35	T0108	285	ST010915	—	W0109/0111 W0113/0115	T0105	0	75 [445]
5	S0113	S0101	S0113LA	S0101LA	出站	是	U	H	是	ST011113 T0103	—	W0109/0111 W0113/0115 W0101/0103	X0109 X0110(背对时)	—	—	T0106 <W0102/01 <W0102/01	185	—	—	—	—	—	—

图 1-3-13　联锁进路表（仅供参考）

（3）进路是指列车或机车车辆在线路上由一点运行至另一点时所经由的路径。进路方向是由道岔开通位置所确定的，进路的防护则由设于进路入口处的信号机来担当。进站信号机防护的范围是车站和列车接车进路；出站信号机防护的范围是区间和发车进路。

X0510 至 X0504 信号机段进路（白色光带部分）如图 1-3-14 所示。

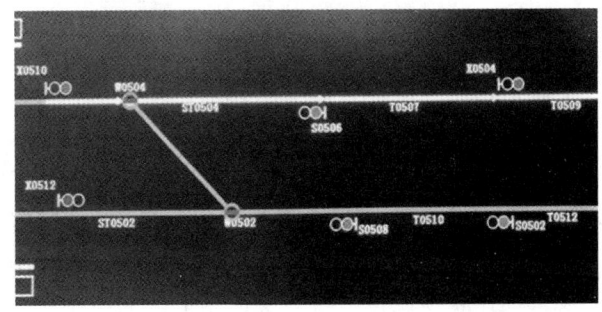

图 1-3-14　X0510 至 X0504 信号机段进路（白色光带部分）

(四）联锁功能

（1）线路上的道岔均须与有关信号机联锁。联锁设备应保证：
① 当进路建立后，该进路上的道岔不能转换；
② 当道岔区段有车占用时，该区段的道岔不能转换；
③ 列车进路向占用线路上开通时，有关信号机不能开放（引导信号除外）；
④ 能监督是否挤岔，并于挤岔的同时，使防护该进路的信号机自动关闭，被挤道岔未恢复前，有关信号机不能开放。

（2）联锁设备控制终端应能监督线路与道岔区段是否占用、进路开通及锁闭，复示有关信号机的显示等。

四、ATS 子系统

（一）ATS 概述

ATS 子系统是一个分布式的计算机监控系统，由控制中心（OCC）设备和分布于全线的设备集中站、非设备集中站、车辆段和停车场设备组成。ATS 子系统采用冗余的双网络传输通道进行数据传输。ATS 子系统具备热备工作方式，保证系统具有高度的可用性。

（二）ATS 子系统主要功能

1．列车运行监控功能

ATS 子系统对列车运行进行监督和控制，监视并显示实际运行的列车位置。

2．信息显示功能

ATS 用于监视整条线路的信号设备状态和列车运营情况。显示信息包括行车信息、设备工作状态信息、报警信息。

ATS 子系统根据接收到的报文数据以及 ATS 子系统内部设备状态来更新各信号设备及列车相关信息的显示。

3．用户管理功能

ATS 子系统能实现系统用户的创建、修改、删除、登录、退出、登录转移等功能。

中心控制区域分配由系统管理员完成。每个控制区域至少由一个终端控制。系统保证用户正常注销时不会出现中心控制区域处于无人控制的情况。如果系统出现异常，系统提示中心是否出现控制区域丢失，值班主任负责区域分配，以防止出现控制区域无人控制的情况。

4．安全命令二次确认

对于 ATC 系统的安全控制命令，ATS 进行二次确认。即操作员在选择并发出一个命令

后，ATS将在用户界面提示操作员再次确认。操作员必须在界面上再次确认，该命令才能被执行。

5．信号控制功能

所有人工信号控制功能的完成，均需要以操作人员有该区域的控制权限，并且有对应功能的操作权限为前提。

6．进路控制

（1）ATS子系统对列车进路的控制包括自动控制和人工控制。列车进路自动控制可分为ATS中央自动控制和ATS车站自动控制。ATS子系统能保证对列车进路控制权的优先级原则为本地控制优先于中央控制，人工控制优先于自动控制。

（2）人工控制列车进路的主要内容包括：设置进路、取消进路、将正线正方向信号机置于自动通过进路状态、重复开放信号等。

（3）ATS按照列车目的地号来自动排列列车进路，这是列车进路的常用模式，列车根据目的地号自动沿着线路运行。目的地号决定了列车运行的目的地、为到达指定目的地而要开放的进路、在到达目的地之前要停靠哪些车站以及列车在停靠站时是否要开/关门。对于具有2条折返轨的车站，目的地号提供直股折返进路和弯股折返进路，ATS根据折返运行模式（侧线优先折返、直线折返、侧线折返），为列车办理相应的折返迁入进路。ATS依照时刻表对所有运营列车的进路进行监控，ATS能够根据时刻表更改列车标识的目的地号。

7．道岔控制

道岔控制包括：道岔的定操/反操、道岔封锁和道岔解封、单锁/单解。

8．信号机控制

信号机控制包括：进路始终端选择、进路取消、引导进路开放、自动通过进路的开放/取消、信号机封锁/解封。

9．区段控制

区段控制包括：添加列车标识、轨道封锁、轨道解封、区故解、移动列车标识到当前轨道。

10．列车信息

列车信息分为：
（1）列车识别信息。
（2）列车明细信息。
（3）列车正线追踪。

ATS中每一列车对应一个列车标识进行识别追踪。列车标识主要由服务号、行程号和目的地号组成。

11．列车自动进路

（1）获取进路。

ATS根据列车的DID、列车位置和运行方向、折返模式，寻找列车在其运行前方要申请的进路。

（2）进路触发。

进路提前触发机制设计的合理与否，直接影响运行效率。太早触发进路，有可能造成该进路的冲突进路无法开放，影响其他列车的运行，从而影响整个系统的运营效率。太晚触发进路，迫使列车减速，延长列车的运行时间，影响该列车运行效率。进路触发机制分为按距离触发和按时间触发两种。

12．进路申请条件检查

ATS发送进路申请命令时，需要检查是否满足进路申请条件，具体条件主要如下：

（1）列车的运行方向与信号机的防护方向相同；例外情况，若进路为折返迁出进路且列车完全进入折返轨（列车车尾进入折返轨），则允许列车的运行方向与信号机的防护方向相反；

（2）列车与前方信号机之间没有其他列车；

（3）进路中道岔未锁闭在与进路相反的方向；

（4）进路内区段未反向锁闭且未封锁；

（5）进路始端信号机未开放且未开放自动通过模式；

（6）进路始端信号机处于未灭灯模式下，进路中区段出清。

13．列车运行限制

列车运行限制包括：临时限速、紧急停车、信号封锁、道岔封锁、区段封锁。

14．运行图/时刻表管理

（1）根据当日运行计划和列车运用计划，系统自动选择当日的运行图/时刻表或调度员在运行图显示工作站上选择适当的基本运行图/时刻表，经修改和确认后即为当日的计划运行图/时刻表，ATS子系统据此组织和实施当日的列车运行。

（2）当列车停站时，ATS子系统自动判断列车的早晚点状态，并给出合理的发车时间和到下一站的区间运行时间，另外把站停时间通过每个站台的发车计时器传达给列车司机以便控制列车站停时间。当列车的实际运行和计划运行图间发生较小偏差时（偏差值由调度员设定），ATS子系统自动调整列车运行计划并控制列车运行至正点状态。

15．列车调整

ATS子系统对列车运行的调整分为自动调整和人工调整。自动调整的方法有：调整站停时间和调整区间运行等级。

16．临时限速

设置、取消临时限速（TSR）。TSR 请求按照公里数据设置（一个开始公里标和一个结束公里标），ATS 将 TSR 请求发送到 ZC，由 ZC 将 TSR 数据传送给列车。

五、ATP 子系统

（一）ATP 子系统组成

ATP 子系统主要包括车载设备和地面设备两部分。车载设备主要包括车载主机、人机界面显示单元、速度传感器、列车地面信号接收器、列车接口电路、电源和辅助设备；地面设备根据信号系统制式不同，可以设置点式应答器或轨道电路，向列车传递有关信息，由安装在列车上的设备接收处理这些信息。

（二）ATP 子系统工作原理

ATP 子系统将联锁系统信息、线路信息、前方目标点距离、允许速度信息等通过应答器传递至车载设备，车载设备根据 ATP 所传输的信息计算当前所允许的速度，由速度传感器测得列车实际运行速度。如果列车速度大于 ATP 指示的速度，ATP 车载设备发出制动指令，列车自动实施制动；当列车速度降至 ATP 指示速度以下时，列车自动实施缓解。

（三）ATP 子系统主要功能

1．轨旁 ATP 功能

轨旁 ATP 功能包括：轨道区段空闲检测；车辆位置自动检测；控制列车运行安全间隔，满足规定通过能力；连续监督列车速度，实现超速防护；列车车门开、关控制，为列车车门关闭提供安全可靠的信息；应答器信息控制；目的地选择；向 ATO 传送信息。

2．车载 ATP 功能

车载 ATP 功能包括：接收和翻译限速指令；根据限速进行超速防护；测速、测距；停站校核；故障自检、报警及记录。

（四）S1 线 ATP 子系统简介

1．S1 线 ATP 子系统组成

S1 线的 ATP 子系统主要由线路电子单元（LEU）、应答器、区域控制器（ZC）、车载控制器（CC）组成。

（1）ZC。

ZC设置于正线动车南站和龙腾路站信号设备室,其中,动车南站ZC管辖桐岭至龙腾路站范围,龙腾路站ZC管辖龙腾路至双瓯大道站范围。

(2)LEU。

LEU是根据联锁系统的指令负责向应答器发送选择报文,从而向列车发送必要信息的安全设备。每个LEU在使用之前需配置应答器能够发送的所有报文的列表,须向LEU内存加载包含与相关输入组合关联的每条报文的配置表。

每个LEU将根据信号灯显示状态和组合确定哪一条报文须由应答器发送。每个LEU输出可在配置阶段专用于"C"接口并且可管理最多四个可变数据应答器,LEU到应答器距离最远可达3.5 km。

LEU指图1-3-15中蓝色椭圆内部(含接口)的部分。LEU与继电器联锁设备之间的接口称为LEU接口,LEU与有源应答器之间采用信号电缆或专用屏蔽信号电缆进行连接,该接口称为C接口。此外,LEU还提供报文维护接口和监测接口。

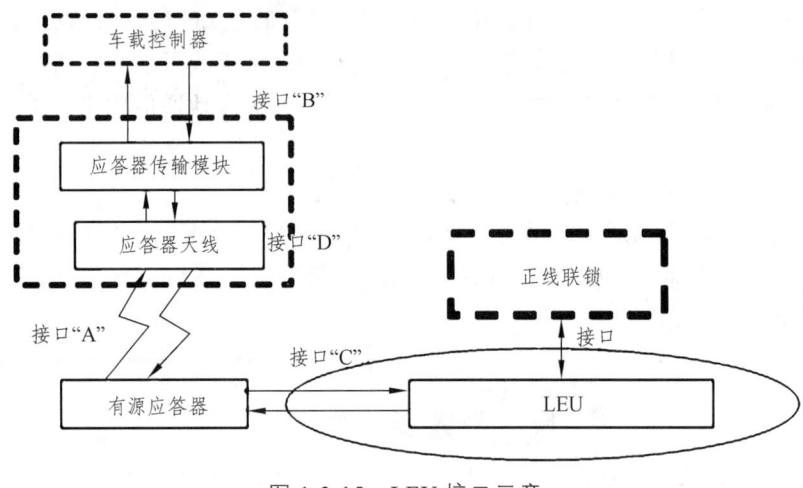

图1-3-15　LEU接口示意

(3)应答器。

① 应答器是一种高速数据传输设备,负责向列车ATP车载设备提供列车运行控制信息。应答器和BTM之间的数据传输通过空气中磁场耦合完成。BTM天线持续向地面发送27.095 MHz的连续电磁波,为应答器提供产生电源的电磁场。当BTM天线接近应答器时,应答器感应到电磁波信号,通过电磁耦合将其转换成电能,进入激活状态,开始向车载设备循环发送报文,直至BTM天线远离应答器。

② 应答器分为:固定数据应答器(无源应答器)和可变数据应答器(有源应答器)。进站信号机的有源应答器由主应答器组和填充应答器组组成,两者间距在一般在500 m左右(区间信号机未配备填充应答器组)。

③ 主应答器安装在所有具备点式ATP防护功能的信号机前,用于发送根据信号机显示而改变的可变信息;填充应答器安装在进站信号机前方,每个填充应答器组具有与相关信号机主应答器相同的信息。

(4)CC。

车载子系统设备包括车载控制器 CC 和外围设备，外围设备又包括转速计（速度传感器）、加速度计、应答器读取器和天线、司机操作显示单元（TOD）、车载 MR 和天线。

2．点式 ATP 子系统原理

列车在线路上运行，车载 BTM 天线不断发射电磁波，该电磁波与正线应答器发生感应后，车载 CC 获取应答器报文信息。由于应答器固定安装在线路上特定位置，每个应答器的信息都是唯一的，车载 CC 获取第 1 个应答器后确定列车在正线所处位置，获取第 2 个应答器信息后确定列车运行方向，由此建立定位。在通过读取两个应答器来建立定位的过程中，列车通过速度传感器实时获取列车速度信息，并通过 MR 天线与 ZC 实时保持车地通信。此时可以将列车比作一部手机，通过路由器（即 AP 点）接入到电脑（即 ZC），ZC 可控制管辖范围内多部列车的速度距离曲线，实现对列车的实时追踪控制。

（1）列车在区间运行时。

联锁检查条件满足后，向列车开放相应的信号机，并通过 LEU 选择并发送相应的应答器报文（行车指令），当列车运行至应答器附近时，通过 BTM 天线可以读取到报文信息并按其指令运行，此为点式 ATP 情景下的运行状态。S1 线区间无车地通信覆盖，通过此方式实现点式 ATP 防护。

（2）列车在站台区域运行时。

站台区域范围有车地无线通信覆盖，列车通过车载 MR 天线与 ZC 取得联络，联锁系统发出的指令通过 ZC 传递给车载 CC，从而指示列车按指令运行。ATP 系统工作原理如图 1-3-16 所示。

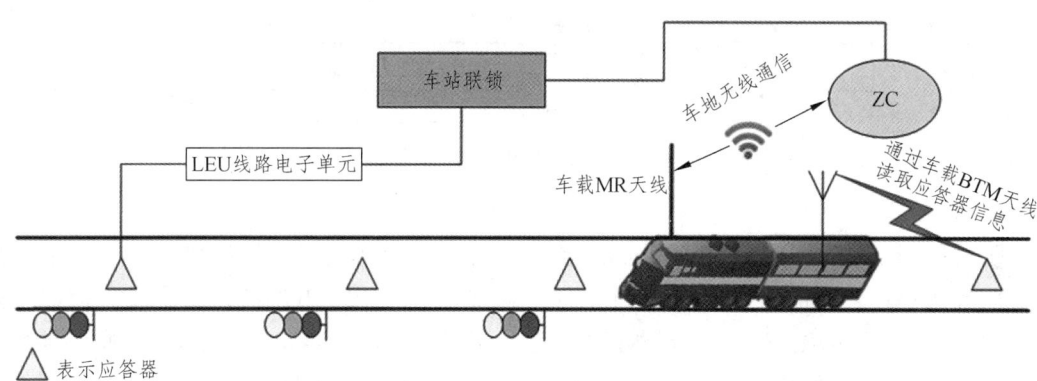

图 1-3-16　ATP 系统工作原理示意

六、ATO 子系统

（一）概　述

ATO 子系统主要实现"地对车控制"，实现在正常情况下高质量的自动驾驶，提高列车运行效率，提升列车运行舒适度，降低了驾驶员的劳动强度，节省能源，是城市轨道交通运

营自动化的重要体现。

（二）ATO 子系统组成

（1）ATO 子系统由车载设备和地面设备组成。

① 车载设备包括车载 ATO 模块、ATO 车载天线、人机界面。

a. 车载 ATO 模块从车载 ATP 子系统获得必要的信息，如列车运行速度、列车位置等，车载 ATO 模块软件对这些数据进行实时处理，计算出列车当前所需的牵引力或制动力，向列车发出请求，列车牵引或制动系统收到请求指令后，对列车施加牵引或制动，对列车进行实时控制。

b. ATO 车载天线一般安装在列车第 1 节车车体下方，用以实现列车自动驾驶系统与列车自动监控系统（ATS）之间的信息交换。

c. 列车驾驶员通过人机界面可以将列车运行模式选择为"ATO"，使列车在 ATO 模式下运行。

② 地面设备由地面信息收发设备和应答器组成。

地面设备接收来自 ATO 车载天线所发送的信息，并把 ATS 有关信息通过应答器发送到线路上，由列车 ATO 车载设备进行接收和处理。地面信息收发设备的协调控制部分安装在信号设备室内，应答器安装在线路上。

（2）ATO 子系统采用高可靠性的硬件结构和软件设计，用以实现列车自动驾驶的功能，ATO 子系统与 ATP 子系统共用车载硬件设备。

（3）ATO 子系统是自动控制列车运行的设备。在 ATP 子系统的安全保护下，根据 ATS 子系统的指令，实现列车的自动驾驶和列车在区间运行的调整功能，确保达到要求的设计间隔及旅行速度，高效、经济、合理地控制列车的牵引和制动，达到节能要求。

（三）ATO 子系统工作原理及功能

（1）列车自动驾驶系统要实现列车自动驾驶，需要 ATP 系统和 ATS 系统提供支持，接收 ATP 系统提供的列车运行速度、线路允许速度、限速和目标速度以及列车位置等基本信息，接收 ATS 系统提供的列车运行和作业计划等基本信息，实时计算列车达到目标速度值所需要的牵引力或制动力，通过接口电路，由列车的牵引系统或制动系统实施加速或减速作业。

（2）ATO 系统主要可以实现列车运行速度的自动调整、列车发车控制、区间运行控制、精确停车、自动折返、跳停、扣车等。

七、DCS 系统

（一）DCS 系统组成

（1）DCS 的轨旁网络和车载网络由两张配置完全相同，但物理隔离的网络构成，其传输

链路、供电等配套设备均单独部署。两网将同步传递控制命令和车辆监控信息，即使出现单网故障，整个系统依然能正常工作。DCS 网络包括轨旁骨干网络、轨旁有线接入网络、车地双向通信网络、车载数据通信网络 4 个主要子网络。DCS 系统网络如图 1-3-17 所示。

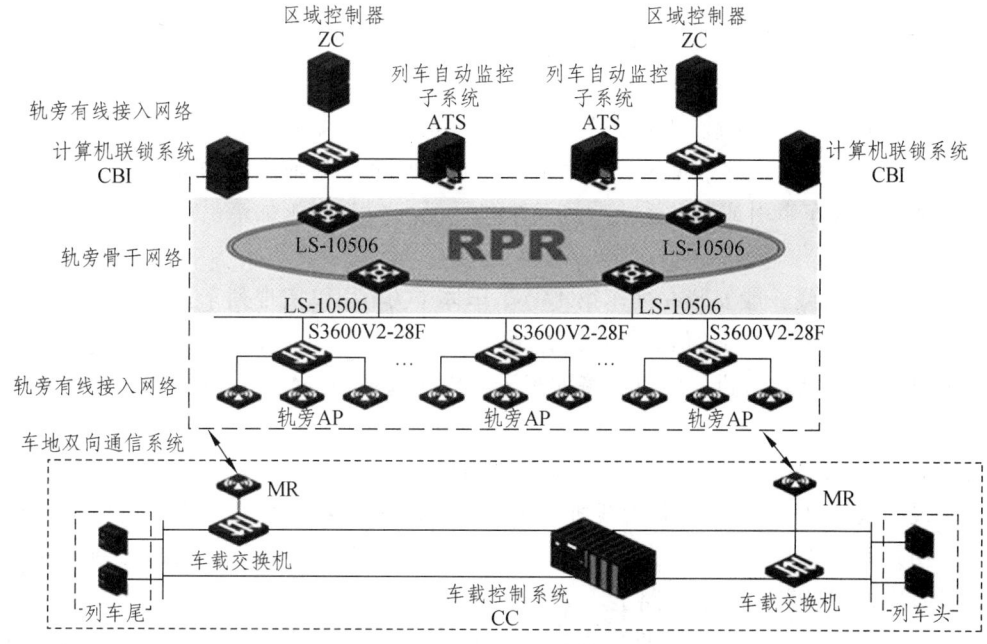

图 1-3-17　DCS 系统网络示意

（2）AP 天线间距设计为小于或等于 AP 的覆盖半径，这样即使单个 AP（N）出现故障，相邻两个 AP（$N-1$）、AP（$N+1$）的信号依然能覆盖到 AP（N）的空缺范围，从而保障无线信号的连续。AP 天线如图 1-3-18 所示。

图 1-3-18　AP 天线

（二）DCS 系统功能

DCS 系统的有线网络为信号系统提供专用有线信息传输，为控制中心、车站、车辆段和停车场之间提供信息的透明传输通道，为控制中心、车站、车辆段、停车场、试车线、维修中心和培训中心的信号设备提供局域网连接。

车地无线网络采用无线天线进行车地双向通信，利用专有的工业级无线设备组件和标准化、模块化、通用化和商用化的有线硬件设备，构成一个高可用性的车地无线网络，为列车和地面设备之间提供安全可靠的无线通信，实现列车自动运行控制和运营管理。

八、S1 线信号系统简介

（一）信号系统架构

温州轨道交通 S1 线信号系统采用基于 ETCS-1 平台的点式 ATC 系统——ERATO。ERATO 系统是基于 ETCS-1 架构、支持区域无线通信加强防护以及 ATO 功能的 ATC 系统，系统架构支持远期升级 CBTC 移动闭塞系统。ATS 系统如图 1-3-19 所示。

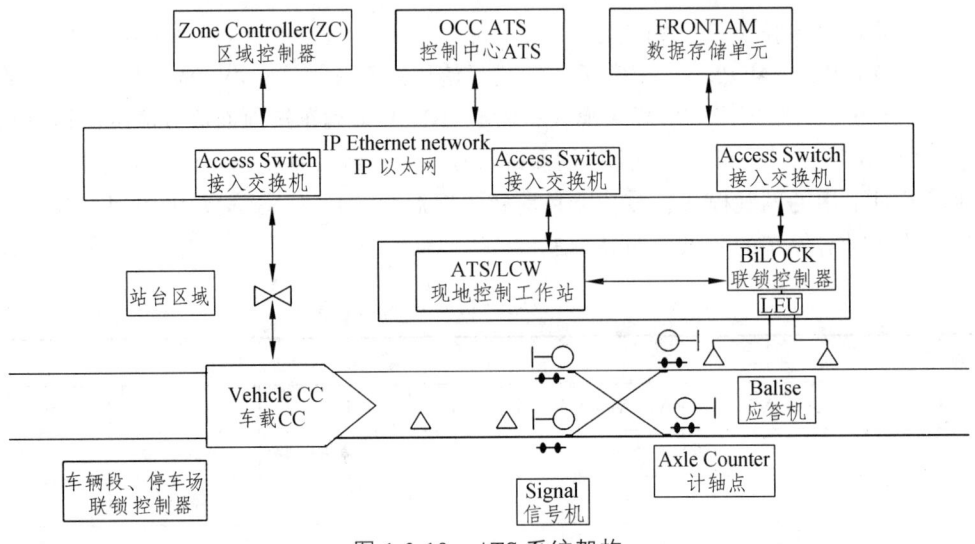

图 1-3-19　ATS 系统架构

S1 线正线配置完整的 ATC 系统，包括列车自动监控（ATS）子系统、列车自动防护（ATP）子系统、列车自动运行（ATO）子系统、计算机联锁（CBI）子系统以及数据传输（DCS）子系统，在站台及其运行接近区域、自动折返区域、转换轨及存车线覆盖无线车地通信网络。系统按 2.5 min 的追踪间隔进行闭塞设计，满足 3 min 最小运营间隔以及 55 km/h 平均旅行速度的运营能力要求。

（二）点式 ATP 运行特点

（1）列车在站台区域有车地无线通信覆盖，可以通过 ZC 实现对站台的连续安全防护功

能（ESB 和 PSD）。当列车进入站台、接近或离去站台区域的无线覆盖区时，ZC 将把从联锁实时接收的站台 ESB、PSD 信息发送给 CC，CC 确定列车能否进入和离开站台区域；如站台 ESB 激活或 PSD 状态丢失，CC 将施加 EB 以禁止列车进入站台或在站台区域内移动。同时 ZC 还将提供推荐速度、超速防护、红灯禁止发车、临时限速等功能，从而实现站台区域的连续防护。

（2）列车在区间没有车地无线通信覆盖时，可以通过轨旁应答器获取列车移动授权，从而按推荐速度运行并实现超速防护和闯红灯防护功能，最终实现点式 ATP 防护。

（三）列车驾驶模式

温州 S1 线市域动车组驾驶模式主要有以下 6 种：
（1）带通信的列车自动驾驶模式（iATOM）。
（2）带通信的 ATP 防护的人工驾驶模式（iATPM+）。
（3）无通信的 ATP 防护的人工驾驶模式（iATPM）。
（4）限速 30 km/h 的人工驾驶模式（RM）。
（5）不受限的人工驾驶模式（NRM）。
（6）自动折返驾驶模式（ATB）。

其中，iATOM、iATPM+ 为正常运营情况下使用的驾驶模式；iATPM 为车地通信故障或 ZC 故障情况下的驾驶模式，属降级模式；RM、NRM 下列车按地面信号显示由司机人工控制列车运行，两种模式均可以越红灯，均属降级模式，只是两种模式下的限速要求不同；ATB 为自动折返时采用的驾驶模式，该功能目前暂未在温州 S1 线正式运营中使用。各种驾驶模式间互相转换时对停车的要求参照表 1-3-1。

表 1-3-1 市域动车组驾驶模式转换表

驾驶模式	到					
从	iATOM	iATPM+	iATPM	RM	ATB	NRM
iATOM	—	不停车	停车	停车	停车	停车
iATPM+	不停车	—	停车	停车	停车	停车
iATPM	停车	不停车	—	停车	停车	停车
RM	停车	不停车	不停车	—	停车	停车
ATB	停车	停车	停车	停车	—	停车
NRM	停车	停车	停车	停车	停车	—

思考题：

1. 信号基础设备主要有哪些？基本功能是什么？
2. 简述联锁实现的功能有哪些？
3. 简述 ATP 子系统的组成。

4. 写出 ATS 子系统 10 种及以上的常见功能。
5. 写出市域动车组驾驶模式及互相转换时对停车的要求。

评价表

项目名称	技术设备	学生姓名	
任务名称	信号基础知识	分数	
项目		分值	考核得分
1. 信号基础设备的掌握		20	
2. 联锁知识的掌握		20	
3. ATS 子系统概述及主要功能		20	
4. ATP 子系统的主要组成		20	
5. ATO 子系统的主要功能		10	
6. DCS 子系统的基本配置情况		10	
教师简要评语：			
			教师签名：

第四节 车辆基础知识

【学习目标】

（1）掌握市域动车组的基本参数。
（2）掌握市域动车组牵引系统性能。
（3）掌握客室车门的方位及编号原则。
（4）掌握市域动车组制动系统基本性能及不同初速度下的紧制距离。
（5）掌握旁路开关工作原理及常见旁路开关种类。

一、市域动车组简介

市域动车组是基于 CRH6 型城际动车组，针对市域铁路需求，融合高速动车组平台技术和地铁的运营特性，为市域铁路"量身打造"的动车组。市域动车组既具有城轨地铁的载客能力和公交化运营能力，又具有动车组的快速运行、安全平稳、高舒适性等特点，平均旅行

速度 55~80 km/h，有效服务城市群一体化经济圈建设和构筑 1 小时都市交通圈。市域动车组填补了我国市域铁路客运装备的空白，完善了市域城轨车辆的型谱。

市域动车组由四节车辆（两个单元）编组而成，每列车采用 2 动 2 拖的编组形式，编组方式为：＋Tc1－Mp1－Mp2－Tc2＋。"Tc"表示带有驾驶室的拖车，"Mp"表示带受电弓的动车，"＋"表示自动车钩，"－"表示半永久牵引杆。四节编组市域动车组如图 1-4-1 所示。

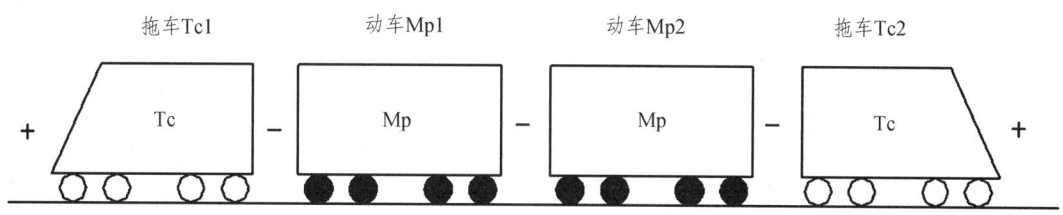

图 1-4-1　四节编组市域动车组示意

自动车钩缓装置位于列车编组的头尾两端，由连挂系统、压溃装置、缓冲系统、安装吊挂系统和过载保护几大部分组成，其作用是实现列车之间机械、电气和风路的自动连接，如图 1-4-2 所示。

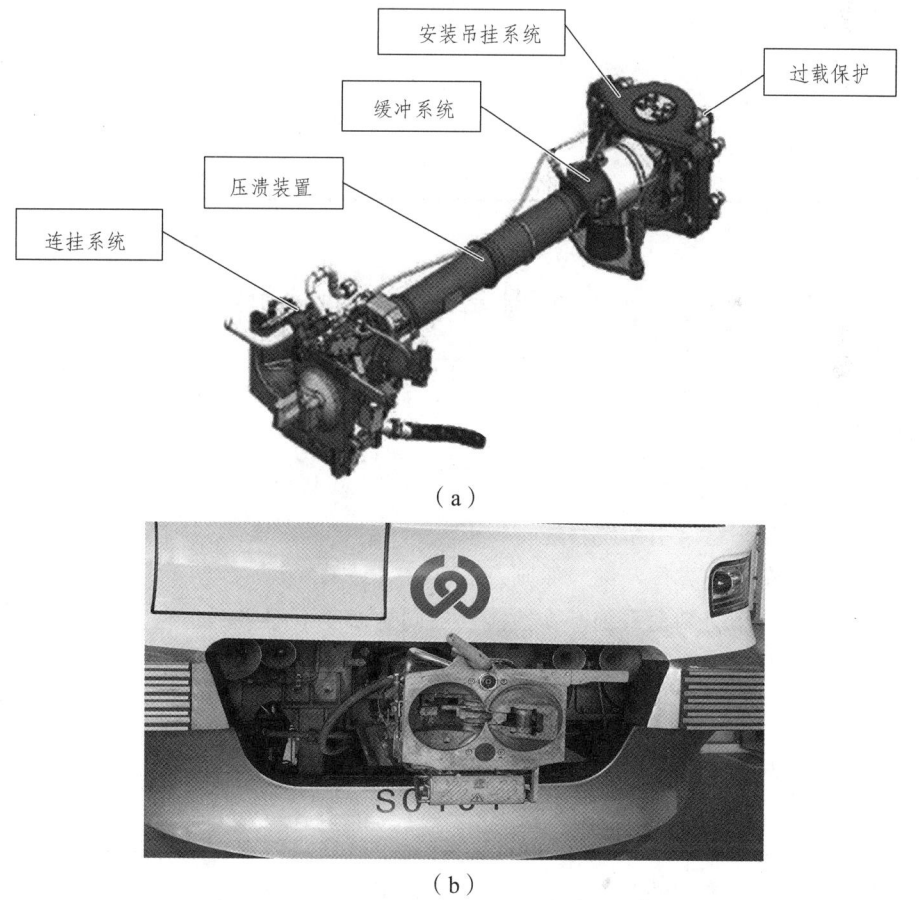

（a）

（b）

图 1-4-2　自动车钩

半永久牵引杆用于单元内部两车之间的连接，其作用是保证车组单元内部车辆的机械连接和风路连接，连接和分解时需要人工手动操作，如图 1-4-3 所示。

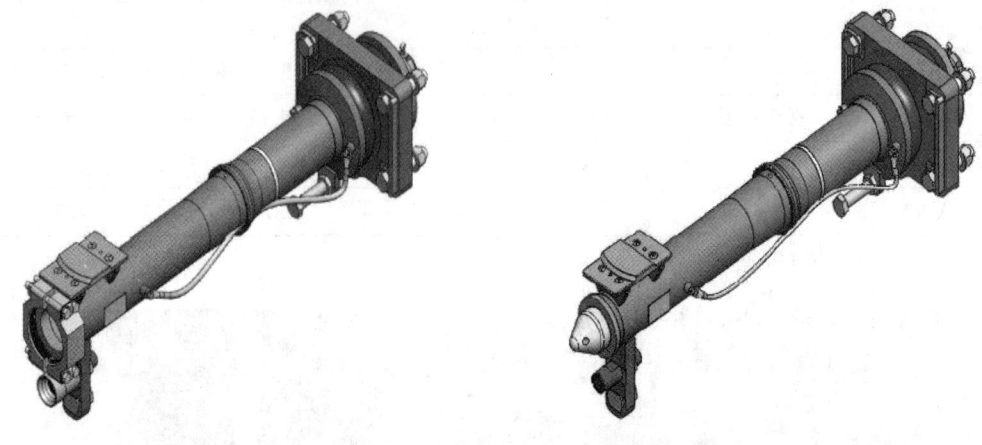

（a）

（b）

图 1-4-3　半永久牵引杆

市域动车组总长度(含 Tc 车两端车钩)为 94.9 m，宽度为 3.3 m，高度(降弓状态)为 4.64 m。其中 Tc 车长度为 24.65 m，Mp 车长度为 22.8 m，每辆车有 4 对客室门，门开宽度为 1.3 m。驾驶室两侧设有司机室侧门，驾驶室前端设有乘客紧急疏散门，驾驶室后端设有通往客室的通道门。客室座位采用纵向和横向综合布置，中间车厢各有一处残疾人轮椅停放点，列车的定员和载重如表 1-4-1 所示。客室座椅布置如图 1-4-4 所示。

表 1-4-1 市域动车组定员和载重

序号	工况	工况定义	每节车乘客数/人		列车乘客数/人	车辆质量/t		列车质量/t
			Tc	Mp		Tc	Mp	
1	AW0	无乘客（空载）	0	0	0	43.05	43.75	173.6
2	AW1	座客载荷	48	48	192	45.93	46.63	185.12
3	AW2	定员载荷（5人/m^2）	218	233	902	56.13	57.73	227.72
4	AW3	超员载荷（8人/m^2）	320	344	1328	62.25	64.39	253.28

注：乘客平均质量按 60 kg/人。

图 1-4-4 客室座椅布置

市域动车组正线最高运行速度为 120 km/h，退行时(不换端)最高速度为 10 km/h。

当辅助交流电源发生故障时，客室、司机室的应急通风（通风量为额定载客情况下，人均应急新风量不低于 10 m^3/h）和紧急照明由蓄电池供电，能够维持它们工作 45 min。

二、客室车门

（一）车辆方位的规定

车辆的Ⅰ位端定义如下(另一端定义为Ⅱ位端)：
Tc 车：全自动车钩处的车端为Ⅰ位端。
Mp 车：靠近受电弓的一端为Ⅰ位端。

车辆方位如图 1-4-5 所示。

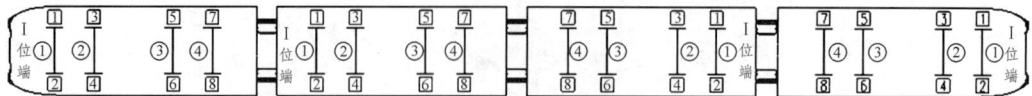

图 1-4-5　车辆方位示意

（二）左和右侧门的定义

当从车辆的 Ⅱ 位端面向 Ⅰ 位端看去，人的左侧定义为车辆的左侧，人的右侧定义为车辆的右侧。

（三）车门编号原则

沿每节车辆的右侧车门用奇数编号，即每节车右侧车门由 Ⅰ 位端往 Ⅱ 位端方向的编号分别为 1、3、5、7；沿每节车辆的左侧车门用偶数编号，即每节车左侧车门由 Ⅰ 位端往 Ⅱ 位端方向的编号分别为 2、4、6、8，车门编号如图 1-4-6 所示。

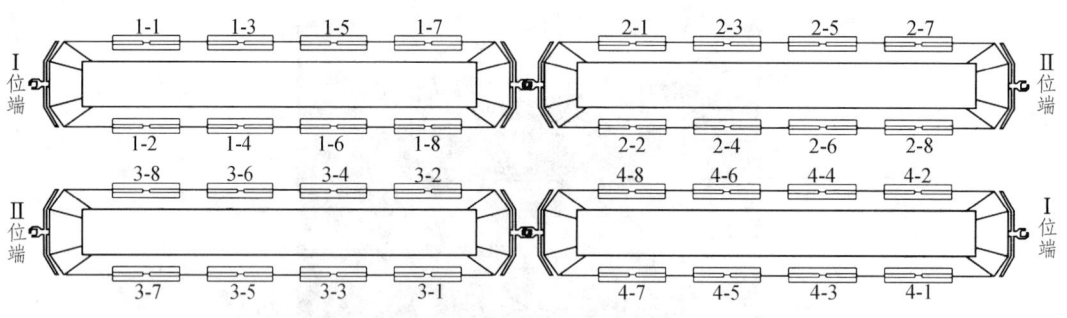

图 1-4-6　车门编号示意

三、列车设备

（一）乘客紧急报警器

每个客室装有 2 个紧急报警装置，用于司机与乘客对讲。

紧急报警器设置有"讲""听"状态指示灯，提醒乘客列车目前的状态，报警按钮设置有保护盖以防止乘客误触，报警按钮为红灯不带卡锁的机械按钮。按下一次后，即可发起呼叫。

在乘客需要报警时，打开报警按钮保护盖按下报警按钮，"听""讲"指示灯同时闪烁，报警人贴近报警器下方话筒处，等待报警器上"讲"指示灯亮起，即可与司机通话。

乘客紧急报警器如图 1-4-7 所示。

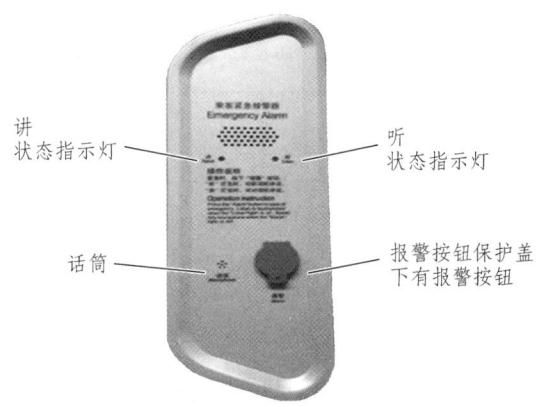

图 1-4-7　乘客紧急报警器

（二）安全锤

每个客室配置 2 个安全锤，每列车共 8 个安全锤。使用时先将安全锤的铅封拧断，方可取下安全锤，而后根据需要锤击车窗玻璃的四角位置，不要敲击中间部位，玻璃击碎后如未立即脱落，可用脚踹开。安全锤如图 1-4-8 所示。

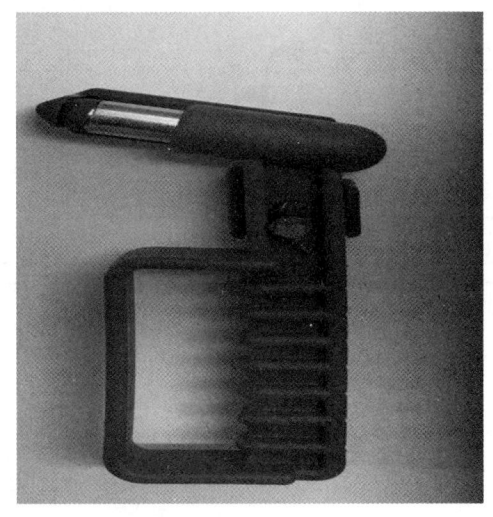

图 1-4-8　安全锤

（三）内部紧急解锁装置

每个车门在车内门罩板上均设置有内部紧急解锁装置，全车共 32 个。内部紧急解锁装置采用机械式解锁，通过钢丝绳使门驱动装置上的丝杆转动，从而使传动螺母旋转将门解锁。在发生紧急情况时，乘客可在不用钥匙的情况下打开（停车状态）车门进行逃生。

在车速大于 10 km/h 时，操作内部紧急解锁装置不能打开车门，但是将会在 HMI 上进行弹屏以提示司机注意，同时牵引将会封锁。

在乘客需要继续进行操作时，需拧断内操作装置盖板下部铅封，打开盖板后旋转红色手

柄；并将手柄旋转 90°以上，方可对车门进行解锁，车门锁钩松开后，可用双手将门页往两侧推拉，车门即可打开。

司机等其他检修人员可以通过四角钥匙在不破坏盖板的情况下旋转锁芯进行紧急开门。内部紧急解锁如图 1-4-9 所示。

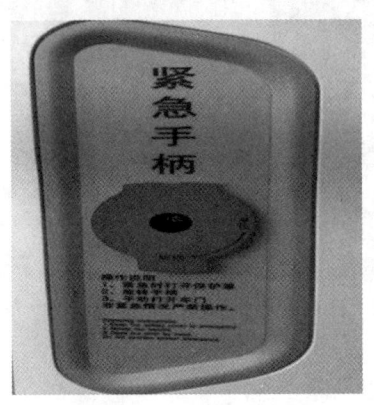

图 1-4-9　内部紧急解锁

（四）外部紧急解锁装置

每节车每侧有一套外部紧急解锁装置，全车共计 8 个。外部紧急解锁装置采用机械式解锁，通过钢丝绳使门驱动装置上的丝杆转动，从而使传动螺母旋转将门解锁。在发生紧急情况时，车外人员可使用四角钥匙从车外对车门进行解锁。

在使用外部紧急解锁装置时，使用四角钥匙插入外部紧急解锁装置锁芯中，旋转 90°以上，方可对该车门进行解锁，车门锁钩松开后，可用双手将门页往两侧推拉，车门即可打开。外部紧急解锁如图 1-4-10 所示。

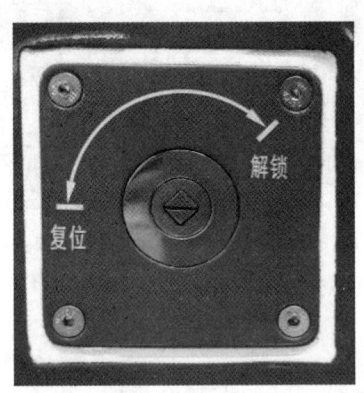

图 1-4-10　外部紧急解锁

（五）灭火器

灭火器在两端司机室各配置 1 个，每个客室（除司机室外）各配置 2 个，其布置位置靠近地面，能够满足大部分人的取用。每列车共配置 10 个灭火器（型号：磷酸铵盐干粉灭火器

5 kg，可用于扑灭：各种油类、易燃液体、可燃气体和电气设备的初期火灾，还能有效地扑救木材、纸张、纤维等 A 类固体物质引起的火灾）。灭火器及其摆放位置如图 1-4-11 所示。

图 1-4-11　灭火器（左为司机室，右为客室）

（六）客室显示及摄像头

客室内安装 LCD 显示器（每节车安装 6 个，每列共计 24 个），平时播出新闻、乘车须知等内容供乘客观看，当有突发事件发生时（如火灾），控制中心可通过网络将文字、音、视频等疏散信息传递到显示器上指导乘客疏散。每个客室安装两个摄像头以实现对全列客室的视频监控，当发生异常情况时，司机在司机室即可查看客室内的实时视频监控（控制中心可同时、同步查看车上视频监控），以应对突发状况。LCD 显示器及摄像头如图 1-4-12 所示。

图 1-4-12　LCD 显示器及摄像头

（七）其他设备

在客室的 II 位端设置废排风机和空调控制设备柜、电气柜，设备柜的外部与客室内的装修采取整体化设计，保证客室的完整美观性。

客室照明在侧顶上方采用隐形 LED 灯带，门区中顶采用环形 LED 灯带，在紧急照明时采用降功率方式，以保证当列车出现紧急情况时客室内有充足的照明。

在每个客室侧门上部均设有电子地图,全列车共有 32 个，采用 LED 显示。

四、牵引系统

（1）高压牵引系统主要由受电弓、网压互感器、避雷器、主断路器（含保护接地开关）、高压隔离开关、电流互感器、高压电缆组件组成。采用 AC 25 kV 供电，单弓受流，另一台受电弓备用。设置主断路器和高压隔离开关对主回路进行开关和隔离。牵引变流器需要供电网压同步信号，同时车辆需要采集特高压信号，因此车顶需要设置网压互感器采集网压信号。电流互感器采集主回路电流信号，当主回路接地出现故障要及时保护主回路。同时配备避雷器对车辆进行保护。牵引系统包括牵引变压器、牵引变流器和牵引电机。

（2）受电弓、高压隔离开关、网压互感器、避雷器、主断路器（含保护接地开关）设置在 Mp1、Mp2 车车顶，电流互感器位于 Tc1、Tc2 车下，车顶铺设带高压电缆终端的电缆组件，车间采用单螺旋车间跳线将高压电缆贯穿整车。受电弓从接触网接收 AC 25 kV 的交流电，通过车顶和车端的高压电缆将电能输送到 Tc1、Tc2 车下的牵引变压器。

（3）牵引变压器将从电网得到的 25 kV 单相交流电转换为 AC 970 V，作为四象限整流器的输入，经整流后转换成 DC 1800 V，牵引逆变器将直流电逆变成频率及电压可变的三相交流电，采用架控模式，分别给每台转向架上 2 台异步牵引电机供电，实现车辆的牵引。电制动工况时，牵引电动机作为发电机使用，将车辆的动能转化为电能输入至牵引变流器的中间直流环节，再经四象限整流器单相逆变后通过牵引变压器、受电弓反馈回电网。电气牵引系统的辅助逆变器从牵引主回路的中间环节取电，输出 3 相 AC 380 V，充电机从 3 相 AC 380 V 取电，输出 DC 110 V。

牵引高压系统如图 1-4-13 所示。

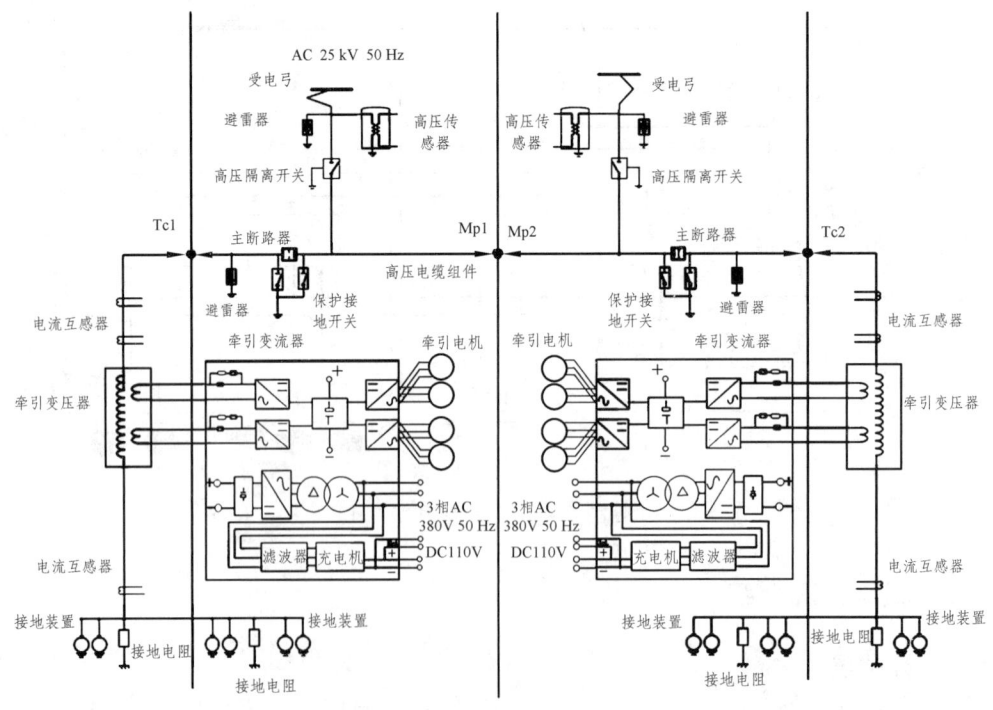

图 1-4-13　牵引高压系统示意图

（4）S1 线市域动车组牵引系统可保证以下几点：

① 在 AW3 状态下，当损失 1/4 动力时，动车组可以在正线 30‰的坡道上起动并运行到线路终点站。

② 在 AW3 状态下，当损失 1/2 动力时，动车组可以在正线 30‰的坡道上起动并运行到下一车站。

③ 一列空载市域动车组牵引/推进一列 AW3 状态故障市域动车组，可以在正线 30‰的坡道上起动并运行到下一车站。

④ 一列空载市域动车组牵引/推进一列 AW0 状态故障市域动车组，可以在正线 30‰的坡道上起动并运行到车场。

五、制动系统

（一）制动系统工作原理

制动系统采用 1 动 1 拖为一个控制单元的微机控制直通式电空混合制动系统，制动力管理采用列车级管理模式，采用单管供风方式。

全列车分为两个制动控制单元，每个控制单元内的主 G 阀接收到列车制动指令，进行制动力的管理和分配，并将分配后的制动力通过内部 CAN 网络传输给各个电子制动控制单元（EBCU）。

制动系统如图 1-4-14 所示。

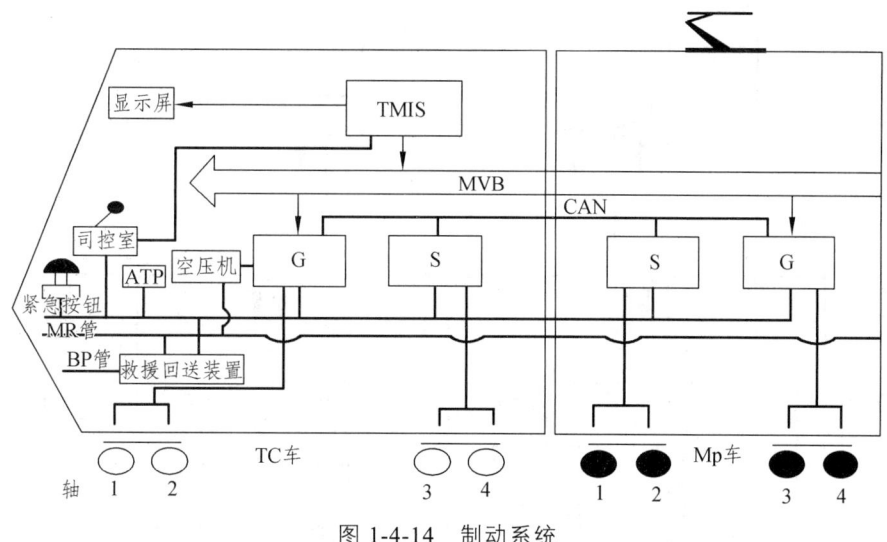

图 1-4-14　制动系统

（二）制动工况介绍

1．制动系统功能

制动系统具备如下功能：

(1) 具有防滑控制、载荷补偿、预压力和电制动预衰减校正（补偿）、强迫缓解功能。

(2) 具有制动不缓解检测、制动力不足检测、故障诊断及记录功能。

(3) 能在司机控制器、ATO 或信号的控制下对列车进行制动与缓解。

2．制动工况

制动工况通常分为以下几种：常用制动、快速制动、紧急制动、停放制动、保持制动。

（1）常用制动。

通过司机控制器实施 0～100%常用制动；常用制动为复合制动，电制动优先；具有列车冲击限制、空重车载荷调整功能。

（2）快速制动。

通过司机控制器的最后一位触发快速制动；快速制动为复合制动，制动时电制动优先；和常用制动一样，具有列车冲击限制、空重车载荷调整功能。

（3）紧急制动。

通过紧急制动安全环路失电控制制动装置实施紧急制动；紧急制动为纯空气制动；紧急制动无冲击限制功能，具有空重车调整功能。市域动车组紧急制动距离如表 1-4-2 所示。

表 1-4-2　市域动车组紧急制动距离

制动初速/(km/h)	制动距离/m	
	AW0～AW2	AW3
140	≤639	≤639
120	≤468	≤468
100	≤329	≤329
80	≤215	≤215
60	≤125	≤125
40	≤59	≤59
20	≤18	≤18

注：此制动距离为干燥平直轨道的理论值。

（4）停放制动。

停放制动由弹簧施加，采用空气缓解。通过操作停放制动施加/缓解按钮实现停放制动的施加或缓解。同时，停放制动还可以通过手动缓解拉绳进行机械缓解。在大级位制动（快速制动、紧急制动）或制动缸压力较大时，施加停放制动，部分车辆显示停放制动未施加现象时，可将司控器手柄从制动区推至"0"位，操作停放制动施加按钮，若 HMI 屏幕上所有车辆停放制动施加，则说明停放制动功能正常。

（5）保持制动。

制动系统具有保持制动功能，可以防止列车在坡道上起动时溜车。BCU 检测到无硬线牵引信号且列车零速（小于 1 km/h）时，将自动施加 70%最大常用制动力的保持制动，并通知 TCMS 本车已施加保持制动。保持制动只施加纯空气制动。

六、旁路系统

（一）旁路的作用

旁路是设置在原电路旁边与原电路具备相同起点和终点的另一条回路，当原电路断开时，旁路仍可以保持信号的传输。旁路控制原理如图 1-4-15 所示。

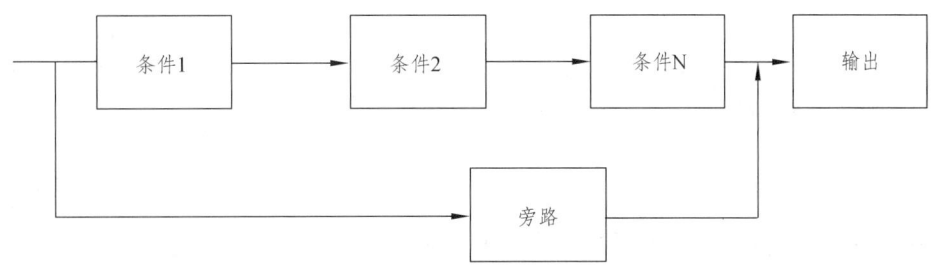

图 1-4-15　旁路控制原理

城市轨道交通现有的旁路种类繁多，主要包括以下几种：

（1）门关好旁路。

（2）警惕按钮旁路。

（3）车门零速旁路。

（4）司机台激活旁路。

（5）列车完整性旁路。

（6）安全回路旁路。

这些旁路的目的均是保障原电路信号的正常输出，如"警惕按钮旁路"可保证"警惕按钮被按下"时信号的输出。旁路开关如图 1-4-16 所示。

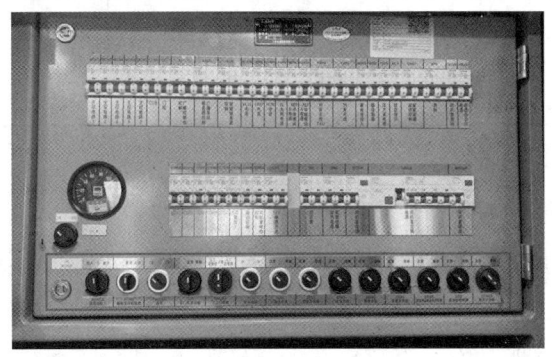

图 1-4-16　旁路开关（最下面一排）

（二）旁路的设置原理

由于城市轨道交通电路复杂，没必要也不可能为每一条电路均设置旁路，而旁路的主要目的是避免救援，所以一般对导致救援的关键回路设置旁路。一般设计旁路的原则主要包括以下几点：

（1）旁路计划条件包括一些安全因素。
（2）旁路发出的指令应具有唯一性。
（3）与制动相关的旁路应设置限速。
（4）旁路信号应避免二次传递。

思考题：

1. 简述市域动车组车门编号规则。
2. 不同初速度情况下的紧急制动距离是多少？
3. 简述市域动车组编组方式。
4. 市域动车组常用的制动工况有哪几种。
5. 请列举常见的旁路开关（至少4种）。

评价表

项目名称	技术设备	学生姓名	
任务名称	车辆基础知识	分数	
项目		分值	考核得分
1. 市域动车组基本参数的掌握		30	
2. 市域动车组牵引系统的掌握		20	
3. 市域动车组车门编号原则		15	
4. 制动系统功能及工况的掌握		20	
5. 旁路开关原理及常见种类		15	
教师简要评语：			
		教师签名：	

第五节 机电基础知识

【学习目标】

（1）了解环控系统的主要组成及控制模式。
（2）了解综合监控系统集成的子系统有哪些及控制级别。
（3）了解FAS系统的基本功能。
（4）掌握PSD系统的基本组成及功能。

一、环控系统

环控指环境控制，环控系统是指通过调整风机、空调、水泵及照明等系统的统筹运行，

改善车站环境，为乘客和工作人员提供舒适的乘车和工作环境，为城市轨道交通运营相关设备提供温湿度适宜的运行环境。

（一）组　成

环控系统又被称为 BAS（Building Automation System）系统，BAS 系统主要分为通风系统、给排水系统、冷水系统、车站弱电系统。环调通过这些系统对各站的通风空调系统设备、给排水设备、电扶梯、照明设备、导向标志、车站事故照明电源、人防门等设备进行全面、有效的自动化监控及管理，确保设备处于安全、可靠、高效、节能的最佳运行状态。

1．通风系统

在地下站，车站通风系统主要分为大系统、小系统。

（1）大系统。

大系统指地下车站通风系统中为站厅、站台层公共区提供空调通风和防排烟的系统。在日常运营过程中，大系统为站厅、站台提供正常通风，在空调季（一般为每年的 5~10 月份）还能通过水系统给站厅站台提供冷量。在特殊情况下，可以改变大系统的通风模式，为站厅站台送风、排风或者排烟，也可控制相应区域的风机风阀，给特定区域进行送风、排风或排烟。

（2）小系统。

小系统指地下站通风系统为车站站厅、站台设备区及工作管理用房提供通风和防排烟的系统。在日常运营情况下，小系统为站厅或站台设备区及工作管理用房提供正常通风、排风及排烟，在特殊情况下，可控制送/排风机对个别设备房进行排风。

地上站采用自然通风，隧道采用活塞风进行通风。车站轨道排风系统如图 1-5-1 所示。

图 1-5-1　车站轨道排风系统

2. 给排水系统

（1）给水系统。

通过市政供水，车站利用相应水泵、管网等设备给车站提供水源，包括生活用水和消防用水。

（2）排水系统。

车站利用集水井、水泵等设备，将雨水、污水、废水、渗漏水等不同区域的水，通过集水井、水泵排至市政排水系统，满足车站日常生产工作需要。

3. 冷水系统

冷水系统通过冷却液的汽化吸收热量，降低冷冻水温，从而降低空气温度，通过通风空调将冷空气输送至站厅、站台、设备区，以达到降温的目的。

地下车站的制冷系统主要由冷水系统组成，个别重要设备房由独立VRV空调制冷。水冷系统主要由冷水机组、冷冻泵、冷却泵、冷却塔、补水器及相应水管网组成。

4. 车站弱电系统

通过车站降压所将20 kV环网的高压电降压成400 V的低压电供车站使用，主要设备有照明系统、CCTV系统、门禁系统、闸机系统、站台门系统、乘客信息系统、乘客广播系统、时钟系统等。按照负荷等级从高到低，一般将车站用电负荷分为以下三类。

（1）一级负荷：应急照明、通信系统设备、信号系统设备、火灾自动报警系统设备、环境与设备监控系统设备、自动售检票系统设备、事故风机及其阀门、排烟风机及其阀门、隧道风机、射流风机、排热风机、自动扶梯、站台门、门禁系统设备、牵引变电所（分区所、开闭所）和配电所的所用电、废水泵站、隧道进出口的雨水泵站等。

供电要求：一级负荷由两个来自变电所不同低压母线的电源供电，一用一备在末端配电箱处自动切换；车站公共区的正常照明由变电所两段低压母线各带约一半的照明负荷，交叉配电；应急照明为一级负荷中特别重要负荷，由EPS集中应急电源屏供电；火灾自动报警系统设备、通信系统设备、信号系统设备等一级负荷中特别重要负荷的应急电源各系统自带UPS。

（2）二级负荷：安检设备、设备管理用房照明、不用于疏散的自动扶梯（电梯）、污水泵、普通风机、小系统空调机组及相关阀门、检修电源等。

供电要求：二级负荷由变电所低压负荷母线提供一个电源供电，当变电所只有一个电源时，由低压母线分段开关切换保证供电。

（3）三级负荷：冷水机组及配套设备、普通空调设备、清扫设备、电热设备、广告照明、景观照明、商业用电和除一、二级负荷外的其他用电设备等。

供电要求：三级负荷仅由变电所的低压负荷母排提供一个电源供电，当供电系统一个电源失电时，自动或手动切除该负荷。

（二）控制级别

BAS 系统采用三级控制，第一级为中央级，由 ISCS 集成设置，设置于运营控制中心（OCC）；第二级为车站级，设置于车站控制室；第三级为就地级，由现场设备组成。

优先级从高到低依次为：就地级、车站级和中央级。

二、综合监控系统（ISCS）

（1）综合监控系统集成的子系统有：环境与设备监控系统（BAS）、火灾自动报警系统（FAS）、站台门系统（PSD）。

（2）互联的系统有：电力监控系统（PSCADA）、广播系统（PA）、视频监控系统、乘客信息系统（PIS）、自动售检票系统(AFC)、信号系统（SIG）、时钟系统（CLK）、门禁系统（ACS）、人防门等系统。

综合监控系统采用两级管理、三级控制结构。两级管理分别为中央级管理和车站级管理，三级控制从高到低分别为就地级、车站级、中央级。

车站控制室配置综合后备控制盘（简称IBP），实现紧急情况下对 BAS、SIG、AFC、ACS、PSD 等关键设备的人工控制。

温州 S1 线综合监控系统登录界面如图 1-5-2 所示。

图 1-5-2　温州 S1 线综合监控系统登录界面

IBP 控制盘如图 1-5-3 所示。

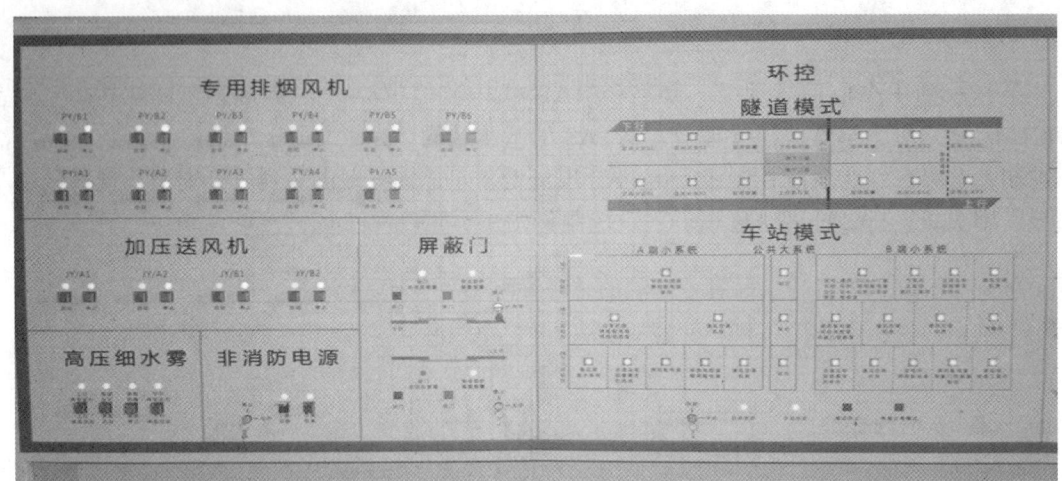

图 1-5-3　IBP 控制盘

三、火灾自动报警系统（FAS）

（一）FAS 简介

火灾自动报警系统（FAS）由发生装置、报警装置、联动输出装置以及具有其他辅助功能装置组成。火灾自动报警系统具有在火灾初期，通过火灾探测器将探测燃烧产生的烟雾、热量、火焰等物理量转变为光信号，传输到火灾报警控制器，并同时向整个系统发出警报的作用。不仅能使人们及时发现火灾，采取有效措施扑灭初期火灾，又能根据火情位置，及时输出联动灭火信号，启动相应的消防设施进行灭火，最大限度地减少因火灾造成的生命和财产的损失。

火灾自动报警系统应具备安全可靠、误报率低、信号传输准确可靠、灵活性和兼容性强、布线简单灵活和便于调试、管理、维护等特点，还应具有独立的网络结构和布线系统，以实现在任何情况下，该系统都可以独立地操作、运行和管理。FAS 和 BAS 具备联网的能力，可与车站通风系统、照明系统、广播系统以及乘客信息显示系统等实时通信，在发生火灾时提供相应的联动功能。

（二）FAS 管理控制级别

FAS 按两级管理、三级控制设置。

1．两级管理

FAS 由设置在运营控制中心（OCC）的环调工作站、车辆段的维修工作站和设置在车站控制室、车辆段和主变电所等地的消防控制室的火灾自动报警系统及联系两系统的通信网络构成。

2．三级控制

第一级为中央监控管理级，是整个 FAS 集中监控中心，设置于控制中心中央控制室（OCC）；第二级为车站监控管理级，是 FAS 的基本结构单元，设置于车站控制室及车辆段消防控制室；第三级为现场控制级，由 FAS 现场设备组成。级别由高到低分别为：现场级、车站级、中央级。FAS 的两级管理、三级控制如图 1-5-4 所示。

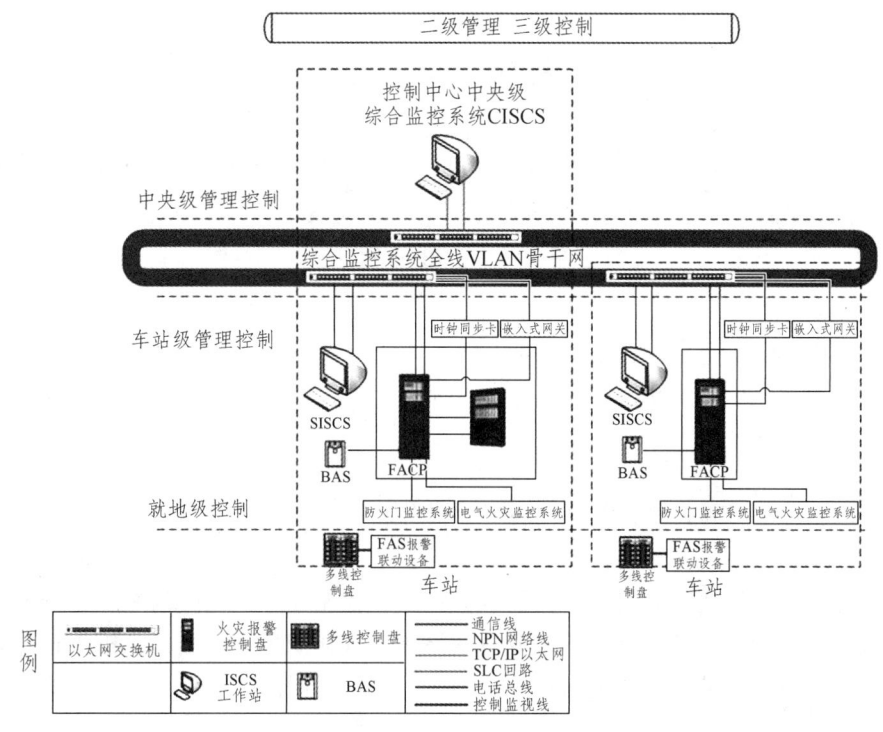

图 1-5-4　FAS 的两级管理三级控制

四、站台门系统（PSD）

（一）站台门系统概述

站台门系统是现代化城市轨道交通工程的必备设施，它安装于城市轨道交通车站站台边缘，将轨道与站台候车区隔离，设有与列车门相对应，可多级控制开启与关闭的滑动门，全封闭式的站台门称为屏蔽门，非全封闭式的、半高的站台门称为安全门，两者统称为站台门。它是一套用于提高运营安全系数、改善乘客候车环境、节约运营成本的机电设备系统。站台门一般由滑动门、应急门、端门及固定门组成。

1．滑动门

滑动门是与列车门对应的可滑动开启的门体，门扇为透明的安全玻璃，如图 1-5-5 所示。

图 1-5-5　滑动门

2．固定门

固定门是不可开启的门体,可拆卸更换,其高度与滑动门基本一致,如图 1-5-6 所示。

图 1-5-6　固定门

3．应急门

应急门作为公共区与轨行区的屏障,在正常运营时,应保持关闭且锁紧。在停电或火灾等其他紧急情况下,列车无法对准滑动门时,乘客可在应急门内侧按压该门的拉杆,向站台

侧推开，完成疏散逃生。应急门如图 1-5-7 所示。

图 1-5-7　应急门

4．端头门

端头门是设置在站台两端尽头，开启后可进入轨行区的门体，可供工作人员进出轨行区、紧急情况下乘客区间疏散使用，如图 1-5-8 所示。

图 1-5-8　端头门

（二）站台门系统作用

站台门系统作为站台公共区域与轨道列车之间的可控通道，其作用是当列车进站时配合列车车门动作打开或关闭滑动门，为乘客提供上下车的通道。

站台门系统的应用，隔断了站台侧公共区域与轨道侧空间，避免了人员跌落轨道的安全隐患以及司机驾车进站时的心理恐慌问题；隔离了列车运行时所产生的噪声、活塞风以及粉尘，保证了站内乘客良好的候车环境，并避免了活塞风所造成的站内空调冷量损失，节省了运营成本，同时还可减少设备容量和数量、减少土建工程量等投资建设成本。

（三）站台门系统主要功能

1．保护乘客的安全

站台门系统能防止乘客跌落或跳下轨道而发生危险，让乘客安全、舒适地乘坐城市轨道交通出行，也可使列车在较安全的环境下行驶，减少司机的不安全感。

2．改善站台候车环境

站台门能使站台乘客及员工与通过列车之间保持安全距离、降低列车进站或通过站台时所造成的风压、减少噪声，让乘客有较为舒适的候车空间及环境。

3．增加车站空调及广播利用率

屏蔽门有效隔开站台候车侧与轨道侧空间，故站内的空调无法经站台外流至轨道侧，使整个站内空调系统的利用率增加。由于屏蔽门有较好的隔声效果，有效增强了站内广播系统效果。

4．减缓火灾影响

站台侧或轨道侧发生火灾时，屏蔽门可隔绝火势及避免发生浓烟由轨道侵入站台或由站台延烧至轨道的情况，有利于增加乘客的疏散时间。

（四）站台门基本性能

以温州S1线站台门为例，站台门具有以下特性：

（1）站台门具有障碍物检测及处理功能，并有故障报警功能，能够探测到的刚性障碍物最小厚度为5mm，障碍物连续探测3次，3次后站台门将保持常开，门头指示灯闪烁。

（2）可通过门头指示灯、IBP盘（综合后备控制盘）及PSL（就地控制盘）了解站台门运行状态、报警信息。

（3）站台门开关门控制优先级从高到低有4个等级，依次为：专用钥匙手动操作（就地级）、IBP盘上开关按钮操作（车站级）、PSL操作（站台级）、站台门与信号联动控制（系统级）。IBP盘控制台站台门模块如图1-5-9所示，PSL控制盘如图1-5-10所示。

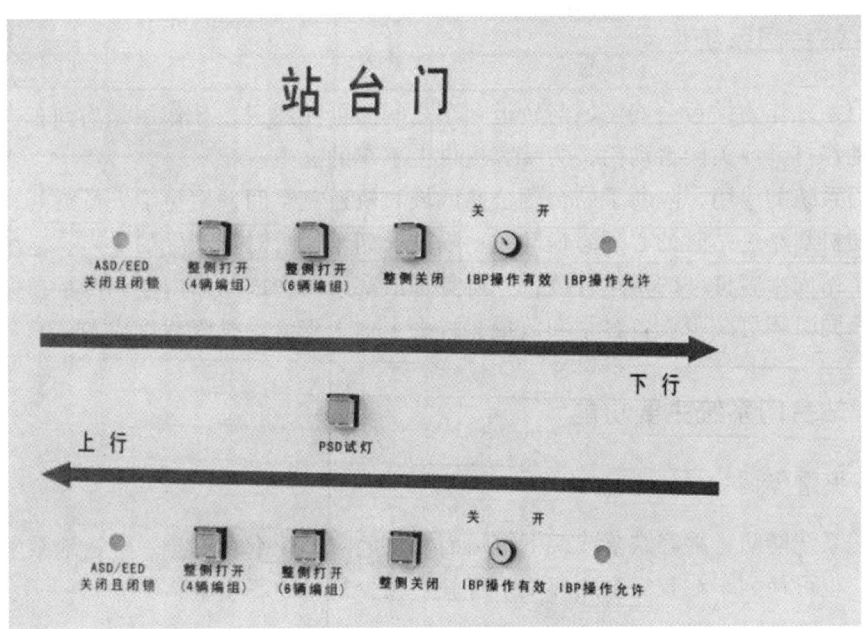

图 1-5-9　IBP 盘控制台站台门模块

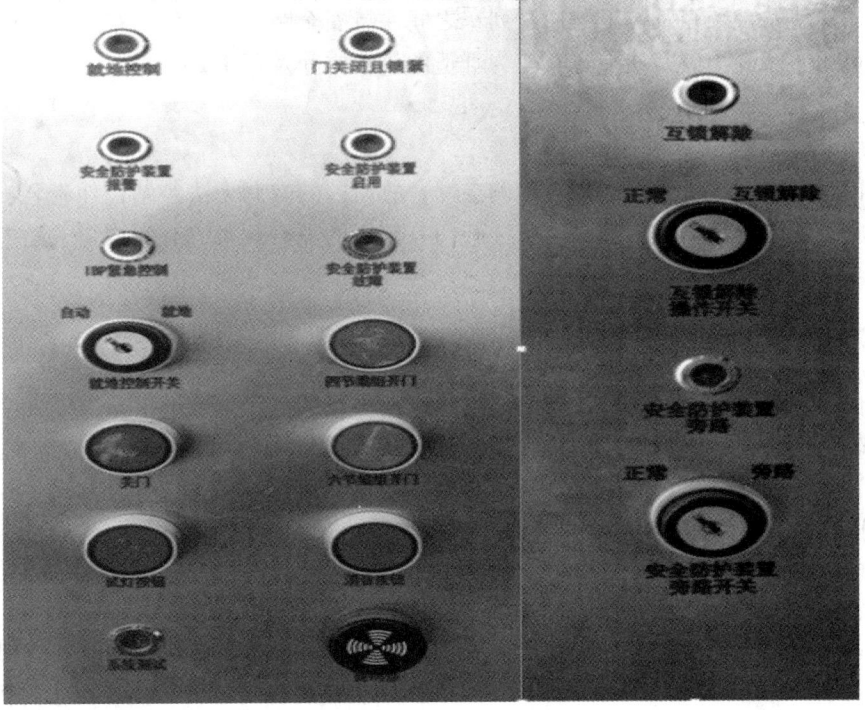

图 1-5-10　PSL 控制盘

思考题：

1. 列举综合监控系统集成的子系统（至少 6 种）。
2. 简述 BAS 系统的组成。

3. 站台门系统的主要功能有哪些？

4. 站台门的基本性能有哪些？

评价表

项目名称	技术设备	学生姓名	
任务名称	机电基础知识	分数	
项目		分值	考核得分
1. 环控系统的组成及控制级别		20	
2. 综合监控系统的主要功能		20	
3. FAS 系统的主要功能		20	
4. 站台门系统知识的掌握		40	
教师简要评语： 教师签名：			

第二章 运营组织基础

【学习目标】
(1) 运营组织原则。
(2) 运营组织主要工作内容。
(3) 调度指挥权主要包含哪几方面内容。
(4) 运营指挥组织架构及各层级主要工作任务。

第一节 运营组织原则

(一) 安全生产原则

运营组织工作必须坚持安全第一、高效组织的生产方针,贯彻高度集中、统一指挥、逐级负责的原则。各单位、各部门必须紧密配合,协同动作,确保行车和客运安全,完成各项工作任务。发生危及人身或行车安全的情况时,行车调度员(以下简称行调)要正确、及时、妥善地处理,清晰、准确地发布调度命令,保证列车运行安全。

(二) 按图行车原则

列车运行图是行车组织工作的基础,在列车运行调整中,要科学、高效地进行调度指挥和行车调整,严格按列车运行图行车。当发生设备故障或突发事件,造成列车运行晚点或运行秩序紊乱时,行调应以恢复列车运行图为目的,根据实际情况进行行车调整。

(三) 单一指挥原则

在列车运行指挥过程中,与行车有关的各部门工作人员,必须服从行调的单一指挥,各级领导对列车运行的指挥,要通过行调去实现,坚决避免"令出多口"或"多头指挥"的现象,维护调度指挥的严肃性和权威性。

（四）下级服从上级原则

在调度指挥中，必须严肃调度纪律，下级调度必须服从上级调度的指挥，对出现的问题，双方主动协调解决，当下级调度发现调度命令错误或存在异议时，必须及时向上级调度反馈，双方确认无误后再执行；确有分歧一时难以调节时，在确保安全的前提下，先按上级调度命令执行。

（五）最大限度提供服务原则

在发生故障等突发事件导致列车晚点或运营中断时，行调应根据实际客流情况，遵循为全线网乘客最大限度提供服务的原则，开展相应的行车调整及运营组织工作。

（一）运营组织时间阶段划分

城市轨道交通运营组织工作主要分为行车和施工两大类工作内容，按照 24 小时时间表，以温州 S1 线目前运营情况为例，运营组织在时间上可分为行车时间（5:00—23:00）、行车向施工过渡时间（23:00—0:00）、施工时间（0:00—4:00）、施工向行车过渡时间（4:00—5:00）4 个阶段，如图 2-2-1 所示。

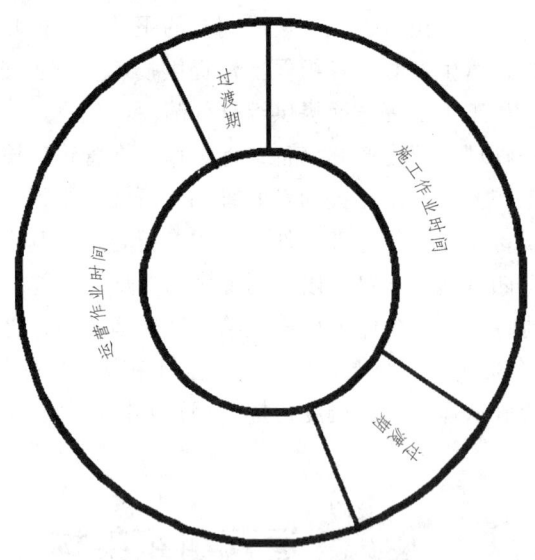

图 2-2-1　运营时间划分

有的城市轨道交通线路将运营组织工作简单地分为行车和施工两大类，此时，图 2-2-1 中的两个过渡阶段应纳入施工时间。

（二）各阶段主要工作内容

行车时间运营工作主要包括：出车、对外运营、收车、加开列车、行车调整等列车运营组织工作。

行车向施工过渡时间运营工作主要包括：施工预想、接触网停电、防护设置、施工请点等施工准备工作。

施工时间运营工作主要包括：按流程开展施工作业、工程列车开行、人员工器具管理、施工过程及行车设备监管等作业。

施工向行车过渡时间运营工作主要包括：施工销点、轨行区出清确认、接触网送电、运营前检查等行车准备工作。

（三）调度指挥权

城市轨道交通线路正线轨行区实行封闭管理，由运营控制中心（OCC）统一管辖。

调度指挥权主要包括行车指挥权、属地管理权、设备管理权。行车指挥权主要指对列车运行的统一指挥；属地管理权主要指对轨行区、相关设备房等关键场所出入控制权的把控；设备管理权主要指接触网等供电设备停送电管理、各系统设备施工及维修组织工作及特殊情况下抢修作业的批准等。

（四）运营组织管理模式

运营组织一般由运营生产、设备维保、职能技术管理三个方面组成。其中，运营生产和设备维保属生产类工作，为乘客出行提供直接或间接的服务；职能技术管理则以行政管理和技术管理类工作为主，为运营生产和设备维保工作提供技术支持、安全管理、后勤保障，并在党团建设、企业文化、员工生活等方面提供综合保障。

大部分运营单位统一管理运营生产和设备维保工作，在管理上属于同一个单位管辖。有的运营单位将部分维保工作委外，由相关的专业维保队伍代为维保。

温州 S1 线采用将设备维保工作全部委外的方式进行管理。其中，将市域动车组的检修维保工作委托给温州中车四方轨道车辆有限公司（简称温州中车），将供电、轨道、通号、站台门、AFC、机电等其他各类设备维保工作委托给中铁通运营轨道管理有限公司（简称中铁通）。两家维保公司均为合资企业，职能管理方面，温州中车、中铁通独立进行；运营生产方面，温州中车、中铁通应服从运营公司调度指挥管理，共同配合，协同完成运营生产任务。

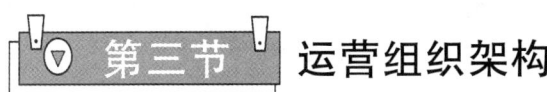

第三节　运营组织架构

城市轨道交通系统是一个复杂的、技术密集型的公共交通系统，线路的行车指挥工作由运营控制中心统一实施。城市轨道交通运营指挥层次一般包括线网管理层、线路控制层、线

路执行层 3 个层级。

TCC(线网控制中心)和 OCC（运营控制中心）按照"高度集中、统一指挥、逐级负责、分级响应、信息共享、协调动作"的原则开展线网调度指挥工作，其中线网控制中心为线网调度指挥层，OCC 为线路调度指挥层。各城市轨道交通调度指挥体系基本相类似，下面以温州轨道交通 S1 线指挥体系为例进行说明（目前只开通 1 条线路，暂无线网控制中心）。

（一）运营指挥层级

运营指挥分为一级、二级两个指挥层级，二级指挥必须服从一级指挥。
一级指挥为：行调、电力调度员（以下简称电调）、环控/设修调度员。
二级指挥为：车场调度员（以下简称场调）、值班站长、派班员、车辆检修调度员（以下简称检调）、生产调度员。
各级指挥要根据各自职责任务独立开展工作，并服从 OCC 值班主任的总体协调和指挥。

（二）运营指挥层次架构

运营指挥执行层次如图 2-3-1 所示。

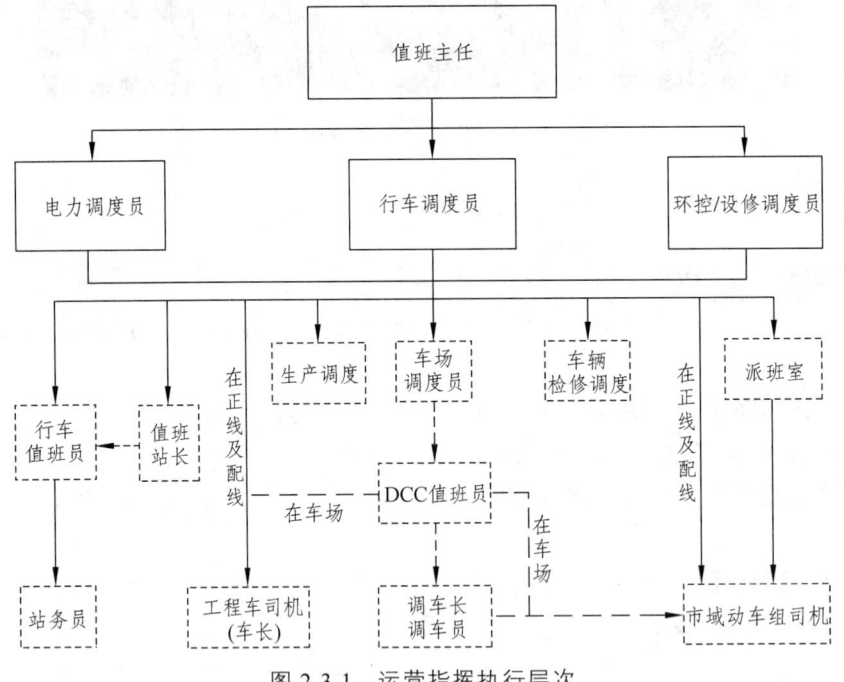

图 2-3-1　运营指挥执行层次

（三）运营控制中心（OCC）职责

运营控制中心（OCC）职责如下：
（1）OCC 是日常运营指挥、行车组织、设备维修的控制中心。

（2）OCC 是运营信息收发中心。

（3）OCC 当值值班主任代表运营公司总经理指挥运营工作，代表公司与外单位协调联络运营支援工作。

（4）行车工作由行调统一指挥。

（5）供电设备运作及维修、抢险组织由电调统一指挥。

（6）环控和防灾报警设备及维修、抢险组织由环调统一指挥。

温州轨道交通 S1 线 OCC 如图 2-3-2 所示。

图 2-3-2　温州轨道交通 S1 线 OCC

（四）车场控制中心（DCC）职责

车场控制中心（DCC）职责如下：

（1）DCC 是车场运作管理、车辆维修组织和作业的控制中心，设场调、DCC 值班员、检调。

（2）场调负责车场范围内的行车组织、维修施工管理。

（3）DCC 值班员通过计算机联锁设备，集中控制车场范围内的进路、道岔和信号机；车场排列至正线的进路，满足正线与车场之间相互敌对照查的条件，行调和场调共同监视列车出/入场情况。

（4）检调负责车辆日常检修、清洁、定修和临修工作控制，为市域铁路运营生产提供数量足够且工况良好的市域动车组。

（五）车站职责

车站职责如下：

（1）负责车站内的行车、票务、客运服务等工作，落实、执行 OCC 调度命令。

（2）发生行车设备故障，行车值班员应及时报告行调并按其指示执行。

（六）维保单位职责

维保单位职责如下：
（1）负责对各系统行车设备、客运服务设施设备的日常检查、计划性维修和故障维(抢)修。
（2）负责所管辖设备的故障（事故）信息接收、传递、反馈和处理的组织、协调及统计分析等工作。

维修人员对站台门进行计划性维修如图 2-3-3 所示。

图 2-3-3　维修人员对站台门进行计划性维修

思考题：

1. 运营组织原则主要有哪些？
2. 运营组织工作主要内容有哪些？
3. 调度指挥权有哪三个方面的内容。
4. 描述温州 S1 线行车指挥组织架构图及 OCC 主要职责。

评价表

项目名称	运营组织基础	学生姓名	
任务名称	运营组织基础	分数	
项目		分值	考核得分
1. 运营组织原则		20	
2. 运营组织的工作内容		20	
3. 调度指挥权包含的内容		20	
4. S1 线运营指挥组织架构及各层级工作职责		40	
教师简要评语： 教师签名：			

第三章 行车组织

第一节 列车运行图

【学习目标】
(1)掌握列车运行图的定义及作用。
(2)掌握列车运行图的构成要素。
(3)掌握车站通过能力的计算方法。
(4)掌握常见列车运行指标定义及统计方法。
(5)了解列车运行图常见铺画方法。

一、列车运行图定义及分类

(一) 定 义

在组织旅客运输的生产过程中,列车运行是一个很复杂的环节,它利用多种技术设备,要求各部门、各工种、各项作业之间互相协调配合,才能保证行车安全和提高运输效率。

列车运行图是用坐标原理表示列车运行线的一种图解表示,是组织列车运行的基础,它规定了各次列车占用区间的顺序、列车在每一个车站到达和出发(或通过)的时刻、列车在区间的运行时分、列车在车站的停站时分、折返站列车折返作业时间及出入段时刻。

(二) 分 类

1. 按区间正线数分

按区间正线数目的不同,列车运行图可分为单线运行图、双线运行图和单双线运行图。单线运行图,即在单线区段采用的运行图,列车的交会越行只能在车站进行,如图 3-1-1 所示;双线运行图,即在双线区段采用的运行图,列车的交会可以在区间或车站上进行,但列车的越行必须在车站上进行,如图 3-1-2 所示。

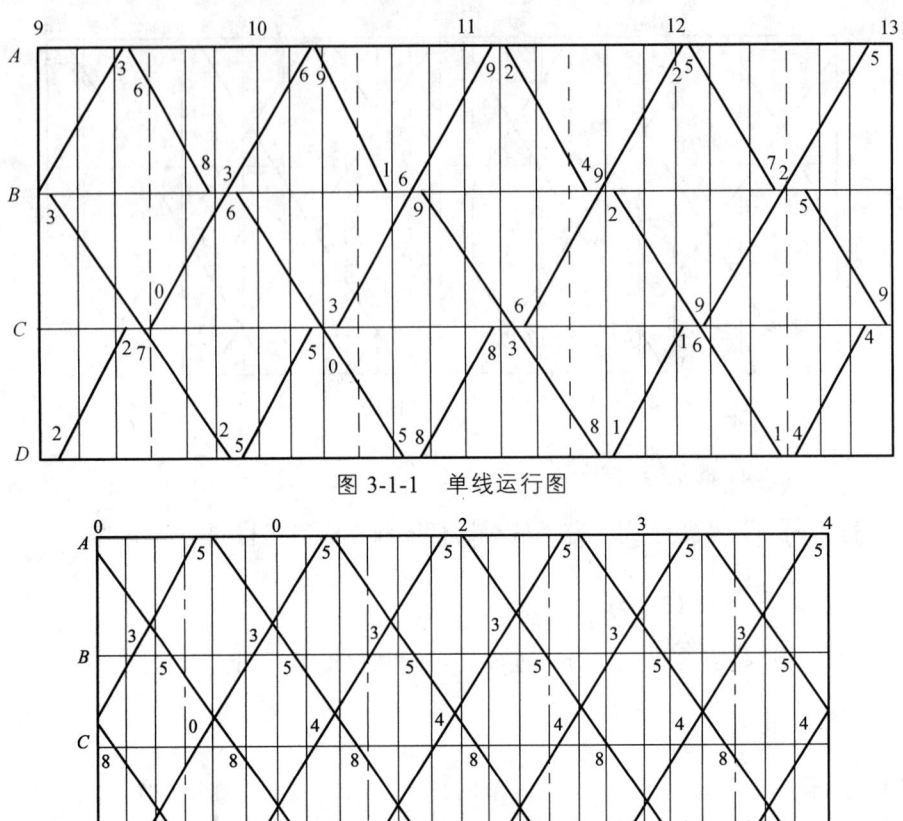

图 3-1-1　单线运行图

图 3-1-2　双线运行图

2．按列车之间运行速度差异分

按列车运行速度的不同，运行图可分为平行运行图和非平行运行图。平行运行图，在运行图上同一区间内，同方向列车的运行速度相同，因而列车运行线相互平行，且区段内无列车越行，如图 3-1-3 所示；非平行运行图，在运行图上有各种不同速度和不同种类的列车，因而部分列车运行线互不平行，在区段内可能产生列车越行，如图 3-1-4 所示。

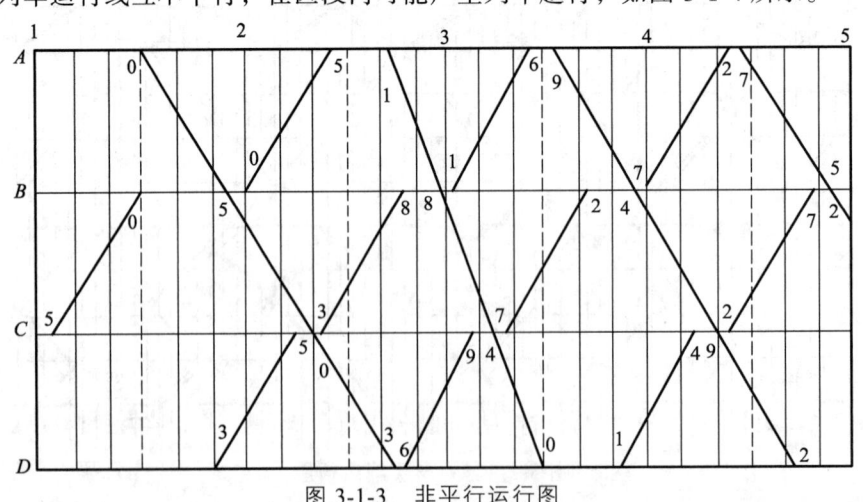

图 3-1-3　非平行运行图

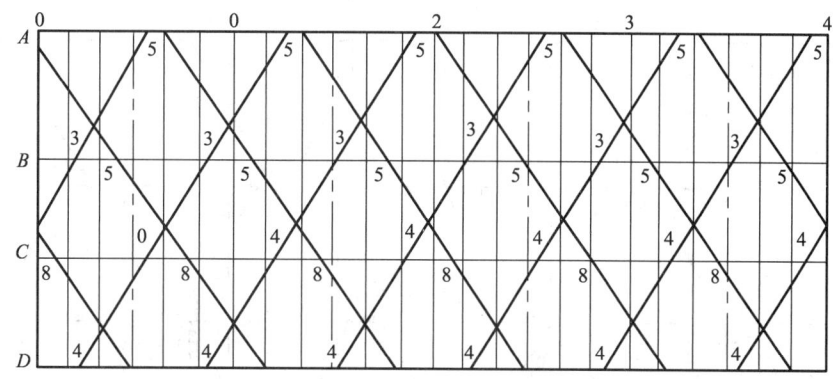

图 3-1-4 平行运行图

3. 按上下行方向的列车数分

按上下行方向的列车数不同，分为成对运行图和不成对运行图。

4. 按同方向列车运行方式分

按同方向列车运行方式不同，分为连发运行图和追踪运行图。

5. 按使用范围分

按使用范围不同，分为日常运行图、节假日运行图、其他特殊运行图。

城市轨道交通系统的列车运行图因其特征所致，一般均为双线成对追踪平行运行图，列车实际运行图如图 3-1-5 所示（灰色线表示计划运行线，红色粗线表示实际运行线）。

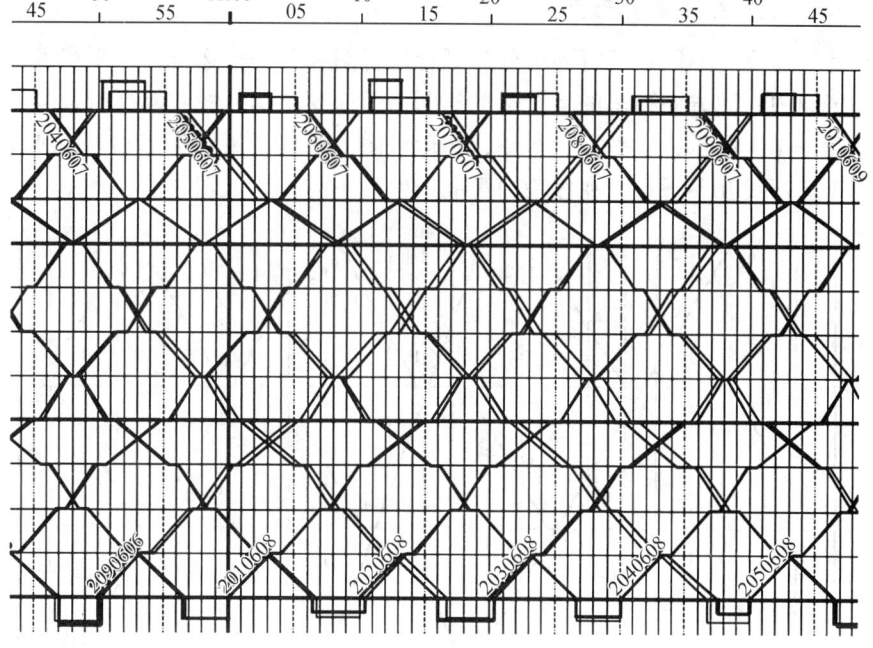

图 3-1-5 列车实际运行图

（三）图解表示要素

1．列车运行图

列车运行图是运用坐标原理表示列车运行时间、空间关系的一种图解形式。

（1）垂直线等分横轴表示时间，按每一等分表示的时间不同，运行图分为二分格运行图，十分格运行图和小时格运行图。

（2）纵轴按一定比例用横线加以划分，每一横线表示一个车站的中心线。温州 S1 线运行图显示界面中，设备集中站用粗线表示，非设备集中站用细线表示。

（3）列车运行线：由于列车速度的不断变化本来是一条不规则的曲线，为简化起见而将其画为斜直线。

2．站名线的画法

站名线即列车运行图中表示车站中心线的横线，其确定方法有以下两种。

（1）按区间里程的比率确定，即按整个区段内各车站间实际里程的比率来画横线，每一横线即表示一个车站的中心线。采用这种方法时，运行图上站名线间的距离能明显地反映出站间距离的大小。但由于各区间线路的平面和纵断面情况不一，列车运行速度有所不同，列车在整个区段上的运行线往往是多段斜直线，既不整齐，也不容易发现铺画中的错误。所以，一般不采用这种方法。

（2）按区间运行时分比率确定，即按整个区段内下行（或上行）列车在各区间运行时分（当上下行运行时分差别较大时，可加以调整）的比率来画横线。采用这种方法时，可以使列车在整个区段的运行线基本上是一条斜直线，既整齐美观，又便于发现运行时分上的问题，所以现在绘制运行图时多采用这种方法。

3．各要素含义

（1）横坐标，表示时间变量，按要求用一定的比例进行时间划分，一般城市轨道交通列车运行图采用 1 分格，即每一等分表示 1 min（见图 3-1-5）。

（2）纵坐标，表示距离分割，根据区间实际里程，采用规定的比例，以车站中心线所在位置进行距离定点。

（3）垂直线，是一簇平行的等分线，表示时间等分段。

（4）水平线，是一簇平行的不等分线，表示各个车站中心线所在的位置。

（5）斜线，列车运行轨迹（径路）线，一般规定上斜线表示上行列车，下斜线表示下行列车。

（6）在列车运行图上，列车运行线与车站的交点即表示该列车到达、出发或通过的时刻。由于城市轨道交通列车停站时间较短，一般不标明到、发不同时间。

（7）在列车运行图上，每个列车均有不同的车号与车次。一般按不同的列车类别规定代号与列车号。如专运列车、载客列车、调试列车、施工列车等；按发车顺序编写列车车次，上行采用双数，下行采用单数。

（四）列车通过能力

1．城市轨道交通的列车通过能力主要取决于最小追踪间隔。

等间隔运行的前提下，列车运行周期指列车从线路上某一点出发，按照规定的运营路线再回到原出发点所用的时间，用 T 表示，行车间隔用 n 表示，则单位时间内用于运送旅客的列车对数（用 N 表示）为列车运行周期除以行车间隔。

列车运行周期主要由下行单程旅行时间、终点站折返时间、上行单程旅行时间、另一端终点站折返时间组成。

$$上线列车数（M）=列车运行周期（T）/行车间隔（n）$$

由以上公式可知，列车运行周期一定的前提下，列车追踪间隔（即行车间隔）越小，需要上线的列车数量越多，单位时间内通过某区段的列车数量就越多，旅客输送能力也就越大。

2．运能

单位时间内某个方向列车运输旅客的能力即为运能。核算运能时，列车车厢的承载能力按 AW2 工况的定员数量进行计算。

3．影响列车追踪间隔因素分析

对某个车站来说，对车站的接车能力、发车能力、折返能力（折返站）进行计算分析（见图 3-1-6），取其中某项间隔时分的最大值，即为该站追踪间隔的限制因素。

对某条线路而言，需要对全线范围内所有车站的接车、发车、折返能力进行计算，并找出其中某项间隔时分的最大值，即为全线追踪间隔的限制因素，据此可计算出全线通过能力。

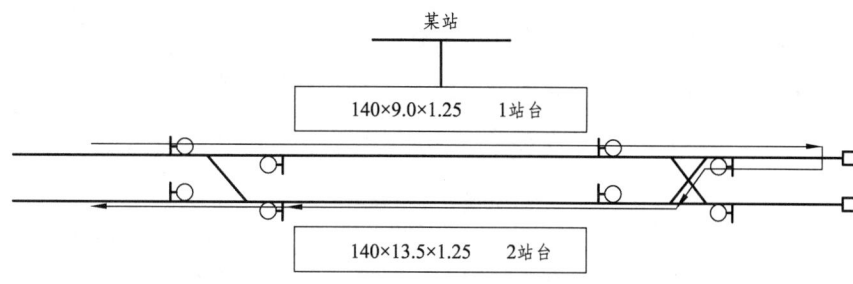

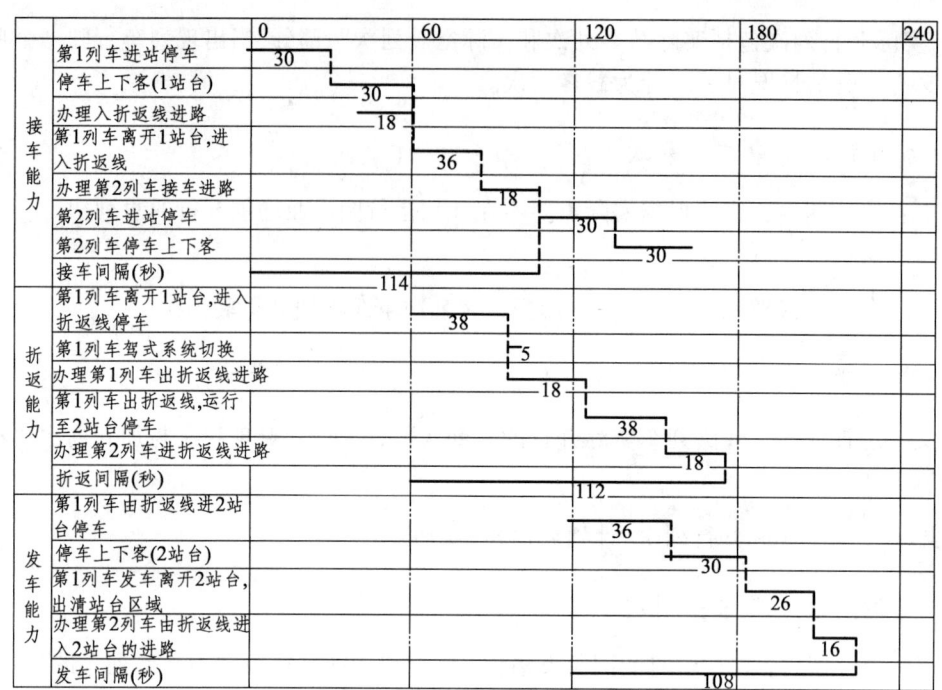

图 3-1-6 某站追踪能力计算举例

（五）列车运行指标

1．计划开行列次（单位：列次）

定义：统计期内，线路中按照运营计划（列车运行图）开行的载客、空驶列车数之和。
计算方法：

$$线路计划开行列次 = 线路计划载客列次 + 线路计划空驶列次$$

注：
① 不包含调试车和计划外的加开列次。
② 计划开行列次包括计划载客列次和计划空驶列次两部分，根据每日执行运行图中所对应的列车计划统计。

2．计划兑现列次（单位：列次）

定义：计划兑现列次系指统计期内，按列车运行图实际开行的计划列车数。
注：
① 列车按照列车运行图规定的始发、终到站完成完整的运行交路时，视为计划兑现开行。
② 中途折返（含具有存车能力的库线开出的列车）的载客列车视为计划兑现开行。
③ 载客列车中途改变列车性质，变更前的列车视为计划兑现开行。
④ 同性质列车中途变更列车车次，实际开行列次只按初次变更前的列车车次统计，统计为 1 列。

⑤ 实际开行列次包括实际载客列次和实际空驶列次两部分，当出现列车行驶一个单程既有载客又有空驶的情况时，统计为载客列次。

3．加开列次（单位：列次）

定义：统计期内，线路根据实际需要不在计划运行图内而增加开行的总列次。
计算方法：

$$线路加开列次=线路加开载客列次+线路加开空驶列次$$

4．实际开行列次（单位：列次）

定义：统计期内，线路列车实际开行的总列次数，为计划兑现列次与加开列次之和。
计算方法：

$$实际开行列次=计划兑现列次+加开列次$$

5．停运列次（单位：列次）

定义：统计期内，在运营时间因突发事件，临时取消线路运行图中某些列车的开行次数。
计算方法：

$$线路停运列次=计划开行列次-计划兑现列次$$

6．掉线列次（单位：列次）

定义：统计期内，因车辆、乘务（不含运营调整）等原因致使正在运行列车未完成线路列车运行图所规定的任务而退出正线运营的列数。

注：掉线列次又称下线列次。

7．清客（单位：列次）

定义：统计期内，在线路运行图执行过程中，已进行载客的列车因故障、事故而无法继续执行载客业务，需要在车站或者区间将乘客由车厢中清出至站台的列次数。

注：清客列次包括因需要救援故障、事故列车而清客的列车。

8．越站（单位：列次）

定义：越站是出于运营调整需要，需要在某个站或某些站将列车由停车变更为通过的调整方法。

注：同一列次的越站次数，以调度员发布的口头命令次数为准，如：某列车先执行了1次的越站命令，未取得预期效果，调度员再次追加发布1次越站口头命令，此列车应统计为2次越站。

9．救援列次（单位：列次）

定义：统计期内，在线路正线上，列车因故障（包括列车故障和其他设备故障）需另外

的列车进行牵引或推送的次数。

10．晚点列次（单位：列次）

定义：统计期内，列车运行图在执行过程中，列车在始发站发出或到达终到站的时刻与列车运行图计划时刻相比大于或等于规定的晚点统计标准时统计为晚点。可分为始发晚点和到达晚点。

注：

① 列车按运行图计划时间或者时刻表执行过程中，列车在始发站出发或到达终点站的时刻与运行图计划或者时刻表相比绝对值大于或等于规定的晚点统计标准时均计为晚点，加开列次不计晚点。

② 轻轨、单轨、磁浮、自动导向系统晚点列车统计标准为大于 2 min；市域快速轨道交通系统晚点列车统计标准为大于 3 min；非独立路权有轨电车的晚点列车统计标准为大于 5 min。

③ 因首列晚点造成的后续列车晚点均计入晚点列次。列车始发晚点，但其全程运行时间未超过列车计划运行图（时刻表）规定的全程运行时分，不计入晚点。

④ 对于中途退出的列车，按其退出运营的车站作为到达站统计晚点。

⑤ 同性质列车中途变更列车车次，到达晚点按初次变更前的列车车次统计。

11．运行图兑现率

定义：统计期内，线路列车运行图计划兑现列次与线路计划开行列次之比。
计算方法：

$$列车运行图兑现率 = \frac{计划兑现列次}{计划开行列次} \times 100\%$$

12．正点率

定义：统计期内，线路正点列车次数与线路全部开行列车次数之比。
计算方法：

$$线路列车正点率 = \frac{线路实际开行列次 - 线路始发与到达晚点列次之和}{线路实际开行列次} \times 100\%$$

13．列车服务可靠度

（1）线路 5 min 及以上延误事件数（单位：件）

定义：统计期内，线路中发生的 5 min 及以上延误事件数。

注：

① 列车在运行图或者时刻表执行过程中，在任意车站的延误时间大于等于 5 min 时，记为本单向运行造成 5 min 及以上延误事件 1 次。

② 5 min 及以上延误事件分 5 min（含）~ 15 min、15 min（含）~ 30 min、30 min（含）及以上 3 个等级。

③ 因同一原因引起的多个 5 min（15 min、30 min）延误，按事件造成的最大影响范围只计 1 个延误事件。

④ 同样原因造成列车在单向运行中多个站晚点，只计本方向晚点 1 次。

（2）列车服务可靠度（单位：万车公里/件）

定义：统计期内，线路列车发生 5 min 及以上延误事件之间平均行驶的运营车公里。

计算方法：

$$列车服务可靠度 = \frac{运营车公里}{5 \text{ min 及以上延误事件的件数}}$$

注：

① 延误事件统计标准为列车在按运行图运行过程中，在任意车站延误时间的绝对值大于或等于 5 min（包含中途清客列车）。

② 若同一列次在多个车站的延误时间绝对值均大于或等于 5 min，此时只计为该列次的 1 个延误事件。

③ 因同一原因造成多个列次的 5 min（15 min、30 min）以上延误事件，仅统计 1 次，只计时间最长的延误事件。

④ 根据需要可按照 5 min（含）～15 min、15 min（含）～30 min、30 min（含）及以上 3 类分别统计延误事件。

⑤ 根据需要可按照设备设施故障（车辆、信号、供电、土建、站台门、其他）因素、人为（员工、乘客）因素和其他因素对造成延误事件的原因分别进行统计。

14．列车退出正线运营故障率（单位：次/万列公里）

定义：统计期内，列车因发生车辆故障而必须退出正线运营的故障次数与运营车公里的比值。

计算方法：

$$列车退出正线运营故障率 = \frac{导致列车退出正线运营的车辆故障次数}{运营车公里}$$

注：导致列车退出正线运营的车辆故障次数，即因发生车辆故障而导致列车必须退出正线运营的故障次数。

15．车辆系统故障率（单位：次/万列公里）

定义：统计期内，导致列车运行晚点 2 min 及以上的车辆故障次数与相应运营车公里的比值。

计算方法：

$$车辆系统故障率 = \frac{车辆故障次数}{线路运营车公里}$$

16．信号系统故障率（单位：次/万列公里）

定义：统计期内，信号系统故障次数与相应运营车公里的比值。

计算方法：

$$信号系统故障率 = \frac{信号系统故障次数}{运营车公里数}$$

注：信号系统故障是指列车无法以自动防护模式运行、部分区段无速度码或发生道岔失去表示等非正常性的故障情况。

17．供电系统故障率（单位：次/万列公里）

定义：统计期内，供电系统故障次数与相应运营车公里的比值。
计算方法：

$$供电系统故障率 = \frac{供电系统故障次数}{全部列车总行车里程}$$

注：供电系统故障指造成部分区段失电或单边供电的供电故障。

18．站台门故障率（单位：次/万次）

定义：统计期内，站台门故障次数与站台门动作次数的比值。
计算方法：

$$站台门故障率 = \frac{站台门故障次数}{站台门动作次数}$$

注：
① 站台门故障次数（单位：次）指：单个站台门无法打开或关闭，记为站台门故障 1 次；多个站台门同时无法打开或关闭，故障次数按发生故障的站台门数量累计。
② 站台门动作次数（单位：万次）：单个站台门开启并关闭一次记为站台门动作一次。

19．运营事故数

（1）运营事故数（单位：件）。
定义：统计期内，城市轨道交通发生的运营事故件数。
注：事故等级按照国务院《生产安全事故报告和调查处理条例》执行。
（2）行车责任事故数（单位：件）。
定义：统计期内，由于运营单位组织管理和处置不当等原因，造成的行车事故件数。
（3）行车责任事故率（单位：件/万车公里）。
定义：统计期内，列车每运行万车公里发生的行车责任事故件数。
计算方法：

$$行车责任事故率 = \frac{行车责任事故数}{运营车公里数}$$

（4）行车责任险性事件数（单位：件）。
定义：统计期内，由于运营单位组织管理和处置不当等原因，造成的行车险性事件数。

（5）行车责任险性事件率（单位：件/万车公里）。

定义：统计期内，列车每运行万车公里发生的行车责任险性事件数。

计算方法：

$$行车责任险性事件率=行车责任险性事件数÷运营车公里数$$

20．机电设备可靠度

定义：统计期内，机电设备实际服务时间与运营总服务时间的比值。

计算方法：

$$机电设备可靠度=实际服务时间÷运营总服务时间$$

注：机电设备可靠度可以按照不同设备分别进行计算。如，可以分别计算售票机、储值卡充值机、进出站闸机、自动扶梯、垂直电梯、车站乘客信息系统、列车乘客信息系统等的设备可靠度。

21．运营车公里（单位：车公里）

定义：统计期内，列车为运营业务在运营线路上载客行驶和空车行驶的全部里程。

计算方法：

$$线路运营车公里=线路载列车公里+线路空驶车公里$$

注：

① 载列车公里为载客列车始发站至终到站之间的行驶里程。

② 空驶车公里包括备用列车的行驶里程，通勤车行驶里程，从车场至运营线路出、回场里程，折返里程，中途故障和其他原因空驶到起点、终点或车场的里程及其他不可载客的空驶里程。

③ 运营车公里也可以"列"进行统计（单位：列公里）。

22．走行车公里（单位：车公里）

定义：统计期内，线路运营车辆所行驶的全部里程。

注：

① 线路走行车公里包括线路运营车公里和车辆段（场）内运行、正线调试、救援、清客后运行等里程。

② 正线调试里程含异线过轨列车、停车场与车辆段调车、非运营线试验车、培训车里程。

③ 救援里程包含救援与被救援列车里程。

④ 若列车在区间清客，清客后运行公里以列车开行方向下一站开始计算里程。

23．车公里利用率

定义：统计期内，线路运营车公里与线路走行车公里的比值。

计算方法：

$$线路车公里利用率 = \frac{线路运营车公里}{线路走行车公里}$$

24．技术速度（单位：km/h）

定义：统计期末，列车在运营线路上自起点站至终点站，不计停站时间的运行速度。
计算方法：

$$技术速度 = \frac{线路运营里程}{单程区间运行时间}$$

25．旅行速度（单位：km/h）

定义：列车在运营线路长度范围内从始发站发车到终点站到达（计停站时间）的运行速度。
计算方法：

$$旅行速度 = \frac{线路运营里程}{单程区间运行时间之和 + 单程中间站停站时间}$$

26．线路运营时间（单位：h）

定义：统计期内，城市轨道交通线路日均向乘客开放运营的时间。
注：线路运营时间为当日第一班载客列车到达发车站的时间至最后一班列车到达终点站的时间。

27．清客频次（单位：万车公里）

定义：统计期内，线路因发生故障、事故引起清客事件之间的平均运营车公里。
计算方法：

$$线路清客频次 = \frac{运营车公里}{线路清客列次}$$

28．配属列车数

（1）线路配属列车数。
定义：统计期末，运营线路所拥有的用于运营服务的全部列车数。
（2）线路日均配属列车数。
定义：统计期内，运营线路所拥有的用于运营服务的全部列车数的日平均值。

29．线路完好列车数（单位：列每日）

定义：统计期内，线路正常工作日高峰时段可用于上线运营服务列车数的平均值。
注：完好列车数为配属列车扣除维修列车和故障列车后的列车数，其中维修列车数包括架大修和日常维修列车数。

30．线路列车完好率

定义：统计期内，线路配属列车数中完好列车数所占的比例。

计算方法：

$$线路列车完好率=\frac{完好列车数}{配属列车数}$$

31．列车运营指标实例分析

综合以上运营指标定义说明，结合当日运行图实际运行情况，请计算列车运行正点率、兑现率、列车服务可靠度、信号系统故障率、站台门故障率、车辆系统故障率、列车退出正线运营故障率等 7 项运营指标值。

已知前提条件：

（1）运行图中所有计划开行列车均为载客列车，当日实际运营里程为 0.143 5 万列公里。

（2）当天新桥上行 2—3 站台门因电磁锁故障打至手动关位置。

（3）灰色线条为计划运行线，红色粗线为实际运行线。

（4）运营当天，车辆段放置 1 列备用车，正线无备用车。

（5）当日运营车辆为 4 节编组的市域动车组。

（6）其中：

20405 次因信号系统故障在潘桥至动车南下行区间 EB，造成列车 RM 模式动车后恢复 ATP 模式运行，后续该次列车在德政至龙霞下行区间再次出现 EB，行调命令司机就地区间重启 CC 后运行至龙霞路站查看是否重启成功，司机报告运行至龙霞路站 CC 重启失败，行调命令列车在龙霞路下行清客后以 NRM 模式运行至三垟湿地下行退出服务；20406 次无备用车替开，20407 次由车辆段备用车替开。

20306 次因在新桥上行车门故障无法关闭，造成在新桥上行停车 6 min，在新桥站晚发 5 min 30 s，后续经温州中车保障人员确认，列车运行至桐岭上行清客后退出服务，回段检查，该故障造成 20306 次终到桐岭晚点 5 min 2 s。行调组织车辆段备用车替开 20307 次。

20506 次因桐岭站折返道岔故障，在桐岭上行晚发 4 min 55 s。

（7）计算分析如下：

当日图定计划开行 72 列次，列车实际运营里程 0.143 5 万列公里。

20405 次连续 2 次 EB，且重启 CC 失败，影响到信号系统故障率，列信号系统故障率事件 1 件。信号系统故障率=1/0.1435=6.97 次/万列公里。

20405 次在三垟湿地退出服务后，20406 次计划线无车替开，停运 1 列次，影响兑现率。运行图兑现率=（72 – 1）/72=98.6%。

20306 次终到晚点 5 min 02 s，20506 次在桐岭上行始发晚点 4 min 55 s，共计晚点 2 列次，影响正点率。正点率=（71 – 2）/71=97.2%。

20306 次车门故障在新桥站最大延误 5 min 30s，影响到列车服务可靠度。列车服务可靠度=1/0.143 5=6.97 次/万列公里。

20306 次车门故障，造成该列车运行至桐岭站后退出正线运营服务，影响列车退出正线

运营故障率；又因其同时造成了终到晚点，故也影响到车辆系统故障率。因此，列车退出正线运营故障率=1/0.143 5=6.97 次/万列公里；车辆系统故障率=1/0.143 5=6.97 次/万列公里。

原计划运行图共 72 列载客列车，共服务 8 个车站，其中三垟湿地为站前折返。因此，站台门动作次数应为：（7+0.5）×4×4×72=8 640 次；运营当天，新桥上行 2—3 站台门因电磁锁故障打至手动关位置，站台门故障次数计 1 次；站台门故障率=1/864 0=1.16 次/万次。

当时列车运行图见附录 A。

（六）列车运行线的铺画

1．列车运行线的常见表示方法

不同的运营公司具体规定可能有所不同，本教材以温州轨道交通 S1 线为例，常见表示方法如表 3-1-1 所示。

表 3-1-1　列车运行线表示方法

列车种类	符号	说明
载客列车	———————	红色实线
非载客列车	- - - - - - -	红色虚线
专列	——→——→——	红色实线加红色箭头
救援列车	——○——	红色实线加红圈
调试车	——│———│——	红色实线加红色横杠
工程车	———————	蓝色实线

2．列车运行整理符号

（1）列车始发。

列车始发如图 3-1-7 所示。

（2）列车终到。

列车终到如图 3-1-8 所示。

（3）列车由邻线转来。

列车由邻线转来如图 3-1-9 所示。

（4）列车开往邻线。

列车开往邻线如图 3-1-10 所示。

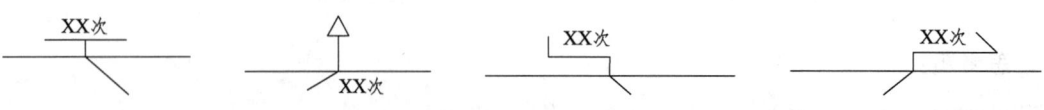

图 3-1-7　列车始发　　图 3-1-8　列车终到　　图 3-1-9　列车由邻线转来　　图 3-1-10　列车开往邻线

（5）列车反方向运行时，在运行线上反向运行的始端和终端位置注明"反向"，如图 3-1-11 所示。

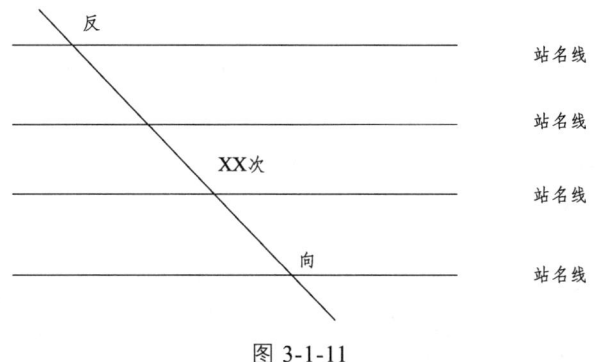

图 3-1-11

（6）列车站后折返如图 3-1-12 所示。

（7）列车站前折返如图 3-1-13 所示。

（8）列车越站，空驶列车越站时用黑色箭头标画，载客列车越站时用红色箭头标画，如图 3-1-14 所示。

图 3-1-12　列车站后折返　　　图 3-1-13　列车站前折返　　　图 3-1-14　列车越站

（9）列车停站超时，图解实际站停时间，并注明原因，如图 3-1-15 所示。

（10）列车在区间停车，图解停车时间，并注明原因，如图 3-1-16 所示。

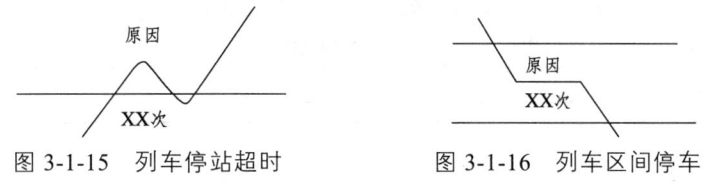

图 3-1-15　列车停站超时　　　图 3-1-16　列车区间停车

（11）列车延误，未达到统计晚点指标的列车标**蓝圈**，在圈内标记延误时分，延误时分以秒数形式计入圈内，如图 3-1-17 所示。

（12）列车晚点，达到统计晚点指标的列车标**红圈**，在圈内标记晚点时分，晚点时分以秒数形式计入圈内，如图 3-1-18 所示。

图 3-1-17　列车延误　　　图 3-1-18　列车晚点

思考题：

1. 简述列车运行图定义。
2. 简述线路 5 min 及以上延误事件的定义及相关说明。

3. 简述列车晚点的定义及说明。
4. 车站通过能力如何确定?
5. 简述列车延误和列车晚点的标画方法。

评价表

项目名称	行车组织	学生姓名	
任务名称	列车运行图	分数	
项目		分值	考核得分
1. 列车运行图的定义及作用		20	
2. 列车运行图的分类及站名线画法		20	
3. 车站通过能力的计算方法		20	
4. 列车运行指标的定义及统计方法		20	
5. 列车运行图常见的铺画方法		20	
教师简要评语:			
			教师签名:

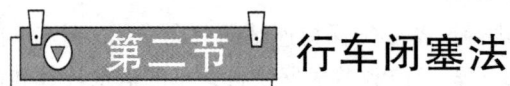

第二节 行车闭塞法

【学习目标】

(1) 掌握行车闭塞法的概念及常见种类。
(2) 掌握不同闭塞方法的闭塞分区的起止点。
(3) 掌握进路闭塞法行车要点。
(4) 掌握电话闭塞法行车要点。

一、行车闭塞法概念

为保证列车运行安全,须保证列车间以一定的安全防护空间运行,这种安全防护空间被称作闭塞。常见行车闭塞方法有移动闭塞、准移动闭塞、进路闭塞和电话闭塞,其中电话闭塞是基本行车设备功能故障时采用的代用闭塞方法,由人工控制列车运行。

二、行车闭塞法分类

（一）移动闭塞

移动闭塞是指后续列车根据与前行列车之间的距离和进路条件，自动设定运行速度的基于通信的闭塞方式。移动闭塞的闭塞分区是随着列车的运行而移动的，闭塞分区的长度也不固定。移动闭塞分区如图3-2-1所示。

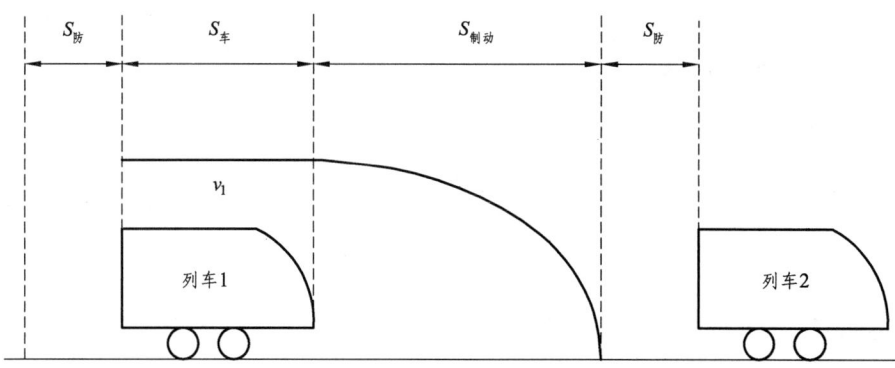

图 3-2-1　移动闭塞分区示意

移动闭塞通过车载设备和轨旁设备不间断的双向通信，控制中心可以根据列车实时的速度和位置动态计算列车的最大制动距离。列车的长度加上这一最大制动距离并在列车后方加上一定的防护距离，便组成了一个与列车同步移动的虚拟分区。由于保证了列车前后的安全距离，两个相邻的移动闭塞分区就能以很小的间隔同时前进，这使列车能以较高的速度和较小的间隔运行，从而提高运营效率。

移动闭塞系统中列车和轨旁设备必须保持连续的双向通信。列车不间断向轨旁控制器传输其标识、位置、方向和速度，轨旁控制器根据来自列车的信息计算和确定列车的安全行车间隔，并将相关信息（如前行列车位置、移动授权等）传递给列车，控制列车运行。

（二）准移动闭塞

准移动闭塞在控制列车的安全间隔上比固定闭塞进了一步。它通过采用报文式轨道电路辅之环线或应答器来判断分区占用并传输大量信息，可以告知后续列车继续前行的距离，后续列车可根据这一距离合理地采取减速或制动，列车制动的起点可延伸至保证其安全制动的地点，从而达到改善列车速度控制、缩小列车安全间隔、提高线路利用效率的目的。但准移动闭塞中后续列车的最大目标制动点仍被限制在前行列车占用分区的边界外方，而不是距前车尾部的实际距离，因此它并没有完全突破闭塞区段的限制。运营时所需的行车间隔越小，闭塞分区数量就越多，轨旁设备数量也就越多。准移动闭塞如图3-2-2所示。

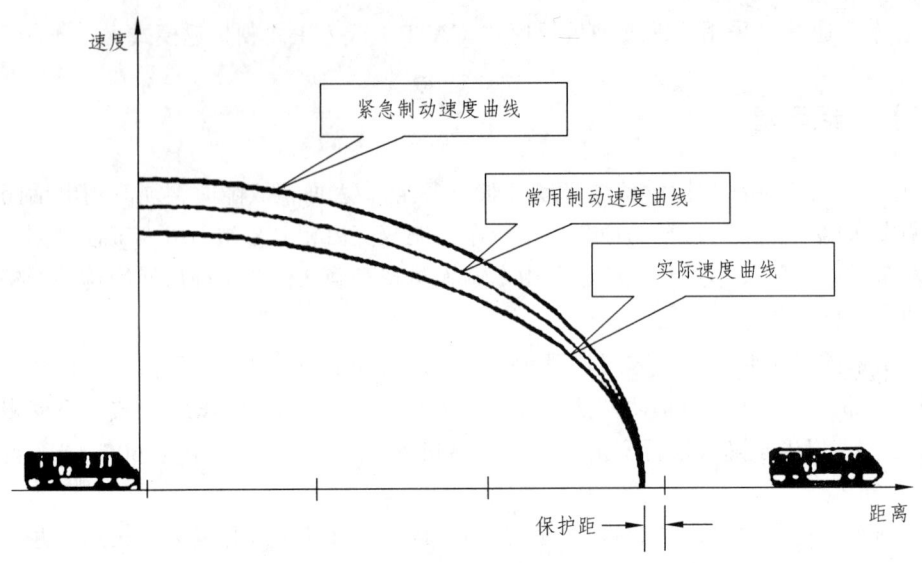

图 3-2-2　准移动闭塞示意

（三）进路闭塞

进路闭塞以同方向相邻两架信号机间的区域（即一个进路区段）为一个闭塞分区，如图 3-2-3 所示。

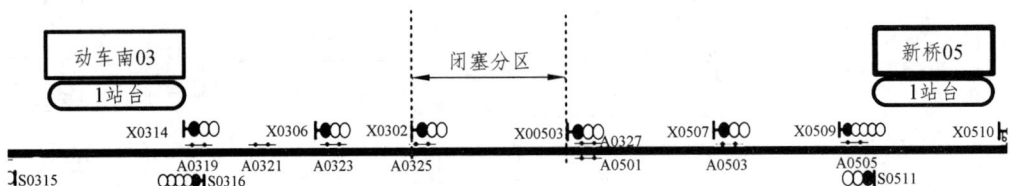

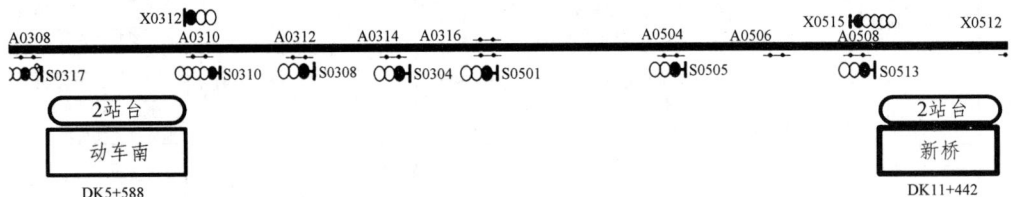

图 3-2-3　进路闭塞法闭塞分区示意

以温州 S1 线为例，正常运营情况下采用进路闭塞法行车，列车凭地面信号（绿灯或黄灯）及车载信号（推荐速度码）显示运行。

采用进路闭塞法行车时，列车可以采用 ATO、ATP+或 ATB 模式运行，此时信号系统提供推荐速度、列车超速防护和临时限速功能，列车按推荐速度运行，在站台接近区域及站台区域，信号系统提供列车超速及连续防护功能、车门与站台门联动功能等；当通信无法建立时，也可以降级采用 ATP 模式运行，信号系统此时提供推荐速度、列车超速防护功能，列车按推荐速度运行。

折返作业通常可采用自动驾驶折返模式（ATB）或人工驾驶折返模式。

（四）电话闭塞

（1）当正线集中站联锁设备故障或计轴设备全部/大面积故障时，须改用电话闭塞法行车，行调发布电话闭塞法行车的命令后，行车控制权交由相关车站，由人工控制列车间隔和列车接发车进路。接发车进路上的道岔由车站人员现场确认位置正确后使用钩锁器锁定（折返道岔的钩锁器只钩不锁）。

（2）闭塞区段按照一站一区间掌握。行车凭证为路票和车站发车手信号，1个闭塞区段内只允许1部列车占用。电话闭塞法情况下，列车驾驶模式采用NRM模式（不受限制的人工驾驶模式），但出于降级运行安全的考虑，温州S1线的推荐限速值为60 km/h（首列车需限速25 km/h）。

（3）列车折返优先采用站后折返，站后折返时按调车方式（限速15 km/h）办理，列车按照车站人员手信号进行折返作业。

（4）采用电话闭塞法行车的区域为故障集中站联锁区域及两端相邻车站。

（5）注意要点：采用电话闭塞法行车的各车站不得办理通过列车，采用电话闭塞法行车的区域内不得组织小交路运行。

（6）电话闭塞接发车常见流程如图3-2-4所示。

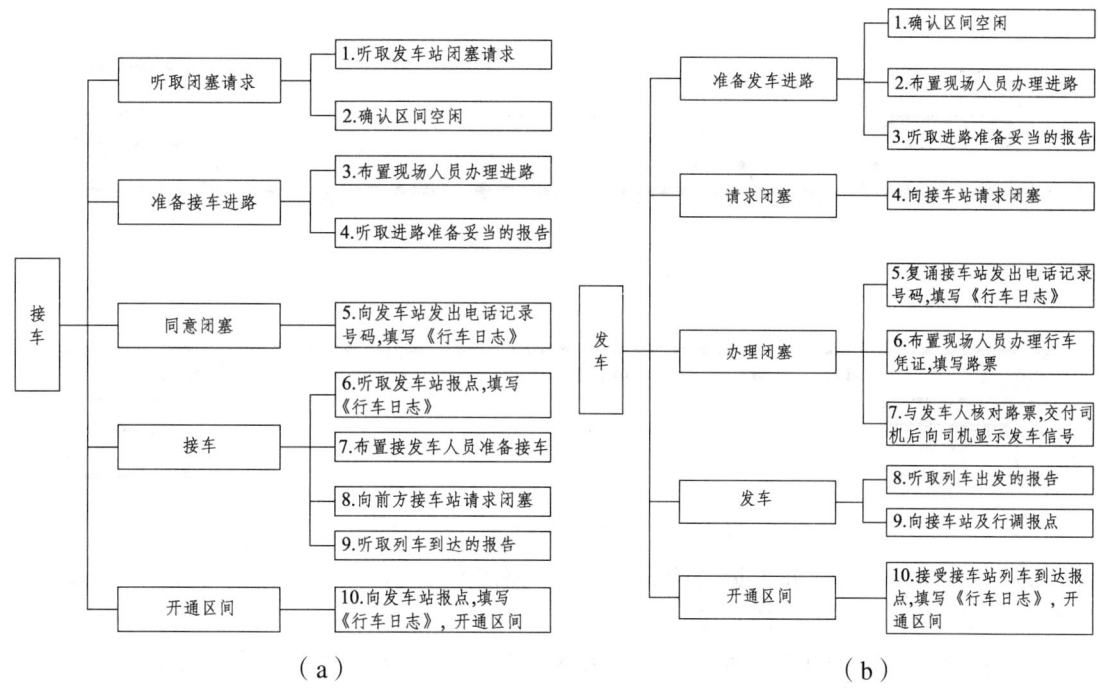

图 3-2-4　电话闭塞接车和发车作业基本流程

思考题：

1. 简述电话闭塞的启用条件及行车凭证。

2. 简述进路闭塞法行车的闭塞区段及行车凭证。
3. 简述移动闭塞和准移动闭塞闭塞区段终点的区别。

评价表

项目名称	行车组织	学生姓名	
任务名称	行车闭塞法	分数	
项目		分值	考核得分
1. 几种常见闭塞方法		20	
2. 不同闭塞方法的闭塞分区的起止点及主要区别		20	
3. 进路闭塞法行车要点		20	
4. 电话闭塞法行车要点		20	
5. 电话闭塞接发车流程		20	
教师简要评语：			
		教师签名：	

第三节 调度命令

【学习目标】

（1）调度命令分类及主要内容。
（2）调度命令发布原则。
（3）常见书面调度命令用语。
（4）常见口头命令用语。

行调在组织运输生产过程中，对有关部门和人员所发布的有关完成运输、生产的具体部署和应急处置时指挥行车工作的指令称为调度命令，按照"统一指挥、逐级负责"的原则，指挥列车运行的调度命令只能由行调发布。行调在发布调度命令前，应详细了解现场情况，并听取有关人员的意见，调度命令发布后，有关行车人员必须严格执行。

一、调度命令分类

（一）口头命令

列车调度员发布的口头命令一般有以下几种。

（1）改变列车驾驶模式。
（2）临时加开或停开列车。
（3）客车推进运行、退行，工程车退行。
（4）停站客车临时变通过。
（5）列车清客。
（6）行车方式或列车运行交路变更。
（7）允许越过禁止信号（原则上一灯一令）。
（8）线路临时限速/取消临时限速（当日当次有效）。
（9）其他有必要发布的口头命令。

（二）书面命令

书面命令发布的内容包括命令号、受令处所、受令人、命令内容、发令日期、发令时间、发令人姓名及复诵人姓名，需在《调度命令登记簿》中填记。行调发布的书面命令有以下几种：

（1）非运营期间从车场开行工程列车/调试列车；
（2）非运营期间开行工程列车/调试列车需封锁或开通线路；
（3）线路长期限速/取消长期限速（指限速时间 24 h 及以上）；
（4）行调认为有必要记录的其他命令。

调度命令如图 3-3-1 所示，调度命令登记簿如图 3-3-2 所示。

调度命令

年　月　日　时　分			第　号
受令处所		行车调度代码	
内容			

行车专用章_____　　　　　　　　　　　受令人_____

图 3-3-1　调度命令

调度命令登记簿

日期	发令时间	命令号码	受令处所	命 令 内 容	复诵人	受令人	发令人	审核人

图 3-3-2　调度命令登记簿

二、调度命令发布原则

（1）调度命令发布必须使用普通话，吐字清晰，语速适中，严禁使用方言。数字发音标准如表 3-3-1 所示。

表 3-3-1　数字标准发音

1	2	3	4	5	6	7	8	9	0
yāo	liǎng	sān	sì	wǔ	liù	guǎi	bā	jiǔ	dòng
幺	两	三	四	五	六	拐	八	九	洞

（2）调度命令发布前应详细了解现场情况，听取有关人员意见，应了解清楚现场报告内容，严禁臆测发令。

（3）行车指令必须通过调度专用电话以行车标准用语向相关行车岗位下达，调度电话严禁进行与工作无关的对话。

（4）调度命令内容应"一事一令"，先拟后发，原则上须使用录音功能良好的电话下达调度命令。具有录音功能的公务电话及专用电话如图 3-3-3 所示。

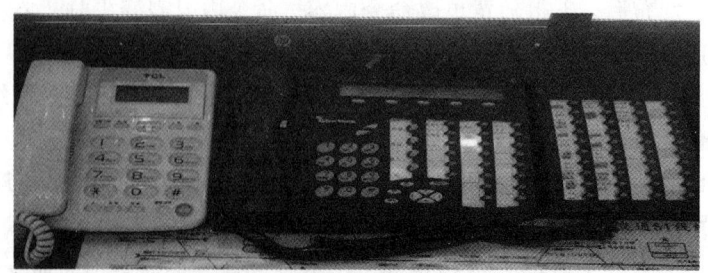

图 3-3-3　具有录音功能的公务电话及专用电话

（5）指挥列车运行的命令，只能由行调发布。

（6）发布书面命令时须给出调度命令号码和行调代码。

三、调度命令发布要求

（一）调度命令发布要求

（1）调度命令内的站名、人名、处所必须使用全称或全名（人名可使用员工代码）；调度命令的发令日期、发令时间按实际发令时间填写。调度命令登记簿填写记录如图3-3-4所示。

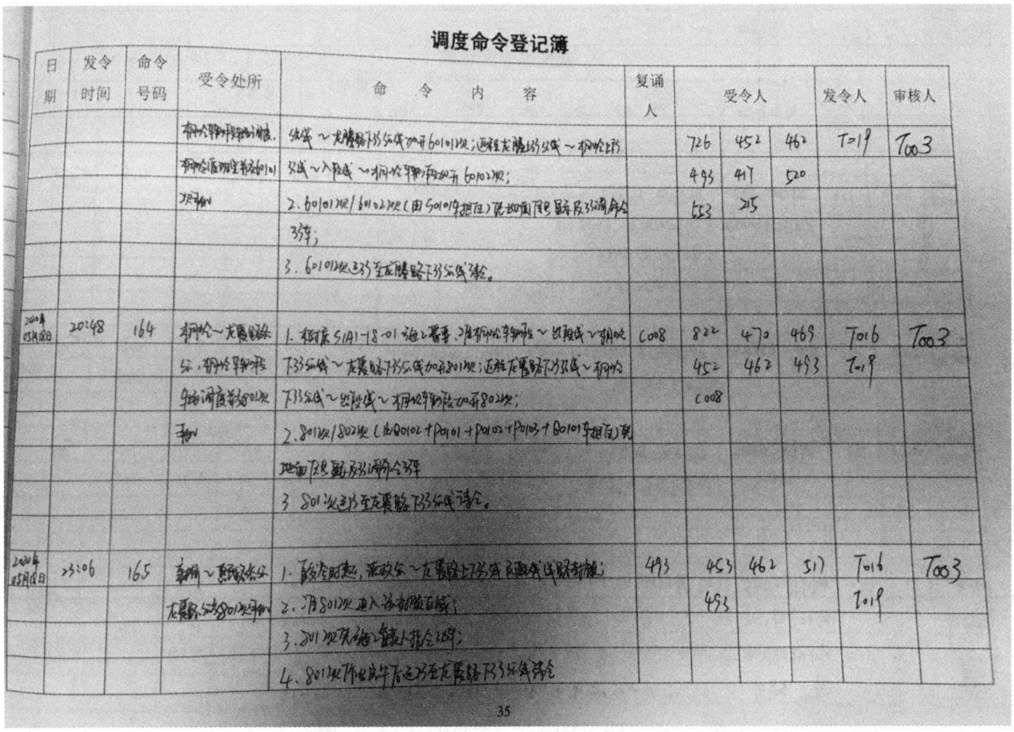

图3-3-4 调度命令登记簿填写记录

（2）行调在发布书面调度命令时，应先发受令处所，后发命令内容，在受令人复诵正确后，再给出发令日期、发令时间、命令号码和行调代码。

（3）调度命令发布后，不得随意更改命令内容，命令内容需变更时，必须取消原有命令，重新发布新的调度命令。

（4）发布口头命令时，应掌握好发令时机。发布命令的内容要准确、简练、清晰、完整，尽量做到一次到位，确保受令人明白调度意图。

（5）发布书面命令前，先拟后发，认真核对命令内容，经双人确认后方可发布。双人确认如图3-3-5所示。

（6）行调向多人发布命令时，应指定其中一人复诵。复诵时，书面命令须原话复诵，口头命令须原意复诵，不得错漏。

图 3-3-5 双人确认

（7）原则上，行调呼叫司机时，在正线以呼叫"车次号"为主，在出/入车场时以呼叫"车组号"为主；特殊情况下（例如采用电话闭塞法时）以呼叫"地点+方向+车次号/车组号"为主。

（8）行调接到电话时，应执行"行调有，请讲"的应答规范。

（9）行调使用无线调度台和无线手持台与司机和车站人员通话时，每一次通话的发起者确认接收者身份或信息接收者回应及确认发令内容时，均需以"请回话"作为继续通话的确认；行调、司机及车站等相关行车岗位发布行车及安全相关指令时需以"请复诵"作为继续通话的确认。

（10）调度员发令完毕后以"行调××（行调代码）+完毕"作为结束语，当一次通话结束（等待对方复诵后，不需与对方进一步通话），确认受令人复诵正确后，以"正确+行调××+完毕"作为结束语。

（二）调度命令发布场景举例

根据 S1 线实际情况，将 S1 线列车产生紧急制动和运行早点场景下的调度命令发布列举如下：

场景 1：列车区间产生紧制 RM 模式动车后恢复 ATP 模式运行，如图 3-3-6 所示。

场景 2：列车严重早点，如图 3-3-7 所示。

司机：203次在动车南至新桥下行区间X0503信号机处产生不明原因紧制。

行调：203次当前最高可用模式是什么？能否缓解紧制？

司机：当前最高可用模式为RM模式，RM模式下已缓解紧制。

行调：203次凭地面信号显示以RM模式限速25 km/h运行至新桥下行，沿途尝试恢复ATP模式，升级后报

司机：203次凭地面信号显示以RM模式限速25 km/h运行至新桥下行，沿途尝试恢复ATP模式，升级后报

行调：正确，行调T011，完毕。

2分钟后

司机：203次运行至X0507信号机前已恢复ATP模式。

行调：203次以ATP模式运行至新桥站后恢复AT0模式。

图 3-3-6　列车区间产生紧制 RM 模式动车后恢复 ATP 模式运行的场景

行调：204次列车已早点180秒,列车运行是否正常?

司机：204次列车已早点180秒,现列车运行正常。

行调：204次运行正常,在前方惠民、三垟、龙腾路站各多停1分钟。

司机：204次在前方惠民、三垟、龙腾路站各多停1分钟,收到。

行调：正确,行调T011,完毕。

图 3-3-7　列车严重早点的场景

四、常见调度命令模板

（一）书面命令模板

1．长期限速命令

自发令时起,各次列车在××站上/下行至××站上/下行（DK××+×××至 DK××+×××处）限速××km/h。

2．取消长期限速命令

自发令时起,前发××号命令取消,各次列车在××站上/下行至××站上/下行（DK××+×××至 DK××+×××处）恢复正常速度。

3．非运营期间车场开行工程列车（调试列车）

（1）根据××施工作业需要,准××车场~出/入段/场线~××站上/下行线~××站上/下行线（××存车线）开行××次,返程××站上/下行线（××存车线）~××站上/下行线~××车场出/入段/场线~××车场开行××次。

（2）××次凭地面信号显示和行调指令动车。

（3）××站上/下行至××站上/下行（DK××+××× 至 DK××+×××处）限速××km/h。

（4）××次运行至××站上/下行线待令。

4．非运营期间开行工程列车/调试列车需封锁线路

（1）自发令时起，××站至××站上/下行正线及配线（不含××线路）线路封锁。

（2）准××次进入该封锁区域。

（3）××次凭施工/调试负责人指令动车。

（4）××次作业完毕后运行至××站上/下行线待令。

5．非运营期间开行工程列车/调试列车需开通线路

自发令时起，取消前发××号调度命令，××站至××站上/下行正线/正线及配线（不含×××）线路开通。

（二）常用口头调度命令模板

常用口头调度命令模板如表 3-3-2 所示。

思考题：

1. 简述调度命令发布原则。
2. 简述调度命令发布的要求。
3. 书面调度命令中加开命令的内容模板是什么？
4. 口头命令中越过禁止信号机的用语有哪些？

评价表

项目名称	行车组织	学生姓名	
任务名称	调度命令	分数	
项目		分值	考核得分
1. 调度命令发布原则		25	
2. 调度命令发布具体要求		25	
3. 常见书面调度命令用语		25	
4. 常见口头命令用语		25	
教师简要评语：			
		教师签名：	

表3-3-2 常用口头调度命令模板

序号	类别	发布时机		行调与司机	行调与车站	备注
1	列车出段	出段信号机开放时	空车运行	×××车（开行）×××次以××模式上/下行/存车线运行令，行调×××完毕	—	—
			投入服务	×××车（开行）×××次以××模式上/下行按时刻表投入载客，行调×××完毕	—	—
		出段信号机未开放时		×××车原地待令，行调×××完毕	—	—
2	列车回段	与场调确认具备回段条件后		×××次凭信号显示以××模式运行至转换机I/II道联系DCC回场，行调×××完毕	—	—
3	正线加开列车	加开载客列车时		×××车（次）（空车）以××模式运行至××站××次上/下开行至××站投入载客，请复诵。正确，行调×××完毕	×××站，行调×××次（空车）以××模式运行至××站上××次上/下行开行至××站载客，请复诵。正确，行调×××，××站挂电话	列车以正常模式动车
		加开专列时		×××车（次）开行（改开）×××次自××站上/下行运行至××站，沿途越站，存车线（待令），行调×××完毕	×××站至××站，×××次目××站上/下行运行至××车辆段，××车辆段，请复诵。正确，行调×××，××站挂电话	—
		加开空车时		×××车（次）开行（改开）×××次空车运行至××车线（××车辆段，沿途越站，请复诵。正确，行调×××完毕	×××站至××站，空车运行至××车线（×××次）（待令），下行/存车线（××车辆段），沿途越站，行调×××，××站挂电话	—

续表

序号	类别	发布时机	行调与司机	行调与车站	备注
4	扣车/放行	行调扣停列车时	×××次运行至××站××信号机前停车待令（或上/下行开/关门待令），请复诵。正确，行调×××完毕	×××站，上/下行××次调扣车，是否清楚明白	—
		车站扣停列车时	×××次上/下行开/关门待令，请复诵。正确，行调×××完毕	××次，IBP盘/ATS设置上/下行××次扣车，请复诵。正确，行调×××完毕	—
		行调放行列车时	×××次，取消待令，关门动车，请复诵。正确，行调×××完毕	×××站，上/下行××次取消×××次扣车，是否清楚明白	—
		车站放行列车时	×××次，取消待令，关门动车，请复诵。正确，行调×××完毕	××次，IBP盘/ATS取消上/下行××次扣车，请复诵。正确，行调×××完毕	先通知车站放行再通知司机，避免发生冒进信号
5	发布/取消延长停站时间	令列车延长停站时间	×××次/各次列车××（至××）站（各站）多停××秒，×××次请复诵。正确，行调×××完毕	×××站（至××站各站），×××次/各次列车在××站（至××站）上/下行（各）多停××秒，清楚明白的车站挂电话	—
		令列车恢复正常停站时间	×××次/各次列车取消多停，×××次请复诵。正确，行调×××完毕	×××站（至××站各站），×××次/各次列车在××站（至××站）上/下行取消多停，清楚明白的车站挂电话	—
6	载客/空车越站	越单站	×××次，载客/空车越站通过，请复诵。正确，行调×××完毕	×××站，××站上/下行××次越站通过，××站请复诵。正确，行调×××完毕	—
		越多站	×××次，××模式载客/空车越站，请复诵。正确，行调×××完毕	×××次，行调×××/清楚明白的车站上/下行××站至××站越站挂电话	—

续表

序号	类别	发布时机	行调与司机	行调与车站	备注
7	清客	令列车清客时	×××次，××站上/下行清客，请复诵。正确，行调×××完毕	×××次，上/下行×××次清客，××站后报完毕，××站请复诵。正确，行调×××完毕	—
8	单列车反方向运行	令列车（中途）改反方向运行时	×××次，××（模式）以×××线反方向运行至××站上/下行（经×××线）按线路限速规定运行至××站上/下行（换端/退出服务），沿途载客/不载客，请复诵。正确，行调×××完毕	×××站至××站（经×××线）反方向运行至××站上/下行，××站请复诵。正确，行调×××完毕挂电话	—
9	单列车退行	令单列车退行时	×××次原端（换端）退行至××站上/下行/存车线/××信号机外方，请复诵。正确，行调×××完毕	×××次退行至××站上/下行/存车线，做好乘客服务，请复诵。正确，行调×××完毕	—
10	单列车推进运行	令单列车推进运行时	×××次凭行调命令以RM/NRM限速××km/h推进运行至××（为可视参照物），请复诵。正确，行调×××完毕	—	—
11	越过禁止信号	列车越过前方红灯/灭灯继续运行时	×××次凭地面信号以RM/NRM（模式）限速××km/h越过前方×××信号机红灯，运行至×××（为可视参照物），请复诵。正确，行调×××完毕	—	—
12	列车越过道岔故障区段信号防护信号机时	令列车越过道岔故障区段信号防护信号机时	×××次凭地面信号/车载信号动车运行信号机前停车待令，请复诵。正确，行调×××完毕	—	道岔故障告知全线司机
13	在区间信号机前停车待令	令××次××信号机前停车待令	×××次（开行×××次）/×××次×××信号机前动车运行信号机前停车待令，请复诵。正确，行调×××完毕	—	—

续表

序号	类别	发布时机	行调与司机	行调与车站	备注
13	凭引导信号动车	令列车凭引导信号动车时	×××次凭引导信号以RM/NRM（模式）动车，运行至×××（为可视参照物），请复诵。正确，行调×××完毕	—	—
14	改RM/NRM/ATP驾驶	令列车改变运行模式	×××次凭地面信号以RM/NRM/ATP（模式）限速××km/h运行至××站上/下行清客/待令/退出服务，沿途恢复ATP运行，请复诵。正确，行调×××完毕	—	—
		令列车恢复ATO/ATP+/ATP	×××次凭地面信号恢复RM模式限速××km/h运行，信号前方恢复ATO/ATP+/ATP运行，请复诵。正确，行调×××完毕	—	—
		列车进/出站/区间产生紧制，需以RM/NRM/ATP动车	×××次逐级缓解紧制，确认安全以×××（模式）动车，信号前恢复ATO/ATP+/ATP运行前停车收复，请复诵。正确，行调×××完毕	—	确认紧制原因后发令
15	正线调车	××（信号机编号）至××（信号机编号）调车进路排列好	×××次（信号机编号）至×××（信号机编号）进路排列好，司机显示××信号面信号以××（限速）运行，请复诵。正确，行调×××完毕	—	—
		转线调车进路排列好	×××次（信号机编号）至×××（信号机编号）进路排列好，司机显示××信号面信号以××（限速）运行，列车尾部越过×信号机停稳报行调，请复诵。正确，行调×××完毕（换端）	—	—

续表

序号	类别	发布时机	行调与司机	行调与车站	备注
16	车门、站台门联动无法联动	列车有车门使能，站台门无法联动关门	前次列车××站上/下行站台门无法联动关门，××次以MM门模式进站按流程恢复PSL自动位。正确，行调×××完毕	—	—
17	互锁解除未恢复正常位	进站信号机未开放	—	××站将上/下行PSL互锁解除恢复正常位。正确，行调×××完毕	—
17	互锁解除未恢复正常位	进站信号机已开放	××次司机按流程打开关门，将互锁解除恢复正常位，PSL恢复自动位。正确，行调×××完毕	—	—
18	应急门故障	需将PSL打至"互锁解除"位时	—	××站确认站台门安全，将PSL打至互锁解除位。正确，行调×××完毕	—
19	临时限速	需临时限速时	因×××（如：行车调整/轨道故障），××次（全线各次列车）在××站以××模式出站，在××站至DK××+×××（DK××+××××）限速××km/h运行，沿途加强瞭望报行调，采取措施报行调。正确，行调×××完毕	因×××（如：行车调整/轨道故障），×××次（全线各次列车）在××站至××站上/下行（DK××+××××至DK××+××××）限速××km/h完毕。正确，行调×××完毕	—

第四节 行车分析

【学习目标】
（1）掌握常见几种运行数据的定义及相互关系。
（2）掌握运能和满载率的计算方法。
（3）了解不均衡系数的含义及计算原理。
（4）掌握列车运行周期、上线列车数、行车间隔的换算关系。

（一）常见分析指标

1．列车运行周期、上线列数、行车间隔

（1）列车运行周期 T 为运营列车正常运行一个往返所用的时间。
（2）上线列数 n 为根据时刻表要求上线运营的列车数。
（3）行车间隔 t 为列车运行周期 T 除以上线列数 n。

$$t = T/n$$

2．列车技术速度、列车旅行速度

见本章第一节相关内容。

3．运能

$$W = AW_i \times H/T$$

其中：W 为运能；H 为单位时间；T 为行车间隔；AW_i 为单列车不同载荷工况下的载客量，正常情况下采用 AW2 的载客量计算。

从上面的公式中我们可以看出在单位时间内，线路的最大运能受行车间隔和单列车最大载客量影响。运能与行车间隔成反比，与列车载客量成正比。要提高运能，就需要缩短行车间隔或增大列车载客量。

4．断面客流

断面客流指运营线路单方向相邻两站间 1 h 内通过的乘客数量。单位为万人次/h。正常运营状态下，运营线路断面客流量的最大值为最大断面客流。断面客流量可通过票务系统清分模型直接计算或采用客流调查方式取得。正常运营状态不包括由于城市大型公共活动或其他突发事件引起的短期（一般小于一周）持续突发客流情况。

5．列车满载率

列车满载率是指：单位时间内，运营线路单向断面客流量与相应断面运力的比值，也称

为断面拥挤度。

计算公式为

$$ai = Pi/Wi$$

式中：ai——某时段的列车满载率；
　　　Pi——某时段的断面客流量，人；
　　　Wi——某时段的断面运能，人。

6．客运周转量

线路客运周转量指：统计期内，运营线路中每位乘客每次出行与其相应乘坐距离乘积的总和，也称旅客周转量（单位：万人次公里）。

7．线路客运强度

线路客运强度是指：统计期内，运营线路中单位运营里程上平均每日承担的客运量。单位为万人次/公里日。

8．客位里程

线路客位里程是指：统计期内，线路运营车公里与列车定员的乘积，表示线路为乘客及其位移提供载客服务的能力（单位：人公里）。

9．不均衡系数

（1）单向分时客流不均衡系数：针对不同的小时客流分布类型，可以利用线路单向分时客流不均衡系数来描述其全日客流的分布状况，计算公式为

$$a_t = P_{\max} / \left(\sum_{t=1}^{H} P_i / h \right)$$

式中：a_t——单向分时客流不均衡系数；
　　　p_t——单向分时最大断面客流量，人；
　　　H——全日运营小时数，个；
　　　$P_{\max}$——单向最大断面客流量，人。

（2）上下行方向客流不均衡系数：对方向客流的不均衡性用方向不均衡系数描述，计算公式为

$$a_d = (2\max\{P_{\max}^{上}, P_{\max}^{下}\}) / (P_{\max}^{上} + P_{\max}^{下})$$

式中：a_d——上下行方向客流不均衡系数；
　　　$P_{\max}^{上}$——上行方向最大断面客流量，人；
　　　$P_{\max}^{下}$——下行方向最大断面客流量，人。

（3）单向断面客流不均衡系数：用单向各断面客流不均衡系数来描述各断面客流的不均

衡性，计算公式为

$$a_h = (KP_{\max})/\sum_{i=1}^{k} P_i$$

式中：a_h —— 单向断面客流不均衡系数；
p_i —— 单向断面客流量，人；
K —— 单向全线断面数，个。

10．列车最小折返时间

（1）列车站前折返时的最小折返时间 = $t_{开车门、屏蔽门} + t_{关钥匙} + t_{司机交接} + t_{开钥匙} + t_{关车门、屏蔽门}$

（2）列车站后折返时的最小折返时间 = $t_{运行至折返线} + t_{按折返按钮、关钥匙} + t_{司机交接} + t_{开钥匙} + t_{运行至站台}$

注：人工折返时，不需要按折返按钮。另一端驾驶室无司机时，则为关钥匙时间、司机人工换端时间；另一端驾驶室有司机时，则只有关钥匙时间。

（二）计算分析

1．满载率计算分析

某条线路部分区间早高峰断面客流如表 3-4-1 所示，请分析计算满载率。

表 3-4-1　某线路早高峰断面客流

满载率	下行	站名	上行	满载率
	断面客流/人		断面客流/人	
36.7%	3 346	下塘站至乐城站	1 966	**21.6%**
51.3%	4 679	乐城站至万否站	3 587	**39.3%**
64.9%	5 917	万否站至盐盆站	4 628	**50.7%**
61.8%	5 640	盐盆站至翁垟北站	4 805	**52.7%**
66.1%	6 032	翁垟北站至翁垟站	4 901	**53.7%**

已知：

（1）该线路采用 4 节编组的市域动车组，列车定员 $AW1 = 192$ 人，$AW2 = 760$ 人，$AW3 = 1\,098$ 人。

（2）高峰小时行车间隔为 5 min。

答案：

高峰小时单向开行列车数 $N = 1\,\text{h}/5\,\text{min} = \dfrac{60\,\text{min}}{5\,\text{min}} = 12$ 列；

高峰小时单向运能 Wi = 开行列数 $N \times AW2$ 的载客量 = $12 \times 760 = 9\,120$ 人；

高峰小时各区间断面客流满载率 W_{1h} = 断面客流/高峰小时运能，由此可以计算得出表 3-4-1 中的满载率，如加粗内容所示。

2．列车编组方案比选及运能综合分析

某线路全长 63.634 km，运营里程 62.11 km，设计旅行速度不低于 50 km/h，设计运能富余量（富余运能为设计断面运能超出最大断面流量的运能）不得低于10%。该线路初、近、远期高峰小时最大断面客流量为 0.8 万人、1.43 万人、2.26 万人。综合考虑车辆的使用寿命和经济性，初步拟定以下三个列车编组方案。

方案Ⅰ：初、近期采用 4 辆编组，远期采用 6 辆编组。
方案Ⅱ：初期采用 4 辆编组，近期大站快车采用 6 辆编组，远期全部采用 6 辆编组。
方案Ⅲ：初、近、远期均采用 6 辆编组。
已知：
（1）市域动车组定员如表 3-4-2 所示。

表 3-4-2 市域动车组列车定员表

编组辆数/辆	4	6
定员/人	760	1 153

按照 4 人/m^2 计算。
（2）该线路信号系统最小追踪间隔为 2.5 min。
问题：
（1）请根据列车编组方案，并结合运能分析完成表 3-4-3 中的数据。

表 3-4-3 列车编组比较及运能分析表

方案	方案Ⅰ			方案Ⅱ			方案Ⅲ		
设计年度	初期	近期	远期	初期	近期	远期	初期	近期	远期
单向高峰小时最大断面流量/(万人次/h)	0.80	1.43	2.26	0.80	1.43	2.26	0.80	1.43	2.26
列车编组辆数									
列车定员/人									
高峰小时列车对数/对									
高峰小时行车间隔时分/min									
运用车数/列	31	51	59	31	47	59	21	34	59
运用车数/辆									
系统设计输送能力/(万人/h)									
设计运能富余量									

（2）请综合比较分析以上 3 个列车编组方案，提出推荐方案并说明理由。
答案：
（1）列车编组比较及运能分析如表 3-4-4 所示。

表 3-4-4　列车编组比较及运能分析表

方案	方案Ⅰ			方案Ⅱ			方案Ⅲ		
设计年度	初期	近期	远期	初期	近期	远期	初期	近期	远期
单向高峰小时最大断面流量/(万人次/h)	0.80	1.43	2.26	0.80	1.43	2.26	0.80	1.43	2.26
列车编组辆数	4	4	6	4	4/6	6	6	6	6
列车定员/人	760	760	1 153	760	937	1 153	1 153	1 153	1 153
高峰小时列车对数/对	12	21	22	12	21	22	8	14	22
高峰小时行车间隔时分/min	5.0	2.9	2.7	5.0	2.9	2.7	7.5	4.3	2.7
运用车数/列	31	51	59	31	47	59	21	34	59
运用车数/辆	124	204	354	124	220	354	126	204	354
系统设计输送能力/(万人/h)	0.91	1.60	2.54	0.91	1.64	2.54	0.92	1.61	2.54
设计运能富余量	12.1%	10.6%	11.0%	12.1%	12.8%	11.0%	13.0%	11.2%	11.0%

（2）综合分析，推荐采用方案Ⅰ。原因如下：

① 系统能力与客流适应性。

由于客流预测结果具有一定程度的不确定性，因此应预留一定的运能余量，以适应客流预测风险的需求。三个方案远期均采用6辆编组，设计运能富余量均达到10%以上，且列车车辆定员采用4人/m^2，故均能满足客流需求，舒适度较高。

② 服务水平。

初期方案Ⅰ、Ⅱ采用小编组，服务频率较方案Ⅲ高；近期方案Ⅰ、Ⅱ服务频率同样高于方案Ⅲ；远期三个方案采用相同的列车编组，服务频率相同。三个方案设计年度服务水平总体都呈逐步提高的趋势，与客流增长规律相符。故排除方案Ⅲ。

③ 车辆购置费。

在服务水平满足客流需求的前提下，初期方案一的运用车车辆数较方案Ⅱ、Ⅲ少，故方案Ⅰ初、近期的车辆购置费较方案Ⅱ、方案Ⅲ节省。

④ 土建工程投资。

三个方案虽初、近期编组不同，但远期均为6辆编组，因此三个方案的线路、车站土建工程费用相同。

⑤ 运营管理。

方案Ⅰ、方案Ⅲ研究年度均采用单一编组运营，运营管理简单；方案Ⅱ近期采用4、6编组混合运营，增加了运营组织难度，事故救援相对复杂，对于信号、站台门等系统需特殊设计等问题，需采取一定措施才能解决。故排除方案Ⅱ。

综上所述，经多方案比较，初、近、远期采用4、4、6编组方案（即方案Ⅰ），可保证较高的服务水平，车辆购置费较为节省，运营管理简单，系统能力应对客流风险的能力强，乘客舒适性高，可以满足本线的运营需求。

思考题：

1. 写出列车运能的计算公式。
2. 写出满载率的计算公式。
3. 简述列车站后折返时间的组成。

评价表

项目名称	行车组织	学生姓名	
任务名称	行车分析	分数	
项目		分值	考核得分
1. 常见几种运行数据的定义及相互联系		25	
2. 运能和满载率的计算方法		25	
3. 不均衡系数的含义及计算原理		25	
4. 列车运行周期、上线列车数、行车间隔的换算		25	
教师简要评语：			
		教师签名：	

第五节 ATS 系统操作

【学习目标】

（1）掌握 ATS 系统基本功能操作。
（2）掌握 ATS 系统信号机功能操作。
（3）掌握 ATS 系统道岔及区段功能操作。
（4）掌握 ATS 系统站操作及全线操作功能。
（5）掌握 ATS 系统列车操作功能。

行调指挥列车运行过程中的信号开放、排列进路、设置限速等一系列动作，一般需要通过设在 OCC 的 ATS 终端来实现。正常情况下，行调只负责 ATS 层面的命令操作，联锁级命令的操作一般需要行调授权相关车站的行车值班员进行。现以温州 S1 线为例，将常见的 ATS 操作进行如下说明。

（一）基本功能

1. 登　录

输入账号和密码，点击"验证"按钮；登录窗口中显示可供行调选择的控制区域；行调

选择需要控制的区域后，点击"登录"。登录界面如图 3-5-1 所示。

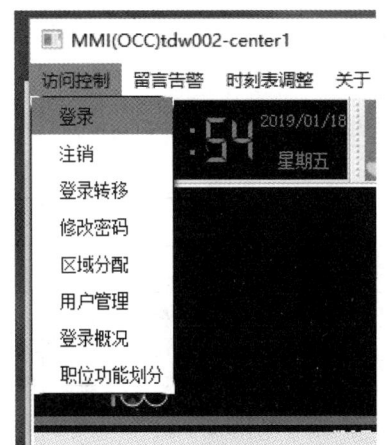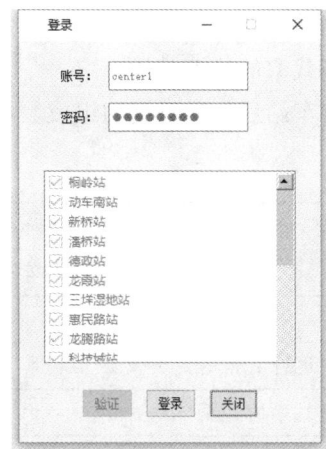

图 3-5-1　登录

2．注　销

通过"注销功能"行调可以结束当前工作站的 ATS 登录。当行调要求退出时，系统证实所有需要监视的和当前在行调控制下的区域在登录行调的控制下。如果任何需要监视的区域在行调退出后不受控制，系统将不允许退出。注销界面如图 3-5-2 所示。

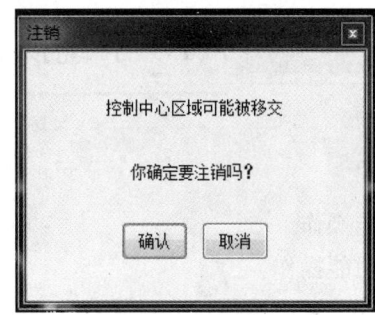

图 3-5-2　注销

3．登录转移

通过"登录转移"，当前行调快速切换至另一个行调，无需分开退出和登录手续。为了执行登录转移，新行调必须输入账号和密码。如果新行调选择不同的账号，系统自动合并两位行调现有的控制区域。控制中心工作站（OCC）与车站工作站相互隔离，即行调和车站行值不能登录到对方的工作站。

操作步骤：

（1）在菜单栏选择"访问控制"→"登录转移"，弹出登录转移窗口，如图 3-5-3（a）所示。

（2）输入账号和密码，点击"验证"按钮。

（3）登录转移窗口中显示可供行调选择的控制区域，如图 3-5-3（b）所示。

（4）行调在可供选择的控制区域内选择行调要控制的区域后，点击"登录"。

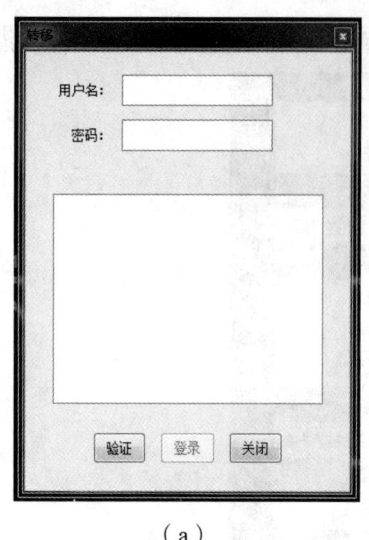 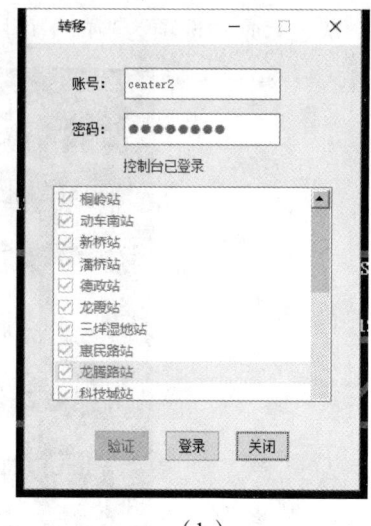

（a） （b）

图 3-5-3　登录转移

4．区域分配

通过"区域分配"，行调可以将想要操控的区域设置为有权限区域，同时可以把有权限的区域转移到无权限区域。区域分配界面如图 3-5-4 所示。

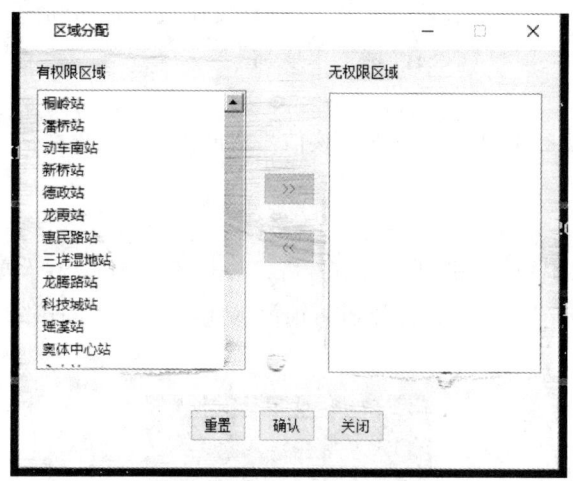

图 3-5-4　区域分配

（二）站场图

行调可通过右击站场图中各符号（包括：信号机、道岔、区段、站、全线、列车、站台等）进行相关操作。

1．信号机操作

行调可通过右击站场图信号机符号进行信号机操作。信号机右键菜单中白色背景的选项

为可操作选项，灰色背景的选项为当前不可用的选项。信号机操作界面如图 3-5-5 所示。

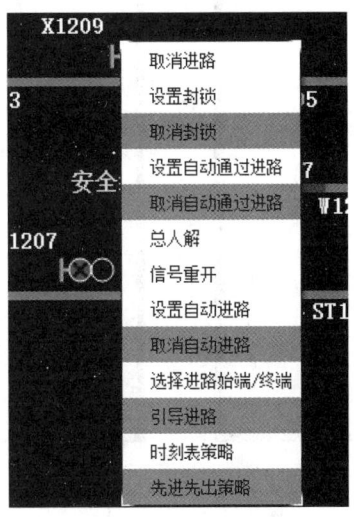

图 3-5-5　信号机操作

（1）取消进路。

行调可通过"取消进路"功能取消先前开放的进路。

操作步骤：

① 将鼠标移动到进路始端信号机，右击该信号机，选择"取消进路"菜单项。

② 操作堆栈里显示"****取消进路请求成功"。

（2）设置封锁。

"设置封锁"可防止行调开放一条涉及该信号机的进路。仅支持信号机封锁的信号机，该选项才可用。

操作步骤：

① 移动鼠标到要设置信号机封锁的信号机，右击该信号机，在菜单中选择"设置封锁"。

② 操作堆栈里显示"****设置信号机封锁请求成功"。封锁的信号机上方有闭合锁显示，如图 3-5-6 所示。

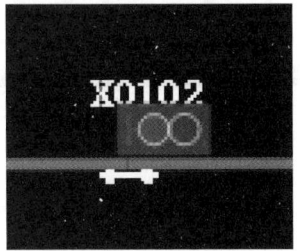

图 3-5-6　信号机封锁成功

（3）取消封锁（安全命令）。

"取消封锁"功能允许行调取消已设置的信号机封锁，仅在信号机已设置了封锁时，该选项才可用。

操作步骤如下：

① 移动鼠标到已设置终端封锁的信号机，右击该信号机，在菜单中选择"取消封锁"。弹出取消封锁请求界面，点击"请求"。取消封锁界面如图 3-5-7 所示。

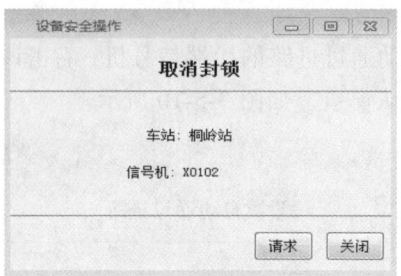

图 3-5-7　取消封锁

② 弹出二次确认窗口，同时对应信号机周边出现"小 E"闪烁，选择对应的设备名，点击"确认"，如图 3-5-8 所示。

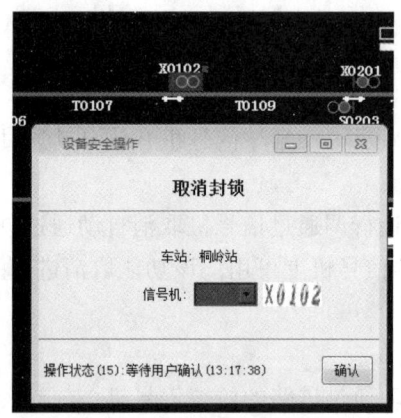

图 3-5-8　取消封锁安全操作

③ 弹出验证窗口，点击"确认"，信号机解封成功，信号机上方的闭合锁和闪烁的"小 E"消失，操作成功，操作堆栈里显示"****取消封锁成功"。取消封锁二次确认界面如图 3-5-9 所示。

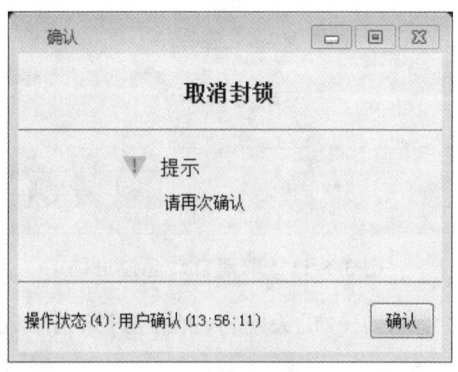

图 3-5-9　取消封锁二次确认

（4）设置自动通过进路。

行调可通过"设置自动通过进路"使信号机转为自动通过进路状态，在进路区段未占用时信号机将自动开放进路。

操作步骤：

① 移动鼠标到要开放自动通过进路的始端信号机，右击该信号机，在菜单中选择"设置自动通过进路"。出现操作确认窗口，如图 3-5-10 所示。

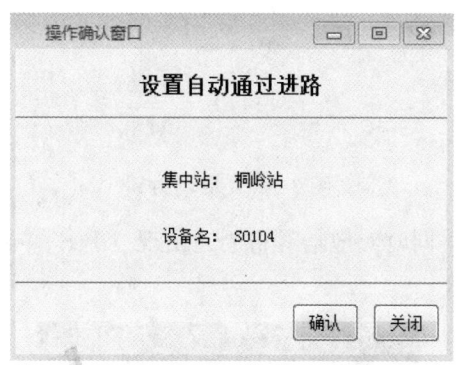

图 3-5-10　设置自动通过进路

② 确认后，操作堆栈里显示"**站**信号机开放自动通过进路请求成功"。

（5）取消自动通过进路。

"取消自动通过进路"可让行调通过信号机取消自动通过进路。"取消自动通过进路"选项仅在已开放自动通过进路的信号机上可用。该功能取消进路的自动通过模式，并且取消已开放的进路。

操作步骤：

① 移动鼠标到已开放自动通过进路的始端信号机，右击该信号机，在菜单中选择"取消自动通过进路"。出现操作确认窗口，如图 3-5-11 所示。

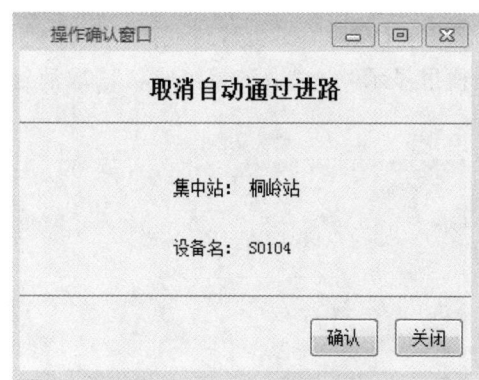

图 3-5-11　取消自动通过进路

② 操作堆栈里显示"**站**信号机关闭自动通过进路请求成功"。

（6）总人解。

行调可通过"总人解"功能人工解锁进路。

操作步骤：

① 移动鼠标到要总人解的始端信号机，右击该信号机，在菜单中选择"总人解"。出现确认密码窗口，如图 3-5-12 所示。

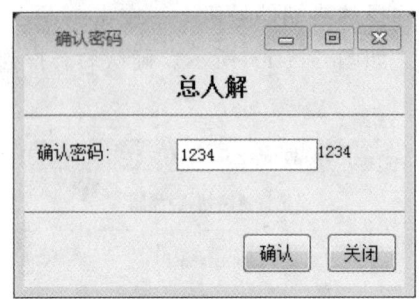

图 3-5-12　总人解

② 操作堆栈里显示"****请求成功"。

（7）信号重开。

行调可通过"信号重开"功能进行信号机重开。

操作步骤：

① 移动鼠标到要信号重开的始端信号机，右击该信号机，在菜单中选择"信号重开"。

② 操作堆栈里显示"****请求成功"。

（8）设置自动进路。

行调可以设置信号机的进路模式为自动进路模式。

操作步骤：

① 移动鼠标到要开放自动进路的始端信号机，右击该信号机，在菜单中选择"设置自动进路"。

② 操作堆栈里显示"****请求成功"。

（9）取消自动进路。

行调可以通过设置"取消自动进路"，来设置信号机的进路模式为人工进路模式。

操作步骤：

① 移动鼠标到要取消自动进路的始端信号机，右击该信号机，在菜单中选择"取消自动进路"。

② 操作堆栈里显示"****请求成功"。

（10）选择进路始端/终端。

行调可通过"选择进路始端/终端"功能在信号机始端/终端之间设置简单的进路。

操作步骤：

① 选择进路始端信号机（通过以下步骤之一）：将鼠标指针移动到要选择的始端信号机上，右击选择"选择进路始端/终端"选项。

② 将鼠标指针移动到要选择的始端信号机上，左击。

③ 可用的终端信号机机架显示闪烁，表示可作为简单进路的终端信号机。同时，操作堆栈里显示"****请求成功"。

④ 选择进路终端信号机（通过以下步骤之一）。

⑤ 将鼠标指针移动到要选择的终端信号机（终端信号机为系统查找的可用的终端信号机之一），右击选择"选择进路始端/终端"。

⑥ 将鼠标指针移动到要选择的终端信号机上，左击。

⑦ 出现进路终端闪界面，如图 3-5-13 所示。确认后，操作堆栈窗口内叠加显示"****请求成功"。

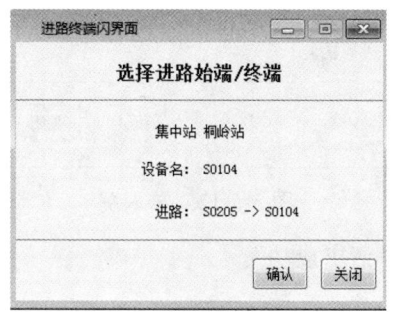

图 3-5-13　进路终端闪烁

（11）引导进路。

行调可开放信号并建立引导进路，以便通过"引导进路"功能提供受限的移动权限。当进路内方区段占用时，或者绿灯丝故障时，信号机不能正常开放，可建立引导进路让列车低速通过。

开放引导进路的前提条件：该信号机红黄灯丝完好、进路中区段未反向锁闭并且未被封锁、该信号机无其他操作激活、进路中道岔可用。

操作步骤：

① 移动鼠标到要开放引导进路的始端信号机，右击该信号机，在菜单中选择"引导进路"。

② 操作堆栈里显示"****引导进路请求成功"。

（12）时刻表策略

行调可以通过设置"时刻表策略"，来设置信号机的进路冲突策略。

操作步骤：

① 移动鼠标到要使用时刻表策略进路的始端信号机，右击该信号机，在菜单中选择"时刻表策略"。

② 操作堆栈里显示"****请求成功"。

（13）先进先出策略。

行调可以通过设置"先进先出策略"，来设置信号机的进路冲突策略。

操作步骤：

① 移动鼠标到要使用先进先出策略进路的始端信号机，右击该信号机，在菜单中选择"先进先出策略"。

② 操作堆栈里显示"****请求成功"。

（14）道岔操作。

行调可通过右击站场图道岔符号来进行道岔选择的操作，如图 3-5-14 所示。

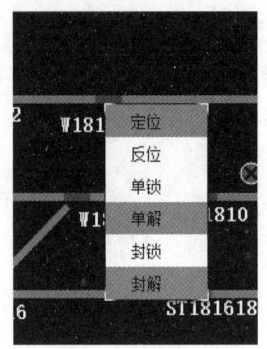

图 3-5-14 道岔操作

① 定位。

行调可通过"定位"功能请求将道岔扳动到定位。如果道岔处于定位、锁闭或单锁状态，"定位"选项不可用。

操作步骤：

a. 将鼠标移动到道岔上，右击道岔符号，在菜单选项中选择"定位"。

b. 操作堆栈窗口中显示"****道岔定位请求成功"。

② 反位。

行调可通过"反位"功能请求将道岔扳动到反位。如果道岔处于反位、锁闭或单锁状态，"反位"选项不可用。

操作步骤：

a. 将鼠标移动到道岔上，右击道岔符号，在菜单选项中选择"反位"。

b. 操作堆栈窗口中显示"****道岔反位请求成功"。

③ 单锁。

道岔单锁/单解功能可让行调单锁当前位置的道岔或解除当前处于单锁状态的道岔。行调可开放当前道岔封锁位置上的进路。

请求的道岔标记为联动道岔之一时，系统会对这两个道岔均应用道岔单锁/单解请求。当系统将道岔单锁/单解请求应用至联动道岔时，两个道岔均会显示相应的颜色状态。

行调可通过"单锁"功能请求系统阻止道岔从当前位置移动。如果道岔已单锁，"单锁"选项不可用。

操作步骤：

a. 将鼠标移动到道岔上，右击道岔符号，在菜单选项中选择"单锁"，如图 3-5-15 所示。

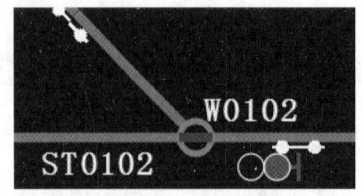

图 3-5-15 道岔单锁

b. 操作堆栈窗口中显示"****道岔单锁请求成功"。

④ 单解（安全命令）。

行调可通过"单解"功能请求系统对已单锁的道岔解除单锁。如果道岔未处于单锁状态，"单解"选项不可用。

操作步骤：

a. 将鼠标移动到道岔上，右击道岔符号，在菜单选项中选择"单解"。弹出单解请求窗口。

b. 弹出确认窗口，同时道岔周边出现闪烁的"小 E"，在确认窗口中选择正确的设备名，点击"确认"。

c. 弹出验证窗口，点击"确认"，道岔单解成功，道岔上的小圆圈和闪烁的"小 E"消失，操作成功，操作堆栈里显示"****道岔单解成功"。

道岔单解过程如图 3-5-16 所示。

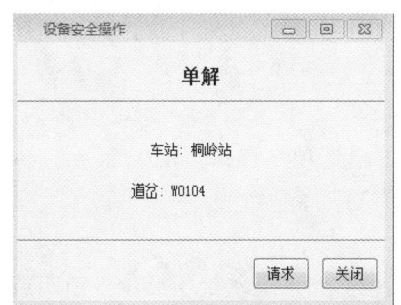
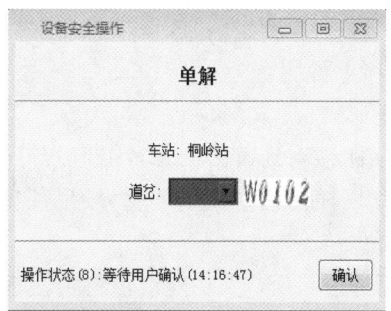
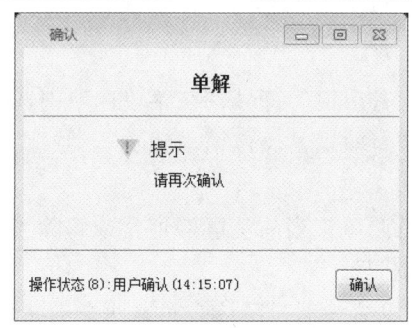

图 3-5-16　道岔单解

⑤ 封锁。

道岔封锁/封解功能可让行调封锁当前位置的道岔或解除当前处于封锁状态的道岔。行调可以单操被封锁的道岔，但是不可以排列经过该道岔的进路。

请求的道岔标记为联动道岔之一时，系统会对这两个道岔均应用道岔封锁/封解请求。当系统将道岔封锁/封解请求应用至联动道岔时，两个道岔均会显示相应的颜色状态。

行调可通过"封锁"功能阻止系统排列经过该道岔的进路。如果道岔已封锁，"封锁"选项不可用。

操作步骤：

a. 鼠标移动到道岔上，右击道岔符号，在菜单选项中选择"封锁"。

b. 操作堆栈窗口中显示"****道岔封锁请求成功"。

⑥ 封解（安全命令）。

行调可通过"封解"功能请求系统对已封锁的道岔解除封锁。如果道岔未处于封锁状态，"封解"选项不可用。

操作步骤：

a. 鼠标移动到道岔上，右击道岔符号，在菜单选项中选择"封解"。弹出道岔封解请求窗口。

b. 弹出操作确认窗口，同时道岔周边出现闪烁"小 E"，在操作确认窗口中选择正确的设备名，点击"确认"，进行二次确认。

c. 弹出验证窗口，点击"确认"，道岔解封成功，道岔上紫色背景和闪烁的"小 E"消失，操作成功，操作堆栈里显示"****道岔封解成功"。

道岔封解过程如图 3-5-17 所示。

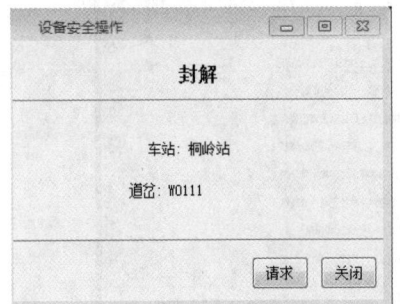
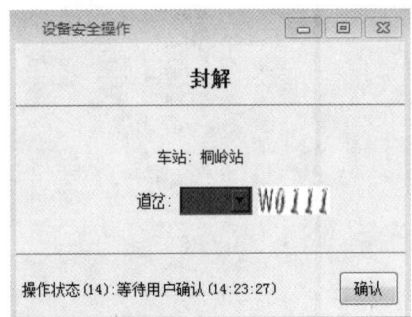
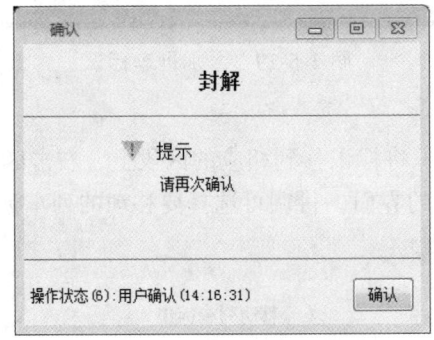

图 3-5-17　道岔封解

（15）区段操作。

行调可通过右击站场图区段符号进行区段操作请求，如图 3-5-18 所示。

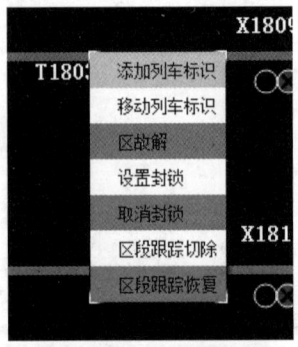

图 3-5-18　区段操作

操作步骤：

① 添加列车标识。

行调可通过手动添加列车标识，右击区段，选择"添加列车标识"选项，弹出如图 3-5-19 所示的界面，行调可设置车组号、车次号、目的地码、插入位置。

图 3-5-19　添加列车标识

② 移动列车标识。

行调可通过移动列车标识将标识移到相应的区段上，右击区段，选择"移动列车标识"选项，弹出如图 3-5-20 所示的界面，行调可选择要移动的列车标识。

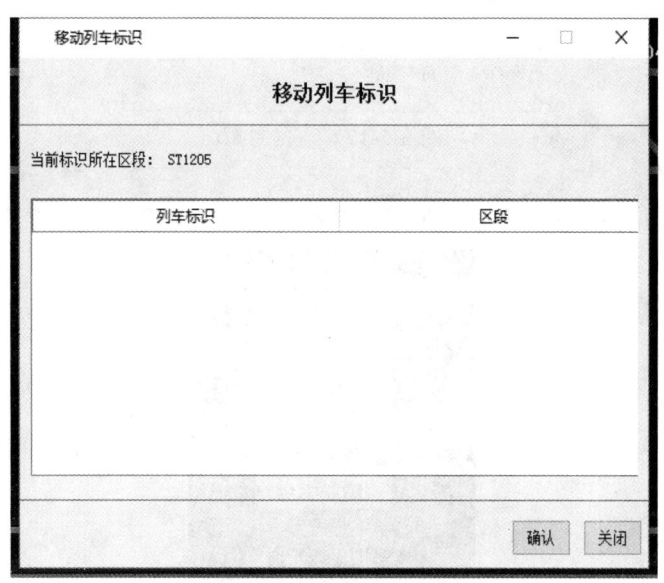

图 3-5-20　移动列车标识

（16）区故解（安全命令）。

行调可通过"区故解"功能，完成区段区故解操作。

操作步骤：

a. 将鼠标移动到轨道区段上，右击轨道区段符号，在菜单选项中选择"区故解"。弹出区故解请求窗口，点击"请求"。

b. 弹出操作确认窗口，选择正确的设备名，点击"确认"。

c. 弹出验证窗口，点击"确认"，区段区故解成功，区段上闪烁的"小 E"消失，操作成功，操作堆栈里显示"****区故解操作成功"。

区故解过程如图 3-5-21 所示。

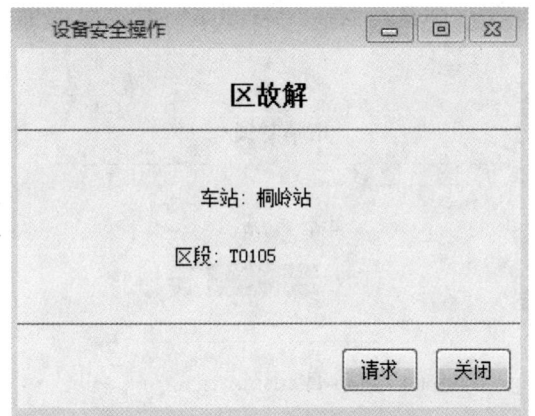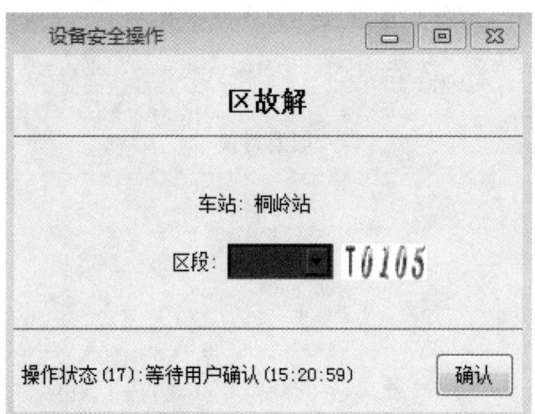

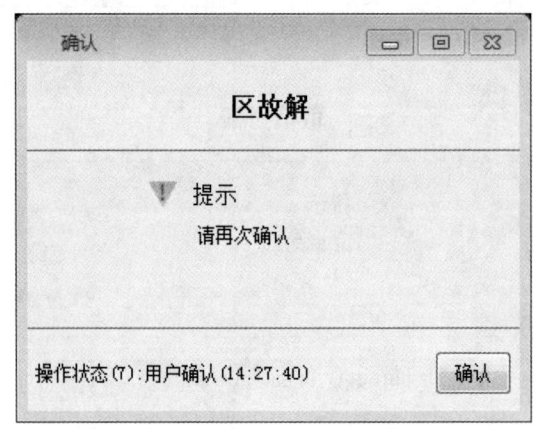

图 3-5-21　区故解

（17）设置封锁。

区段封锁/取消封锁可让行调封锁当前位置的区段或解除当前处于封锁状态的区段。

操作步骤：

将鼠标移动到轨道区段上，右击区段符号，在菜单选项中选择"封锁"。弹出封锁请求窗口，点击"确认"。

操作堆栈窗口中显示"****区段封锁请求成功"。

（18）取消封锁（安全命令）。

行调可通过"取消封锁"功能请求系统对已封锁的区段解除封锁。如果区段未处于封锁状态,"取消封锁"选项不可用。

操作步骤:

a. 将鼠标移动到区段上,右击区段符号,在菜单选项中选择"取消封锁"。弹出取消封锁请求窗口。

b. 弹出操作确认窗口,同时区段周边出现闪烁"小 E",在操作确认窗口中选择正确的设备名,点击"确认",进行二次确认。

c. 弹出验证窗口,点击"确认",区段取消封锁成功,区段上的蓝色包络线和闪烁的"小E"消失,操作成功,操作堆栈里显示"****区段取消封锁成功"。

取消封锁过程如图 3-5-12 所示。

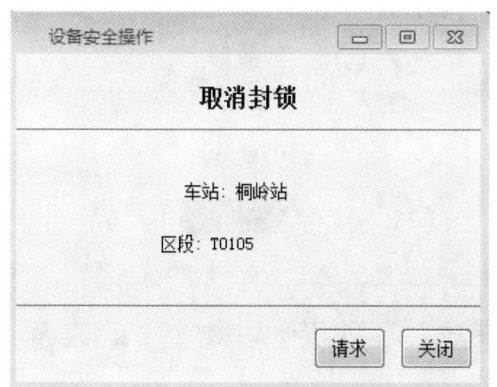
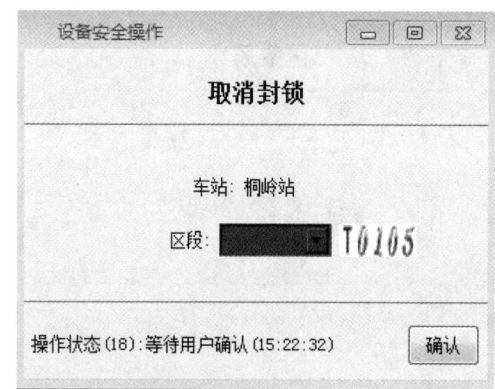
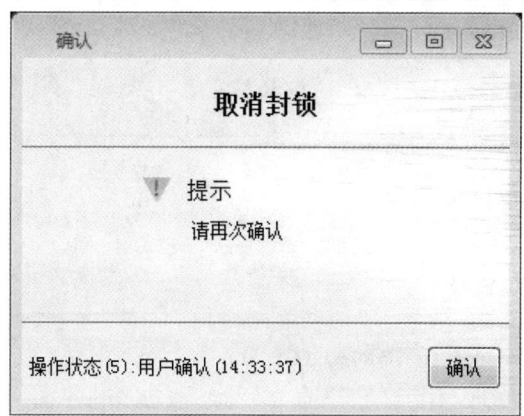

图 3-5-22　取消封锁

(19)区段跟踪切除。

区段跟踪切除功能用于对某一区段设置切除状态。当行调设置该区段为切除状态,不再使用该区段的占用状态跟踪列车。

操作步骤:移动鼠标到要切除的轨道区段,右击该区段,在菜单中选择"区段跟踪切除"。

(20)区段跟踪恢复。

区段跟踪恢复功能用于对某一区段取消切除状态,恢复使用该区段的占用状态跟踪列车运行。

操作步骤：移动鼠标到要恢复切除的轨道区段，右击该区段，在菜单中选择"区段跟踪恢复"。

2．站操作

行调可通过右击车站名、站控、遥控等方式进行站台操作。

（1）本地控制许可。

控制模式包括：中心控制模式、车站控制模式及紧急本地控制模式。

系统提供控制模式间的切换：中心控制模式切换到车站控制模式、中心控制模式紧急切换到紧急本地控制模式、车站控制模式切换到中心控制模式。

（2）中心控制模式正常切换到车站控制模式。

若当前控制模式为中心控制，车站值班员在车站 ATS 工作站上请求，然后由中心调度工作站上授权后，控制模式转换为车站控制。

操作步骤：

① 右击车站名，选择"本地控制许可"→"请求"。

② 右击闪烁的站台名，选择"本地控制许可"→"授权"。

操作过程如图 3-5-23 所示。

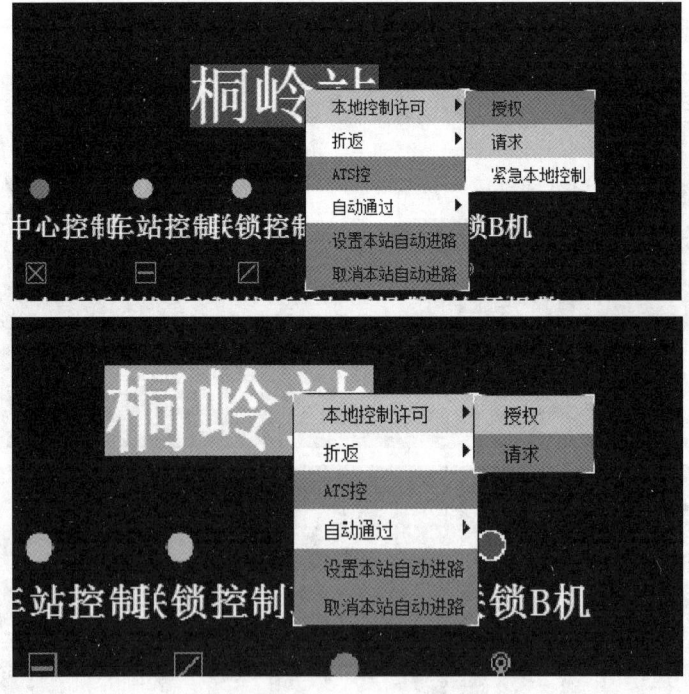

图 3-5-23　中心控制模式正常切换到车站控制模式

（3）中心控制模式紧急切换到紧急本地控制模式。

若当前控制模式为中心控制，在特殊情况下，车站值班员也可以进行紧急操作直接将模式切换为车站控制（车站抢权）。

操作步骤：右击"站控"，选择"本地控制许可"→"紧急本地控制"，如图 3-5-24 所示。

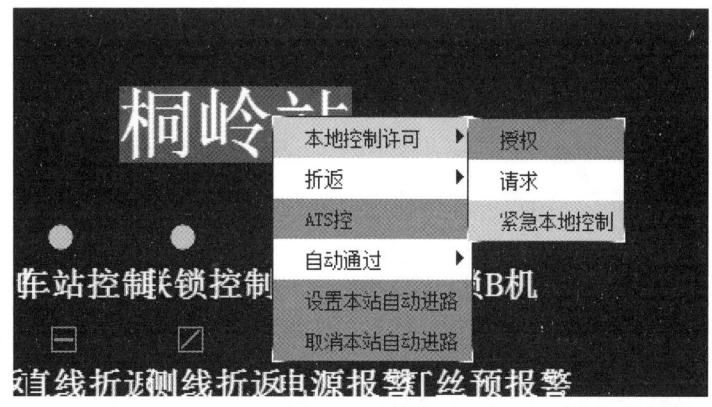

图 3-5-24　中心控制模式紧急切换到紧急本地控制模式

（4）车站控制模式切换到中心控制模式。

若当前控制模式为车站控制，由中心行调请求，车站值班员授权，控制模式转换为中心控制。

操作步骤：

① 右击车站名，选择"本地控制许可"→"请求"。

② 右击闪烁的站台名，选择"本地控制许可"→"授权"。

车站控制模式切换到中心控制模式过程如图 3-5-25 所示。

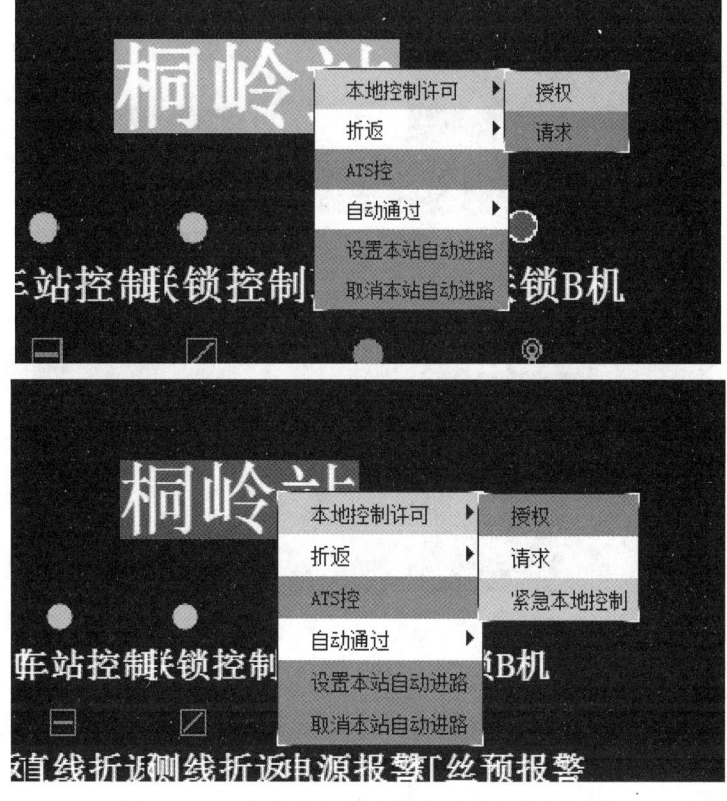

图 3-5-25　车站控制模式切换到中心控制模式

（5）折返。

ATS在折返车站提供三种折返模式：直股折返、弯股折返和混合折返。

直股折返：所有要折返的列车通过直线进入折返轨。

弯股折返：所有要折返的列车通过侧线进入折返轨。

混合折返：所有要折返的列车优先通过侧线进入折返轨，在侧线不满足折返条件时可通过直线进行折返。

列车折返模式界面如图3-5-26所示。

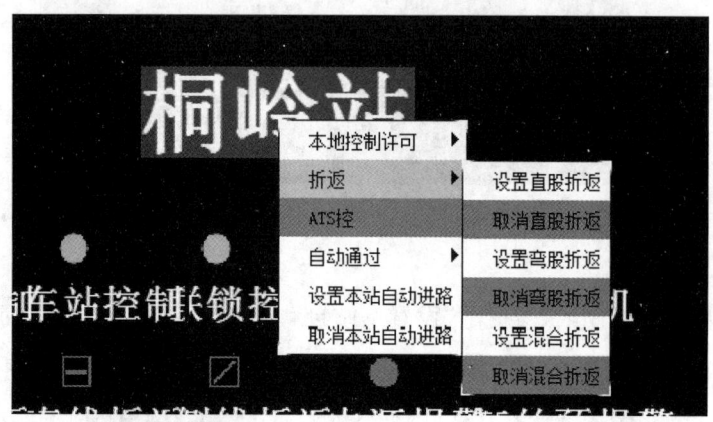

图3-5-26 列车折返模式

① 直股折返。

若要切换为直股折返模式，需要在有折返功能的车站执行以下操作步骤：

a. 将鼠标移动到车站区域的车站名称上，右击车站名称，在下拉菜单中选择"折返"→"设置直股折返"。

b. 若要取消直股折返模式，请选择"取消直股折返"。

② 弯股折返。

若要切换为弯股折返模式，需要在有折返功能的车站执行以下操作步骤。

a. 将鼠标移动到车站区域的车站名称上，右击车站名称，在下拉菜单中选择"折返"→"设置弯股折返"。

b. 若要取消弯股折返模式，请选择"取消弯股折返"。

③ 混合折返。

若要切换为混合折返模式，需要在有折返功能的车站执行以下操作步骤：

a. 将鼠标移动到车站区域的车站名称上，右击车站名称，在下拉菜单中选择"折返"→"设置混合折返"。

b. 若要取消混合折返模式，请选择"取消混合折返"。

（6）自动通过。

自动通过包括如下几类操作：

设置本联锁区自动通过进路：右键点击站名，选择"自动通过"→"设置本联锁区自动通过进路"。

取消本联锁区自动通过进路：右键点击站名，选择"自动通过"→"取消本联锁区自动通过进路"。

具体操作界面如图 3-5-27 所示。

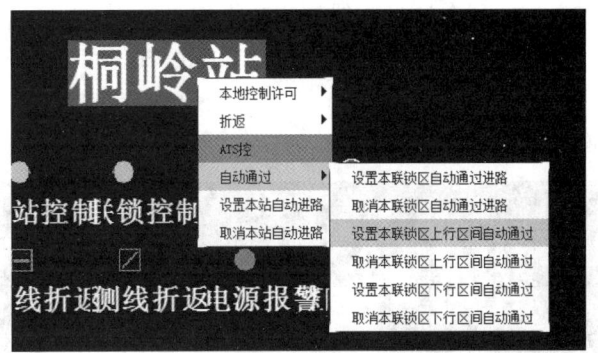

图 3-5-27　自动通过进路

（7）设置本站自动进路。

操作步骤：右键点击站名，选择"设置本站自动进路"，如图 3-5-28 所示。

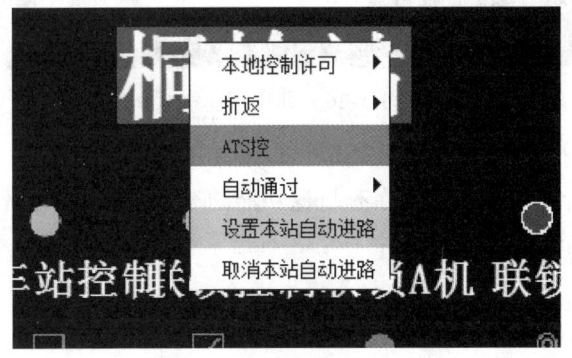

图 3-5-28　设置自动进路

（8）取消本站自动进路。

操作步骤：右键点击站名，选择"取消本站自动进路"，如图 3-5-29 所示。

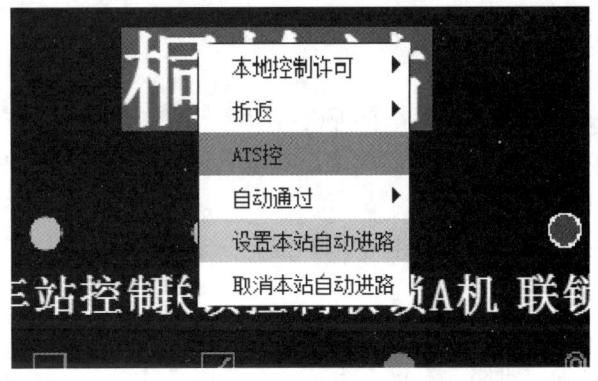

图 3-5-29　取消自动进路

3．全线操作

行调可通过右击站场图空白处进行全线操作。全线操作菜单如图 3-5-30 所示。

（1）临时限速。

① 设置临时限速。

"设置临时限速"允许行调在轨道区段上设置临时限速。

操作步骤：

a．在菜单栏选择"临时限速"→"设置临时限速"，在弹出临时限速窗口中选择要创建临时限速的线路号、区段。

b．输入限速信息，包括限速值、起点、终点公里标。

c．点击"确认"，弹出"确认临时限速窗口"二次确认窗口，如图 3-5-31 所示。在该窗口中，根据提示内容，再次填写起点公里标、终点公里标、速度等级、限速原因、是否为工作区域、校验码。

图 3-5-30　全线操作菜单

d．点击"确认"，如果设置成功，界面相应设置区段会显示黄色背景（工作区域）或蓝色背景（非工作区域）。

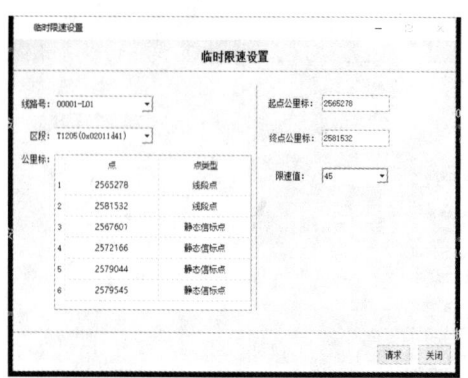 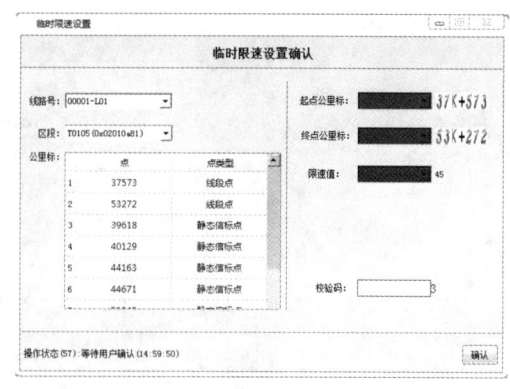

图 3-5-31　设置临时限速

② 临时限速初始化。

行调初次上电登录后，需要进行临时限速初始化设置。

操作步骤：右击站场图空白处，在菜单栏选择"临时限速"→"临时限速初始化"。

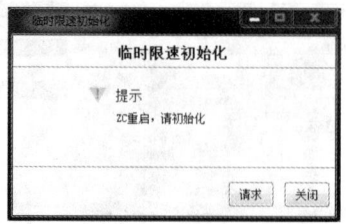

图 3-5-32　临时限速初始化

③ 管理临时限速。

"管理临时限速"允许用于进行轨道区段临时限速的修改、删除。

操作步骤：

修改临时限速：在菜单栏选择"临时限速"→"管理临时限速"选项，弹出"管理临时限速窗口"。显示已设置的临时限速窗口，包含设置临时限速的线路号、起点公里标、终点公里标、限速值、工作区域、原因。

删除临时限速：先选中某条临时限速信息，点击"删除"按钮，弹出删除临时限速窗口，如图 3-5-33 所示。点击"请求"，弹出临时限速删除确认窗口，选择正确的选项后，点击"确认"，临时限速即被删除。

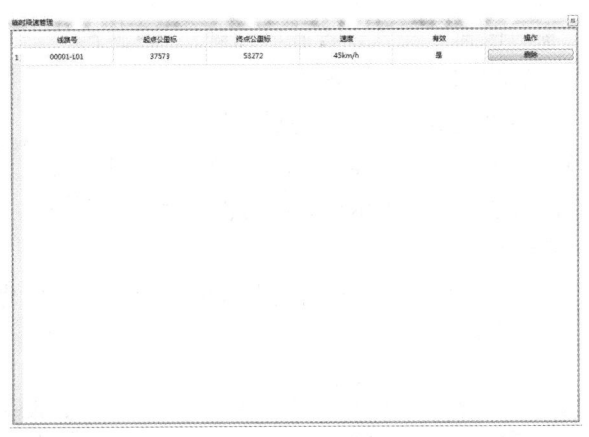

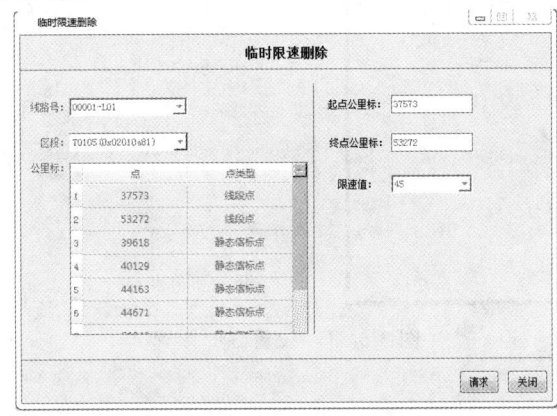

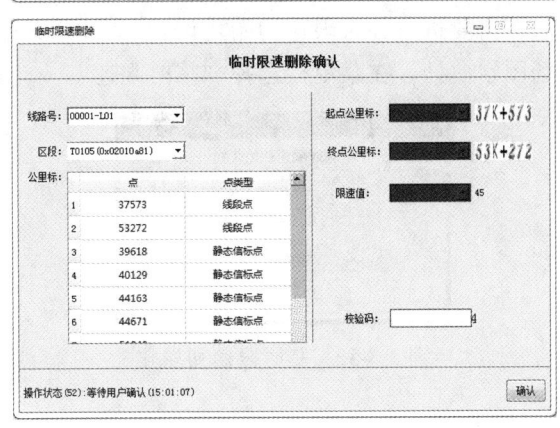

图 3-5-33　管理临时限速

（2）站场图设置。

行调可通过站场图设置对站场图的界面显示进行设置。

操作步骤：右击站场图空白处，在菜单栏选择"站场图设置"，弹出设备提示窗口，如图 3-5-34 所示。

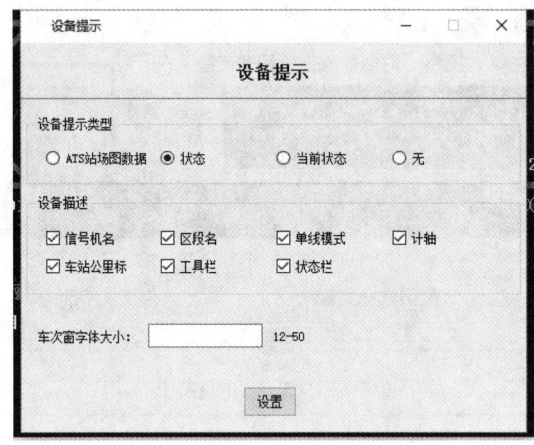

图 3-5-34 站场图设置

（3）跳停总状态。

行调可通过跳停总状态查看全部站台的跳停设置状态。

操作步骤：右击站场图空白处，在菜单栏选择"跳停总状态"或者双击工具栏的"S"，弹出跳停总状态窗口，如图 3-5-35 所示。

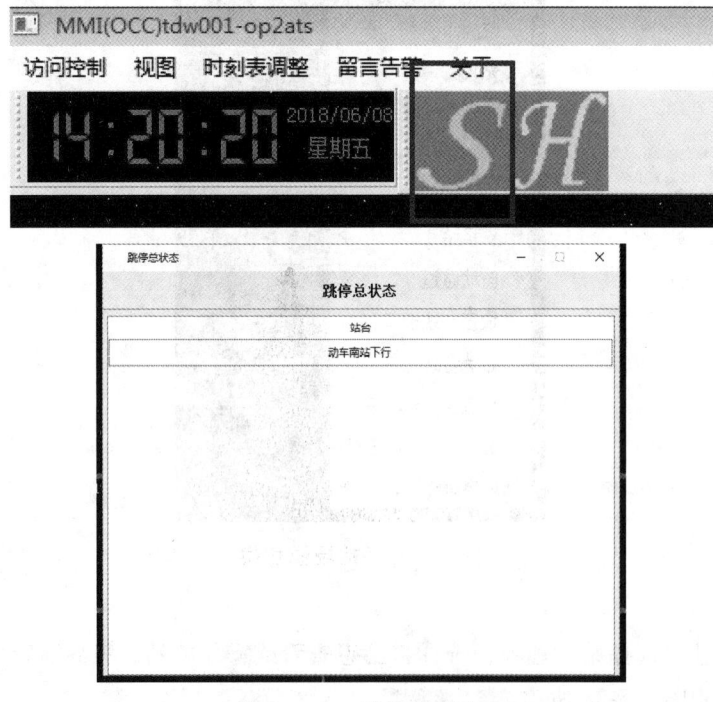

图 3-5-35 跳停总状态

（4）扣车总状态。

行调可通过扣车总状态查看全部站台的扣车设置状态。

操作步骤：右击站场图空白处，在菜单栏选择"扣车总状态" 或者双击工具栏的"H"。弹出扣车总状态窗口，如图 3-5-36 所示。

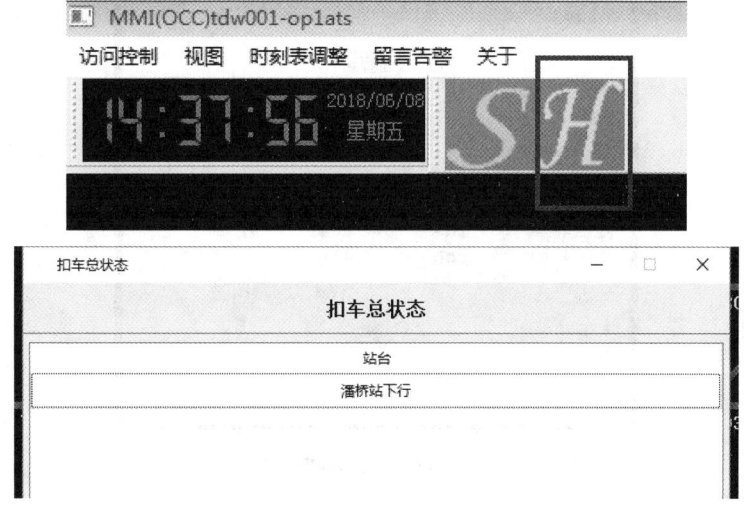

图 3-5-36　扣车总状态

（5）站场图切换。

行调可以通过"站场图切换"功能打开停车场站场界面，如图 3-5-37 所示。

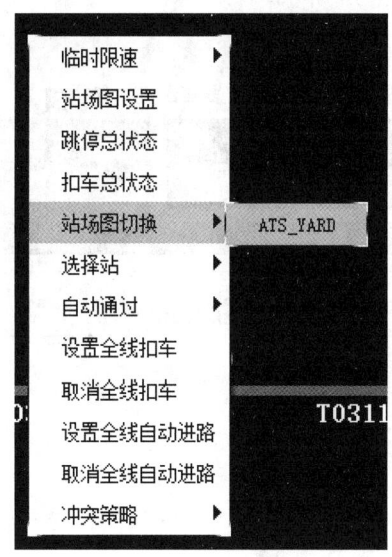

图 3-5-37　站场图切换

（6）选择站。

行调可以通过"选择站"选项，选择自己想查看或操作的站，将界面定位到想要选择的站。选择站界面如图 3-5-38 所示。

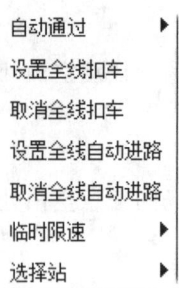

图 3-5-38　选择站

（7）自动通过。

设置全线自动通过：右击站场图空白处，选择"自动通过"→"设置全线自动通过进路"。

取消全线自动通过：右击站场图空白处，选择"自动通过"→"取消全线自动通过进路"。

自动通过界面如图 3-5-39 所示。

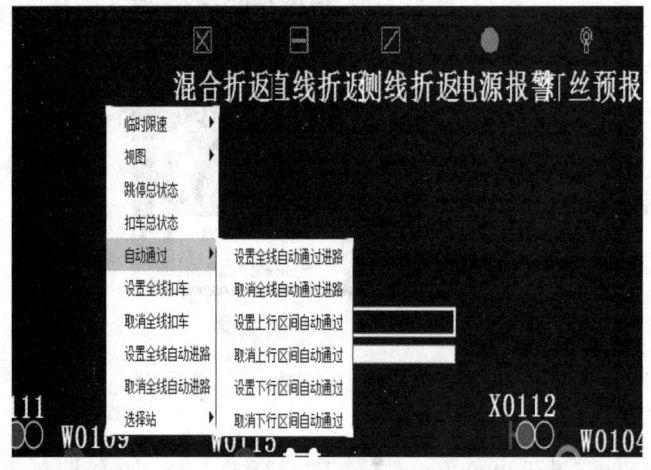

图 3-5-39　自动通过

（8）设置全线扣车。

操作步骤：右击站场图空白处，选择设置全线扣车。系统弹出二次确认窗口，正确填写确认密码后，点击"确认"按钮，如图 3-5-40 所示。

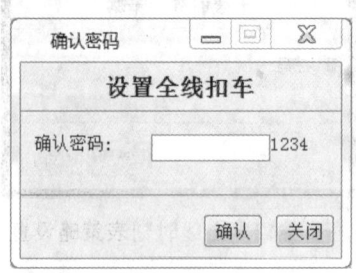

图 3-5-40　设置全线扣车

（9）取消全线扣车。

操作步骤：可右击站场图空白处，选择取消全线扣车。

（10）设置全线自动进路。

操作步骤：将鼠标指针移动到站场图任意空白处，单击右键，在菜单中选择"设置全线自动进路"。

（11）取消全线自动进路。

操作步骤：将鼠标指针移动到站场图任意空白处，单击右键，在菜单中选择"取消全线自动进路"。

（12）冲突策略。

冲突策略菜单如图 3-5-41 所示。

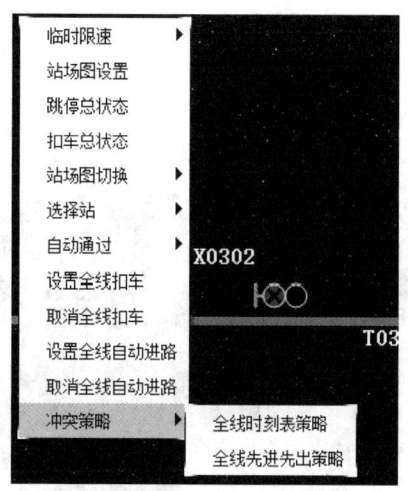

图 3-5-41　冲突策略

行调通过冲突策略菜单，完成全线时刻表策略或全线先进先出策略的设置。

① 全线时刻表策略设置。

站场图界面空白处右键弹出菜单，选择"冲突策略"→"全线时刻表策略"，系统弹出二次确认窗口，正确填写确认密码后，点击"确认"按钮，如图 3-5-42 所示。

操作堆栈里显示"****请求成功"。

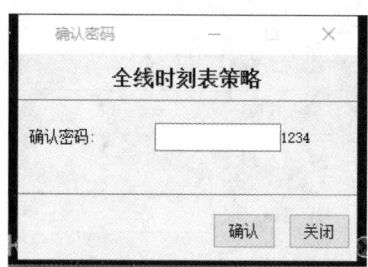

图 3-5-42　全线时刻表策略设置

② 全线先进先出策略设置。

站场图界面空白处右键弹出菜单，选择"冲突策略"→"全线先进先出策略"，系统弹出二次确认窗口，正确填写确认密码后，点击"确认"按钮，如图 3-5-43 所示。

操作堆栈里显示"****请求成功"。

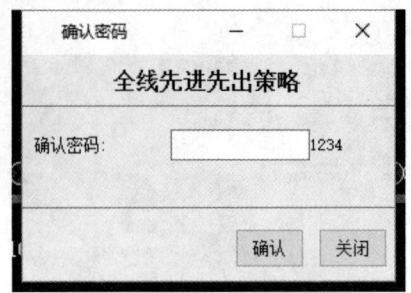

图 3-5-43　全线先进先出策略

4．列车操作

行调可通过右击列车标识，进行列车操作。列车操作菜单如图 3-5-44 所示。

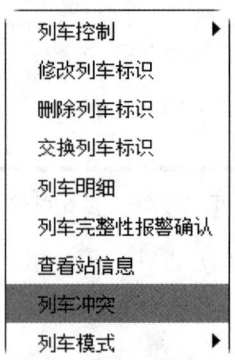

图 3-5-44　列车操作菜单

（1）列车控制。

右击列车标识，弹出如图 3-5-45 所示的菜单列表。

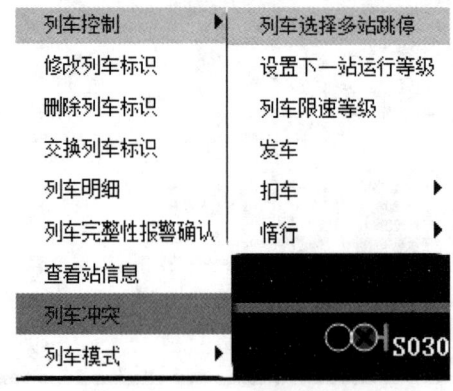

图 3-5-45　列车控制菜单

（2）列车选择多站跳停。

右击列车标识选择"列车控制"→"列车选择多站跳停"，弹出如图 3-5-46 所示的窗口。列车在站台跳停模式分为一次跳停和不跳停两种。行调可根据需求选择相应的跳停模式，并按"设置"键完成选择多站跳停操作。

图 3-5-46 多站跳停

（3）设置下一站运行等级。

右击列车标识选择"列车控制"→"设置下一站运行等级"即可设置下一站运行等级，如图 3-5-47 所示。

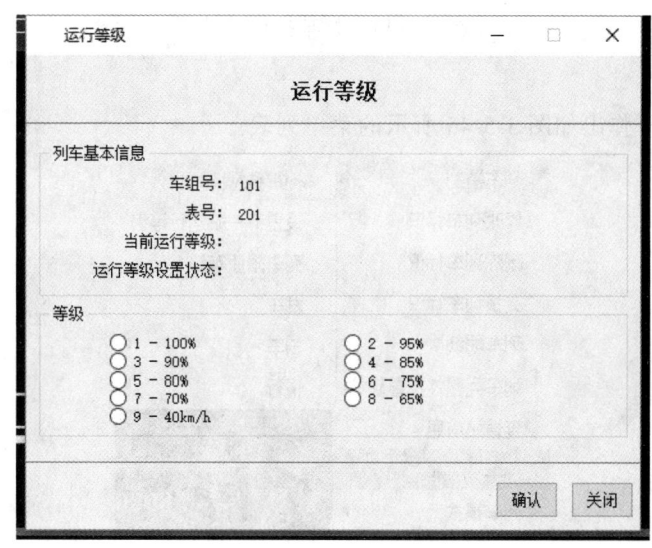

图 3-5-47 设置下一站运行等级

"设置下一站运行等级"用于列车下一站运行等级的调整。

列车车头进入站台到列车未满足到站条件时，"设置下一站运行等级"是指设置列车当前站台的运行等级。

列车离站后，"设置下一站运行等级"是指设置列车当前位置前方下一站的运行等级。

（4）列车限速等级。

右击列车标识选择"列车控制"→"列车限速等级"即可设置列车限速等级。

"列车限速等级"用于列车在站台的运行等级。

列车车头进入站台到列车未满足到站条件时，"列车限速等级"是指设置列车当前站台的运行等级。

列车离站后，"列车限速等级"是指设置列车当前位置前方下一站台的运行等级。

（5）发车。

该功能清空列车站台倒计时，指示车站列车发车。

操作步骤：右击列车标识，选择"列车控制"→"发车"选项，可执行列车发车命令。

（6）扣车。

该功能向通信列车发送扣车指令，指示列车扣车。

操作步骤：右击列车标识选择"列车控制"→"扣车"→"设置扣车"选项，可执行列车扣车命令。

右击列车标识选择"列车控制"→"扣车"→"取消扣车"选项，可执行取消列车扣车命令。

（7）惰行。

该功能通过向通信列车发送惰行指令，指示列车惰行。

操作步骤：

右击列车标识选择"列车控制"→"惰行"→"设置惰行"选项，可执行列车惰行命令。

右击列车标识，选择"列车控制"→"惰行"→"取消惰行"选项，可执行取消列车惰行命令。

（8）修改列车标识。

操作步骤：右击列车标识，选择"修改列车标识"，行调可修改相应的列车标识。修改列车标识界面如图 3-5-48 所示。

图 3-5-48　修改列车标识

（9）删除列车标识。

操作步骤：右击列车标识，选择"删除列车标识"选项，行调可删除相应的列车标识。

（10）交换列车标识。

交换列车标识操作界面如图3-5-49所示。

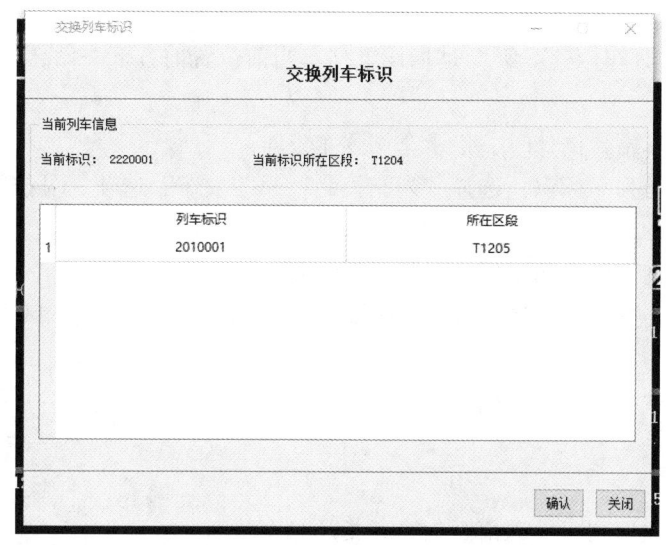

图 3-5-49　交换列车标识

操作步骤：

a. 右击列车标识，选择"交换列车标识"，弹出相应窗口；

b. 选择需要交换的列车标识，点击确认，完成列车标识交换。

（11）列车明细。

通过查看"列车明细"，行调可以获知列车基本信息以及车载反馈信息，如：运行模式、速度、到离站、早晚点等列车运行相关信息。

操作步骤：右击列车标识，选择选择"列车明细"，弹出如图3-5-50所示的窗口。

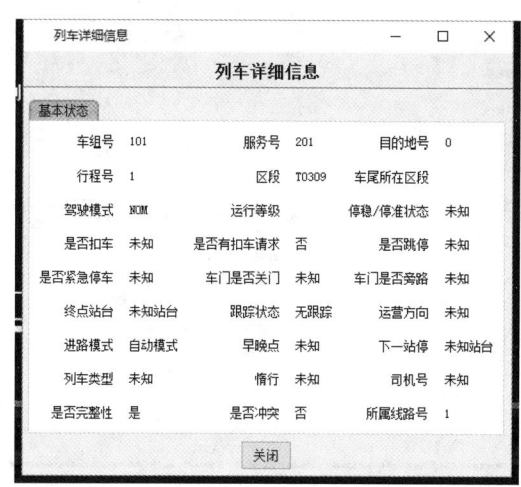

图 3-5-50　列车明细

（12）列车完整性报警确认。

列车完整性丢失后，ATS 需要进行列车完整性报警确认。

选择"列车完整性报警确认"菜单后，弹出请求确认窗口，点击"请求"，输入正确的确认号进行确认，如图 3-5-51 所示。

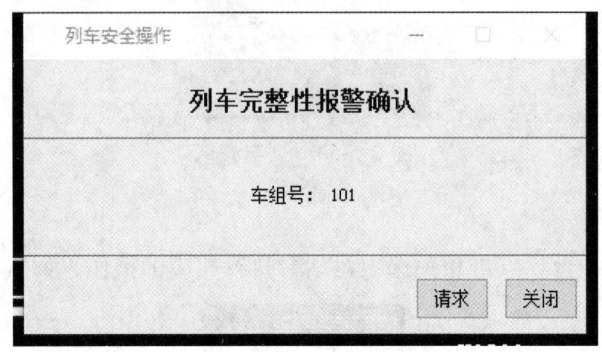

图 3-5-51　列车完整性报警确认

（13）查看站信息。

操作步骤：右击列车标识，选择"查看站信息"，可以查看列车在各个站台的到站离站时间，如图 3-5-52 所示。

图 3-5-52　查看站信息

（14）列车模式。

ATS 提供列车模式切换功能，行调可通过右击列车标识并选择"列车模式"，来进行"自动模式"和"人工模式"的切换操作，如图 3-5-53 所示。

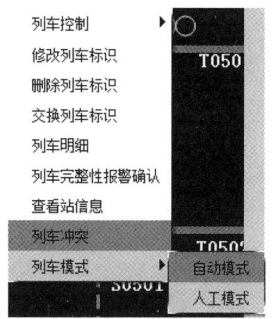

图 3-5-53 列车模式

5．站台操作

行调可通过右击站台，点击相关选项对站台执行相应的操作，如图 3-5-54 所示。

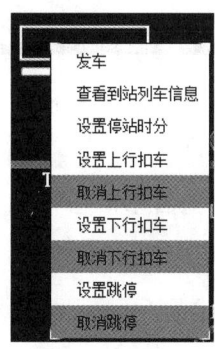

图 3-5-54 站台操作

（1）发车。

行调通过设置"发车"功能，可以使列车清空站停倒计时，实现提前发车。

（2）查看到站列车信息。

行调通过"查看到站列车信息"，可以查看列车在此站的到站离站时间。

（3）设置停站时分。

行调通过"设置停站时分"，可以设置列车在此站的站停时间，如图 3-5-55 所示。

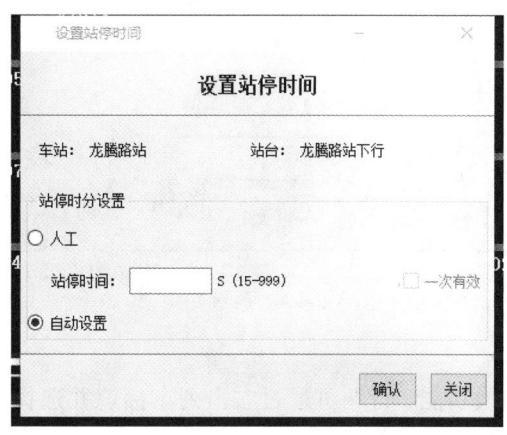

图 3-5-55 设置站停时间

（4）设置扣车。

行调可对站台进行设置扣车，使列车在该站台扣车，如图3-5-56所示。

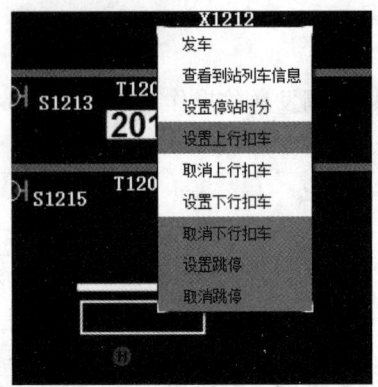

图3-5-56　设置扣车

（5）取消扣车。

行调可对站台进行取消扣车，如图3-5-57所示。

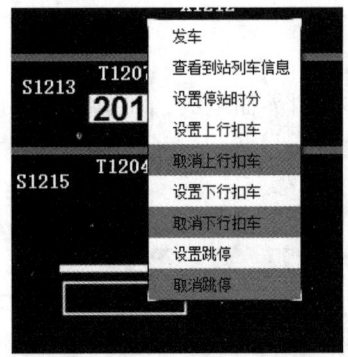

图3-5-57　取消扣车

（6）设置跳停。

行调通过设置站台跳停功能，设置列车在DID中需要停车的站台不停车通过，如图3-5-58所示。

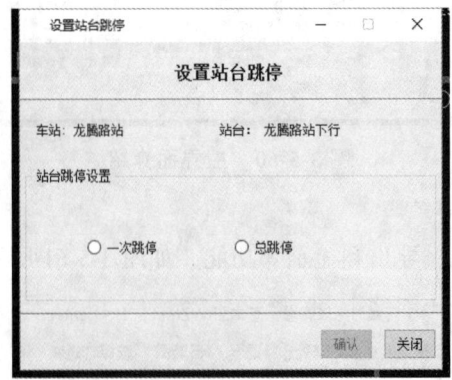

图3-5-58　设置跳停

（7）取消跳停。

行调通过取消站台跳停功能，取消之前设置的跳停。

6．操作堆栈

操作堆栈窗口用于显示近期行调发送的操作请求，如图3-5-59所示。

	操作时间	集中站	设备对象	类型	结果(时间)	失败原因	失败来源
1	09:27:54	龙霞站	X0714	设置封锁	请求(09:27:54)...		
2	09:27:49	龙霞站	W0703	反位	请求(09:27:49)...		
3	09:27:13	龙腾路站		设置本联锁区	请求(09:27:13)...		

图3-5-59　操作堆栈窗口

操作堆栈窗口将每一个申请列出设备的所属区域、设备对象、已请求的命令和命令成功/失败进行显示。

（三）运行图界面说明

1．主界面介绍

主界面由菜单栏、编辑栏和编辑界面组成，如图3-5-60所示。

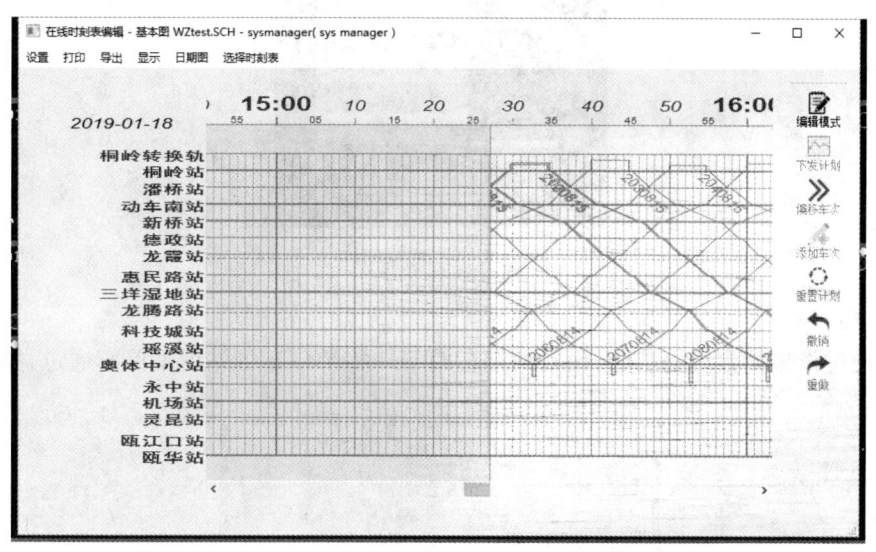

图3-5-60　主界面介绍

（1）菜单栏。

菜单栏包括设置、打印、导出和显示等功能，如图3-5-61所示。

图3-5-61　菜单栏

（2）设置。

通过顶部菜单"设置"可修改车次文本大小信息，如图3-5-62所示。

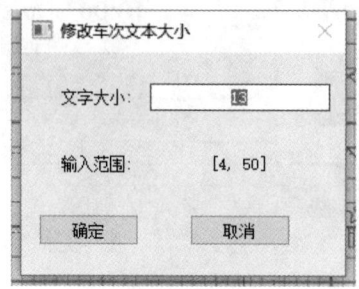

图3-5-62　修改车次文本大小

（3）打印。

通过顶部"打印"菜单可设定待打印或导出运行图的时间范围。打印界面如图3-5-63所示。

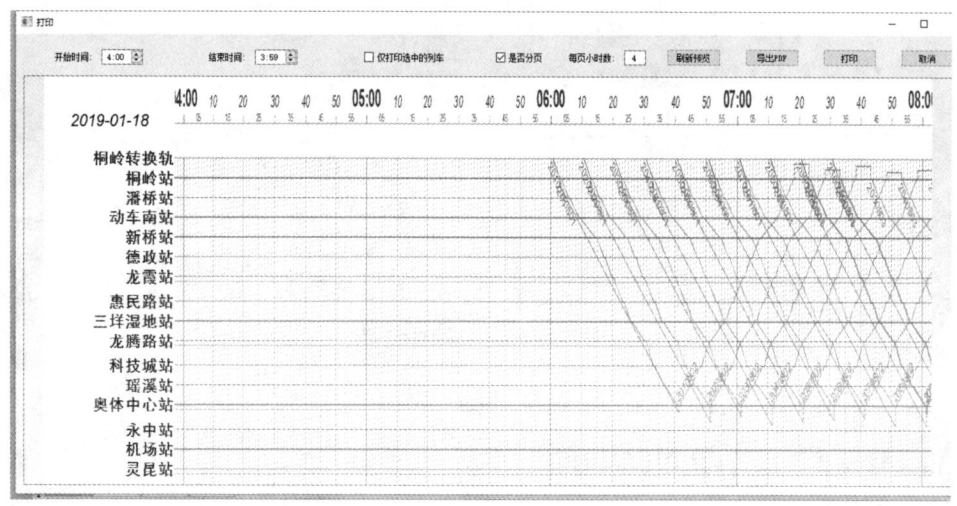

图3-5-63　打印界面

（4）导出。

通过顶部"导出"菜单可导出当前计划图或者实际图。

（5）显示。

通过顶部"显示"菜单，行调可根据需求进行如下设置：

① 显示计划图：默认显示，取消勾选时不显示。

② 显示实际图：默认显示，取消勾选时不显示。

③ 显示预计线：默认不显示，勾选时显示。

④ 显示上行车次：默认显示，取消勾选时不显示。

⑤ 显示下行车次：默认显示，取消勾选时不显示。

⑥ 显示已过时间的计划：默认不显示，勾选时显示。

⑦ 自动滚动：默认勾选，取消时不自动滚动。

显示界面如图3-5-64所示。

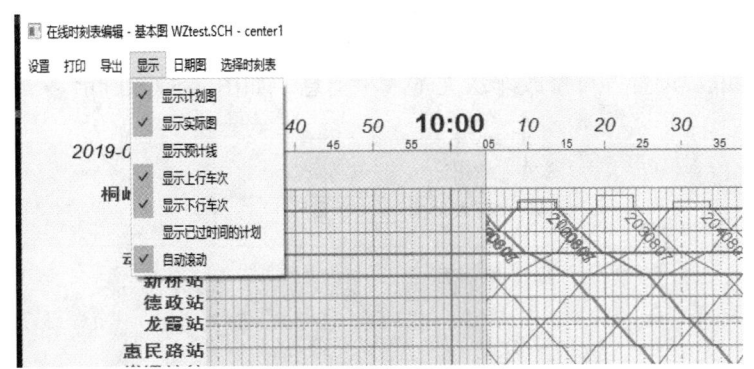

图 3-5-64　显示界面

（6）日期图。

日期图：默认显示实际图，通过顶部"选择日期"菜单可显示指定日期运行图，如图 3-5-65 所示。

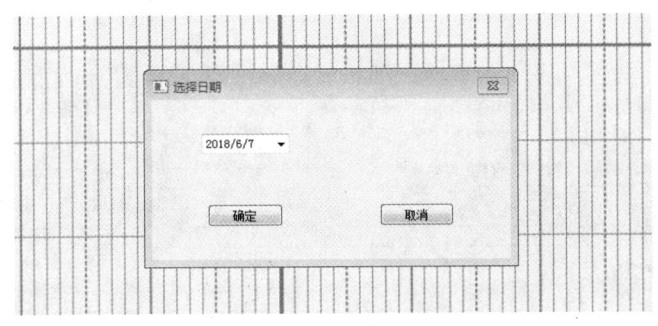

图 3-5-65　日期图选择

2．运行图编辑模式

点击编辑模式可以开启/关闭编辑模式。

（1）下发计划。

将编辑好的车次计划进行下发。

操作步骤：点击下发计划，弹出确认下发计划窗口，点击"确认下发"，如图 3-5-66 所示。

	时间	列车1	列车2	区域	轨道
1	07:23:10	201	209	桐岭站	T0105
2	07:26:00	201	209	潘桥站	T0111
3	07:29:16	201	209	动车南站	T0305
4	07:33:10	202	210	桐岭站	T0105

图 3-5-66　下发计划

（2）偏移车次。

可对指定或全部的列车计划时刻进行偏移操作。

操作步骤：点击偏移车次，弹出偏移车次窗口。设置完成后，点击确认。偏移车次界面如图 3-5-67 所示。

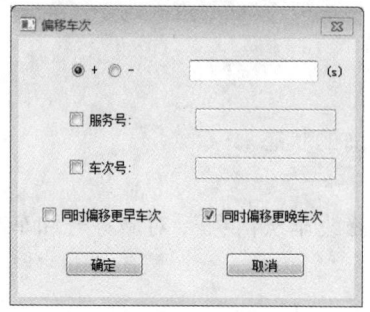

图 3-5-67　偏移车次

（3）添加车次。

操作步骤：点击"添加车次"，在编辑界面选择车次的始终端位置。弹出添加车次窗口，填写服务号和车次号，点击确认。添加车次界面如图 3-5-68 所示。

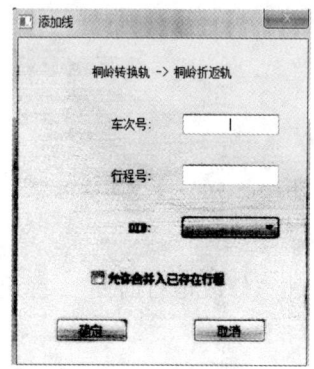

图 3-5-68　添加车次

（4）删除车次。

① 鼠标右击"车次文本"，点击"删除车次"，弹出删除车次窗口，点击"确定"，删除该车次。

② 选中车次，按 Del 键删除，弹出删除车次窗口，点击"确定"，删除该车次。

③ 不选中车次，按 Del 键删除，弹出删除车次窗口，输入服务号、车次号，点击"确定"进行删除。

各步骤界面如图 3-5-69 所示。

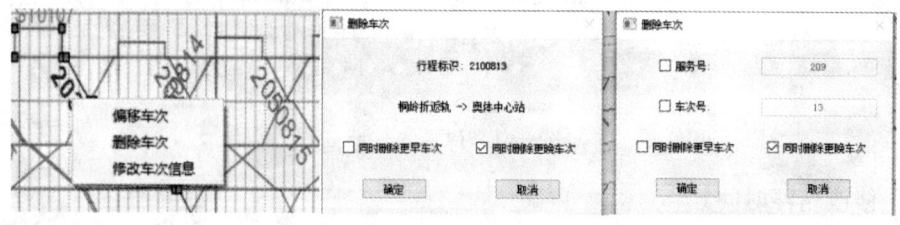

图 3-5-69　删除车次

141

（5）重置计划。

重新编辑计列车划表。

（6）撤销。

取消上一步的操作。

（7）重做。

点击"重做"，可回到撤销前的状态。

（8）修改车次信息。

鼠标右击车次文本，点击"修改车次信息"，对服务号和车次号进行修改，完成后点击"确定"，如图3-5-70所示。

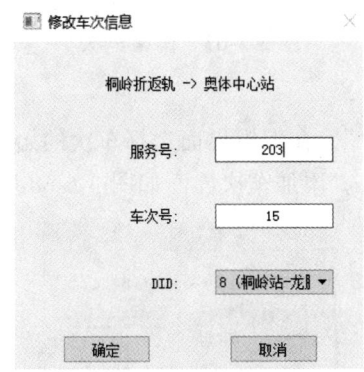

图3-5-70　修改车次信息

（9）修改运行时间。

鼠标右键点击区间运行线，点击"修改运行时间"，弹出调整运行时间窗口，输入运行时间，进行修改，如图3-5-71所示。

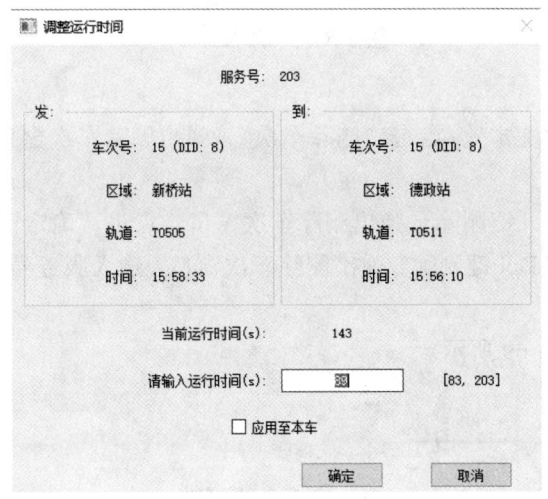

图3-5-71　修改运行时间

（10）修改站停时间。

鼠标右键点击"到/发点"（停站线或轨道名），弹出如图3-5-72所示的菜单项，点击"修

改站停时间",弹出调整站停时间窗口,输入站停时间值,进行调整。

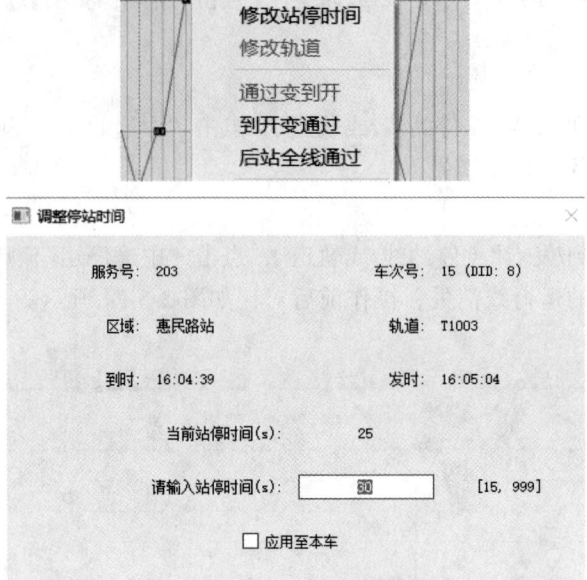

图 3-5-72　修改站停时间

(11) 修改轨道。

鼠标右键点击到/发点(停站线/或轨道),选择轨道,进行修改,如图 3-5-73 所示。

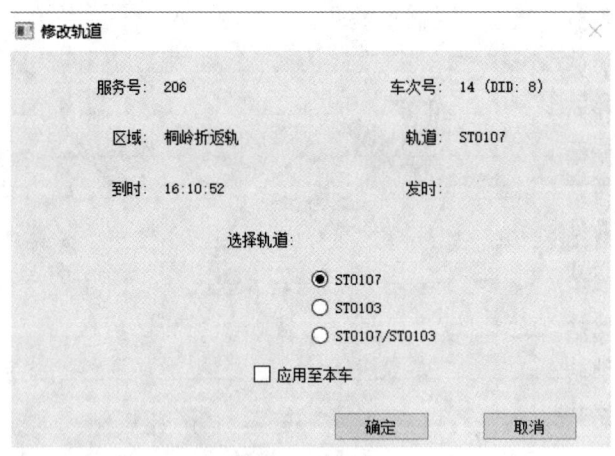

图 3-5-73　修改轨道

(12) 通过变到开。

鼠标右键点击"到/发点"(停站线/或轨道),若区间运行线显示为通过,点击"通过变到开",则改为到开状态。

(13) 到开变通过。

鼠标右键点击"到/发点"(停站线/或轨道),若区间运行线显示为到开,点击"到开变通过",则改为通过状态。

（14）后站全线通过。

鼠标右键点击"到/发点"（停站线/或轨道），点击"后站全线通过"，则本车次经过后面的站台全部变为通过状态。

（15）中途始发。

鼠标右键点击"到/发点"（停站线/或轨道），点击"中途始发"，则运行线以该站为中途始发站，本车次之前的运行线消失。

（16）中途停运。

鼠标右键点击"到/发点"（停站线/或轨道），点击"中途停运"，则运行线以该站为中途停运站，本车次之后的运行线消失，操作前后对比如图 3-5-74 所示。

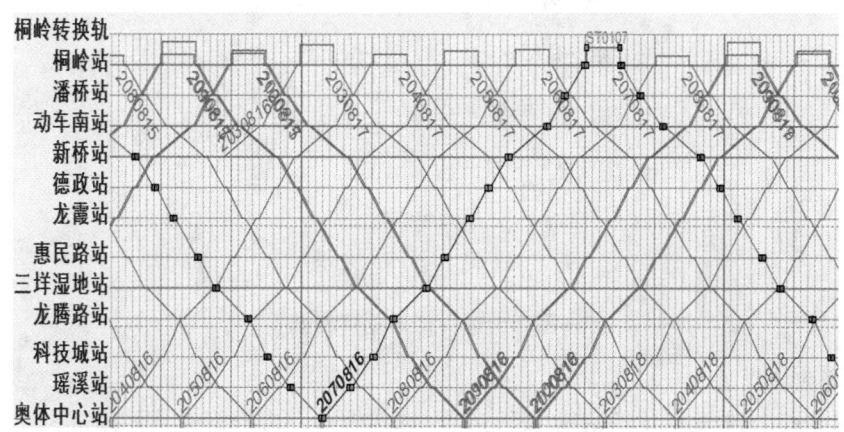

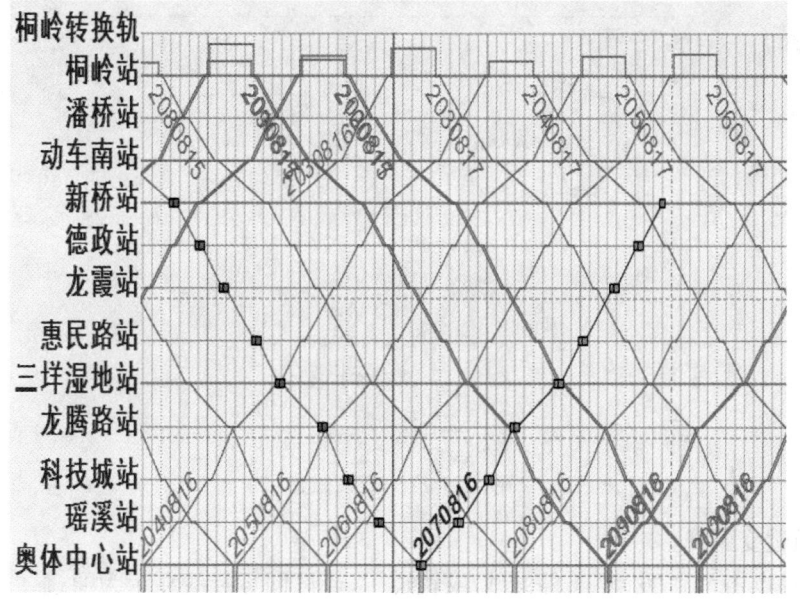

图 3-5-74　中途停运

（16）站前折返/站后折返。

在具有站前折返/站后折返功能的车站（到发点），鼠标右键点击"到/发点"（停站线/或轨道），点击"站前折返/站后折返"，进行折返模式的切换。

（17）列车始发。

鼠标右键点击"到/发点"（停站线/或轨道），点击"列车始发"，则运行线以该站为始发站，本车次之前的所有运行线消失，操作前后对比如图3-5-75所示。

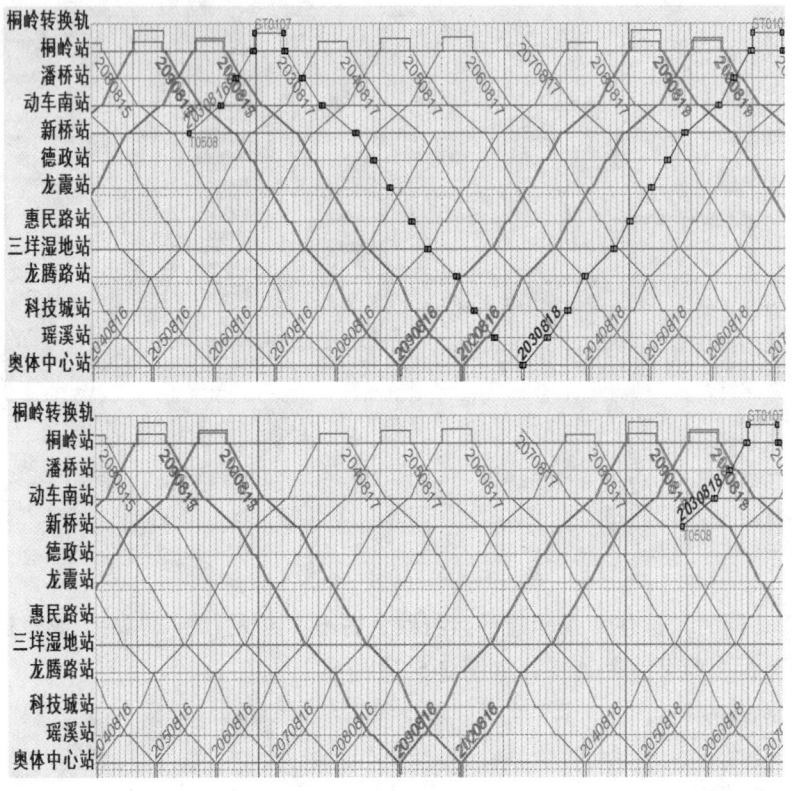

图 3-5-75　列车始发

（18）列车终到。

鼠标右键点击"到/发点"（停站线/或轨道），点击"列车终到"，则运行线以该站为终到站，本车次之后的所有运行线消失，操作前后对比如图3-5-76所示。

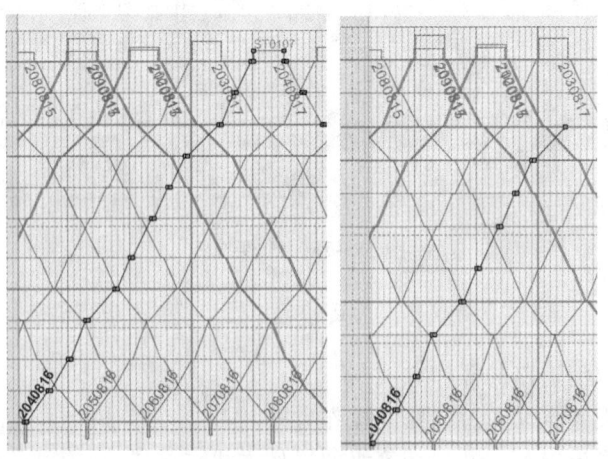

图 3-5-76　列车终到

（19）勾连/断连操作。

按 Ctrl 键，同时勾选住两条断开的运行线，右击"到/发点"（停站线/或轨道），点击"勾连"，将两条运行线勾连在一起。勾连操作如图 3-5-77 所示。

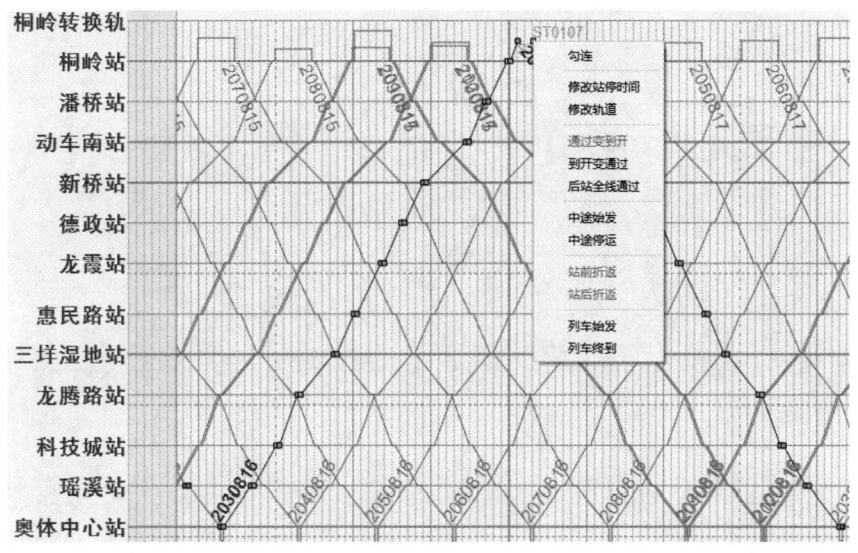

图 3-5-77　勾连操作

按 Ctrl 键，同时勾选住两条相连的运行线，右击"到/发点"（停站线/或轨道），点击"断连"，将两条运行线断开。断连操作如图 3-5-78 所示。

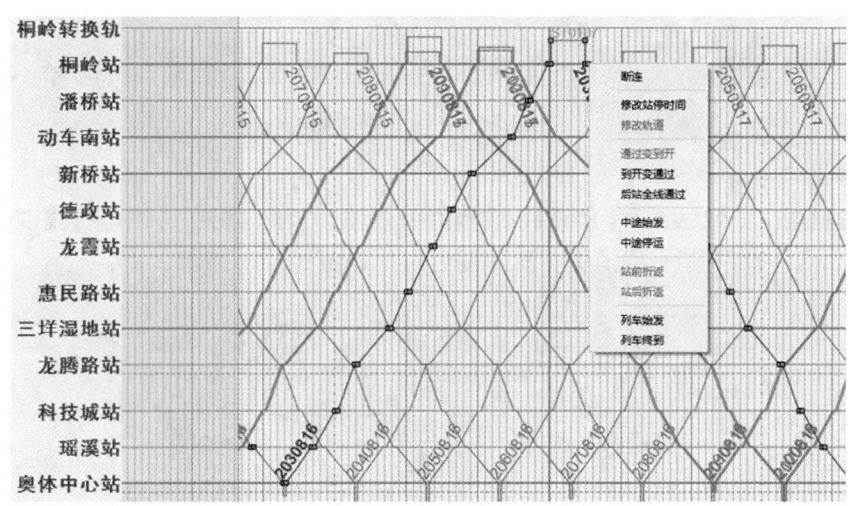

图 3-5-78　断连操作

思考题：

1. 简述信号机取消进路的操作方式。
2. 简述信号机设置自动通过进路的操作方式。
3. 简述列车操作设置下一站运行等级的操作方式。

4. 运行图界面中显示栏内容主要有哪几项（共 7 项）。

评价表

项目名称	行车组织	学生姓名	
任务名称	ATS 系统操作	分数	
项目		分值	考核得分
1. ATS 操作的基本功能		30	
2. ATS 站场图主要设备的操作		40	
3. 运行图界面显示及编辑模式下的基本操作		30	
教师简要评语：			
		教师签名：	

第四章 施工管理

施工组织管理是城市轨道交通运营生产管理的重要组成部分,是运营线路对所辖区域施工作业的管理。城市轨道交通涉及的设施设备较多,涵盖信号、房建、供电、机电、轨道、通号、车辆等多个专业,对设备设施定期进行检修、维护、利用设备进行人员培训等作业,统称为施工作业。为规范施工组织、保障施工安全、充分利用资源、提高作业效率,城市轨道交通运营单位对施工作业进行的统筹规划、组织管理称为施工组织管理。

 第一节 施工计划分类

【学习目标】
(1)熟悉并掌握施工计划类别及其定义。
(2)熟悉区分各类施工对应的施工类别。

施工计划类别作为施工的重要组成要素,在区分各类施工计划的同时便于统计分析。城市轨道交通施工一般根据时间、地点及性质对计划进行分类。

一、按时间划分

施工计划按时间可分为:月计划、周计划、日计划、临时计划。线路开通初期因施工复杂性、不确定性、波动性往往采用周计划、日计划、临时计划的组合模式,待施工计划管理水平提升,施工环境稳定后可考虑采用月计划、周计划、日计划、临时计划的组合模式。

(一)月计划

汇总一个月的设备设施施工计划、检修、维护及工程车、市域动车组开行的计划。

(二)周计划

汇总一周(周一至周日)的设备设施施工计划、检修、维护及工程车、市域动车组开行的计划。

（三）日计划

（1）未列入周（月）计划，对行车有一定影响的检查、维修需要增加的计划。

（2）因特殊原因在周（月）计划里已列入，但需对作业区域、作业时间、施工内容、施工负责人信息、接触网供电安排、防护措施中的一项或多项进行变更的计划。

（3）因特殊原因在周（月）计划里已列入，但无法如期进行，需要删除的计划。

（四）临时计划

（1）临时处理后须在运营时间外继续进行设备维修的作业。

（2）运营期间发现的设备故障可在非运营时间进行维修的作业。

（3）处于临界状态的故障设备在非运营时间进行维修的作业。

二、按施工作业地点和性质划分

按施工作业地点和性质，施工计划可分为 A、B、C 三大类。A 类是影响正线、配线的施工；B 类是在车辆段的施工；C 类是在车站、分区所、主变电所、控制中心等范围内不影响行车的施工。各类施工还可进一步细化，具体分类如表 4-1-1 所示。

表 4-1-1　施工计划按作业地点和性质分类

类别	说明	编号	内容
A 类	影响正线、配线行车的施工	A1	在正线、配线轨行区，需要开行工程列车、市域动车组的施工
		A2	在正线、配线轨行区，不需要开行工程列车、市域动车组的施工
		A3	在车站、分区所、主变电所、控制中心范围内，影响行车设备设施的施工
B 类	车场内的施工	B1	在车场内，需开行市域动车组、工程列车的施工（不含市域动车组、工程列车检修）
		B2	在车场内，不需开行市域动车组、工程列车，但需要进入车场线路限界内，或影响供电、信号等设备运行，或车场线路限界外 3 m 内种植乔木、搭建相关设施，或需要动火等影响行车的施工
		B3	在车场内除 B1/B2 以外的施工作业为 B3 类（办公室、食堂等生活办公设备设施维修除外）
C 类	在车站、分区所、主变电所、控制中心等范围内不影响行车的施工	C1	大面积影响客运、消防设备正常使用或需动火的作业（外单位进入变电所、通信设备房、信号设备房、环控电控室、照明配电室、蓄电池室、水泵房、其他气体灭火保护房内作业）
		C2	局部影响客运但经采取措施影响不大、不影响消防及其他设备运行的巡视或巡检、动用简单设备（如动用 220 V 及以下的电力、钻孔等，不违反安全规定）等施工

属于正常修程内的 A1、A2、A3、B1、B2、C1 类作业需申报施工计划，纳入月/周/日计划/临时计划管理。

属于 B3、C2 的作业，施工负责人直接到车站、车场、控制中心等地点联系，由属地管

理部门负责审批并办理请销点登记手续，并做好防护后即可施工。

各类型施工计划的列举如表 4-1-2 所示。

表 4-1-2　各类型施工计划列举

分类		举例
A 类	A1	列车信号调试、综合检测车检测、工程车配合卸渣等
	A2	接触网检修、道岔检修、广告灯箱上下刊等
	A3	110 kV 母排检修、信号系统月检、主变检修等
B 类	B1	钢轨打磨车试车线调试、电客车试车线调试等
	B2	车辆段信号机检修、车辆段变电所检修等
C 类	C1	消防切非测试、站厅边门焊接等

施工计划类别判定流程如图 4-1-1 所示。

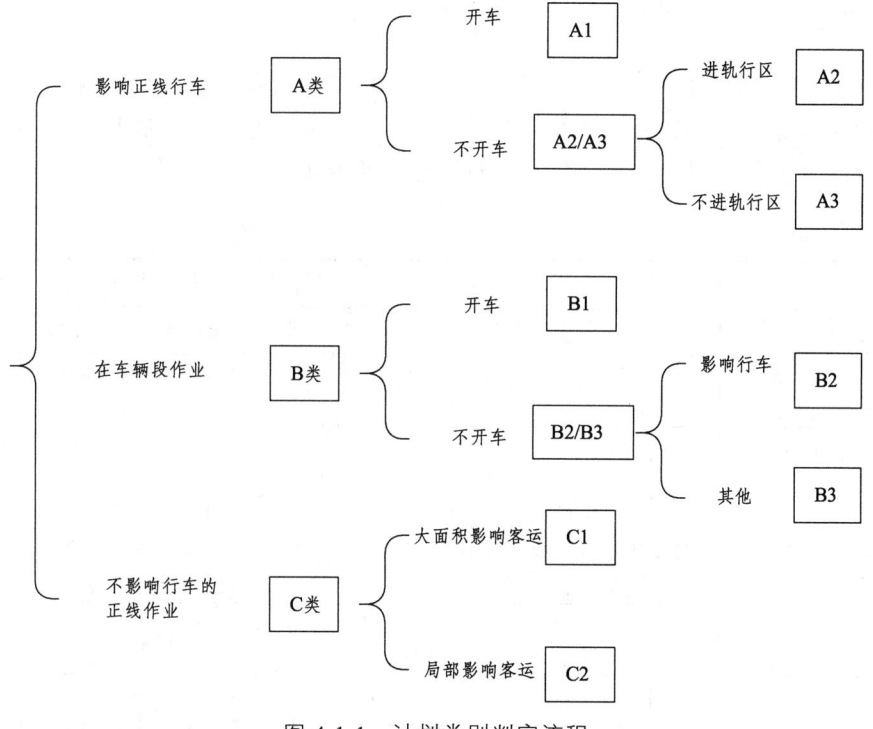

图 4-1-1　计划类别判定流程

思考题：

1. 中铁通工务专业需在桐岭—奥体中心上下行线进行接触网综合检测，需开行的工程车属于哪类作业？

2. 温州中车白天在检修库内进行市域动车组的检修是否需要提报周计划？提报哪类计划？

评价表

项目名称	施工管理	学生姓名	
任务名称	施工计划分类	分数	
项目		分值	考核得分
1. 施工计划分类		30	
2. 各类计划列举		30	
3. 各类分类对应的文字含义		40	
总体得分			
教师简要评语： 教师签名：			

第二节 施工计划审批

【学习目标】

（1）掌握各类施工类别的审批权限。
（2）了解各类施工的申报审批流程。
（3）掌握常见施工冲突。

施工计划审批是施工执行前的重要环节，审批下发后的施工计划具有法律性、时效性、可操作性。

一、施工计划审批权限

各城市轨道交通运营单位组织架构不同，计划审批权限有所差异，通常月计划、周计划、日计划由施工管理岗（日勤人员）负责审批，临时计划由OCC或DCC调度审批。温州轨道交通S1线施工审批权限参考表4-2-1的相关内容。

表4-2-1 温州轨道交通S1线施工计划审批权限

分类	A1	A2	A3	B1	B2	C1
周计划	施工管理岗					
日计划	施工管理岗			DCC场调		施工管理岗
临时计划	OCC值班主任			DCC场调		OCC值班主任

二、施工计划审批流程

（一）周计划

周计划汇总下周一至周日的施工计划，每周各个环节有固定的时间节点，时间节点的修改由各城市轨道交通单位根据各自情况进行相应的设置。如遇节假日等特殊情况，可适当变更时间节点。现以温州轨道交通 S1 线周计划申报审批流程举例。

（1）每周一 15：00 受理下周重要计划包括：行车类计划、涉及多条线交叉计划、主所主变施工计划等。

（2）每周二 17：00 受理下周非行车类计划，即 A2、A3、B2、C1。

（3）每周四 9：15 组织召开施工协调会。

（4）每周五 17：00 前下发《周施工行车通告》，其封面如图 4-2-1 所示。

图 4-2-1　周施工行车通告封面

（二）日计划

日计划汇总次日或当日的变更类施工计划，包括增加、修改、删除。周五审批周六至周日或下周一的日计划，每个工作日各环节有固定的时间节点。如遇节假日等特殊情况，可适当变更时间节点。

原则上日计划不受理 A1 类计划，同时日计划不受周计划限制，但各城市轨道运营单位对日计划数量有严格的管控，如温州轨道交通 S1 线对日计划的要求是一周内不得超过本单位或部门周计划数量的 5%。现以温州轨道交通 S1 线的日计划申报审批流程举例：

（1）A/C 类计划于施工当日 16：00 前交调度部受理，若特殊原因次日白天有施工补充，则于前一天的 16：00 前受理。调度部将在施工当天 17：00 前下发《日计划通告 A/C 类》。

（2）B 类计划于施工前一天 16：00 前交 DCC 受理。DCC 将在施工前一天 17：00 前下发《日计划通告 B 类》。

（三）临时计划

临时计划的优先级别高于月、周、日计划，原则上都是针对故障处理型的施工计划。现以温州轨道交通 S1 线的临时计划申报审批流程举例：

（1）申报部门在作业开始前 3 h 向 OCC 值班主任或 DCC 车场调度申报。

（2）OCC/DCC 接到计划后，将在作业开始前 2 h 完成审核，以《临时计划通告》的形式下发至作业部门。

（3）审核未通过的临时计划需及时通知申报部门调整。

三、施工计划冲突检查原则

施工计划存在各式各样的冲突矛盾，提报者提报计划时需对自身计划的合理性负责，但无法确定与其他计划是否存在冲突。因此需要计划审批者仔细核对各类施工计划并找出其间的矛盾点，通过协调尽可能安排更多的施工计划，提升轨行区的空间利用率，同时确保施工的安全性、合理性。现列举温州轨道交通 S1 线常见的施工冲突如下：

（1）作业时间与许可的作业时间冲突。

（2）A1（B1）、A2（B2）作业存在重叠作业区域冲突。

（3）A1、A3 作业存在交叉作业区域冲突。

（4）带电需求作业与停电需求作业存在重叠供电分区冲突。

（5）A1 类作业防护区域内存在其他 A1、A2 作业冲突。

（6）需 ISCS 系统配合和需 ISCS 系统退出的两个作业冲突。

（7）同一区域道岔扳动与轨道巡道作业冲突。

思考题：

1. 施工中有哪些常见冲突？

2. 请列举 2 项可以提报临时补修计划的施工。

评价表

项目名称	施工管理	学生姓名	
任务名称	施工计划审批	分数	
项目		分值	考核得分
1. 周计划申报审批流程		25	
2. 日计划/临时计划申报审批流程		25	
3. 各类计划审批权限		25	
4. 常见的冲突检测		25	
总体得分			
教师简要评语：			
			教师签名：

第三节　施工组织

【学习目标】

（1）了解施工时间安排。
（2）了解调度员在白班、夜班需要进行的施工相关工作。
（3）掌握施工请销点相关规定及流程

施工是调度员日常生产工作中接触最频繁也最容易出错的业务，如何确保施工作业安全顺利地按流程进行，是每个调度员必须掌握的技能。

一、施工时间安排

（一）施工开始时间

正线轨行区的作业或影响正线行车设备设施的施工（A 类），必须在非运营时间内进行。有工程车或调试列车运行时，需待工程车或调试列车通过并满足施工条件后才能开始组织其余施工作业。

在车站、分区所、开闭所、主所范围内的 C1 类作业，原则上在运营结束后方可进行。但若该类别施工作业不影响正线行车和客运服务，可在白天运营时间内进行。如在高架站屋面进行三级动火，其不会产生报警，也不存在火星溅入站台从而影响行车作业的情况，可在

白天运营时间内进行。

在车辆段内的 B 类施工,往往在白天进行,具体根据车辆段车辆检修需求、调车需求等情况自行安排作业时间。

(二)施工结束时间

正线轨行区的施工必须在运营前检查开始之前结束,并需要预留一定的时间用于拆地线、接触网送电、调试列车回场等工作。作业区域影响到列车/工程列车回场时,应适当提前结束,出清线路,不得影响列车回场。

二、请销点管理

施工请销点是施工管理过程中重要环节,发生在施工开始前和施工结束前。施工请点是指施工人员在作业开始前在作业地点的属地部门进行施工登记,同时属地部门会对施工人员的资质及工器具进行确认,确认无误后向 OCC 行调进行申请,行调同意后方可开始进场作业。施工销点是指施工人员完成作业内容,在退场时返回作业地点的属地部门进行登记,确认人员工器具出清,设备恢复正常后,属地部门向 OCC 行调申请施工结束,行调同意后方算施工结束。施工人员在车站进行施工请点登记的场景如图 4-3-1 所示。

图 4-3-1 施工人员在车站进行施工请点登记

(一)请销点权限

各城市轨道交通运营单位根据自身特点,对各类施工计划的请销点有着不同的权限。一般 OCC 负责受理 A 类计划及作业地点在 OCC 所辖范围内的 C 类计划的请销点办理;DCC 负责受理 B 类计划的请销点办理;车站负责受理作业地点在车站所辖范围内的 C 类计划的请销点办理。温州轨道交通 S1 线请销点权限设置如表 4-3-1 所示。

表 4-3-1　温州轨道交通 S1 线请销点权限设置

计划分类	A 类	B 类	C 类
请销点权限设置	OCC 行调	DCC 车场调度	1. 属于车站所辖范围由行车值班员批准； 2. 属控制中心所辖范围由行调批准

（二）请销点流程

施工负责人应在作业开始前 30 min 到达请点站请点。具体时间可根据各城市轨道交通运营单位自身情况规定。请点时行调在批准后需给出施工承认号、行调代码及批准时间；销点时行调在同意后需给出行调代码及销点时间。行调在批点或销点后需在施工占线板上进行相关标识的布置工作。

行调与行值核对施工请点条件如图 4-3-2 所示。

图 4-3-2　行调与行值核对施工请点条件

施工占线板如图 4-3-3 所示。

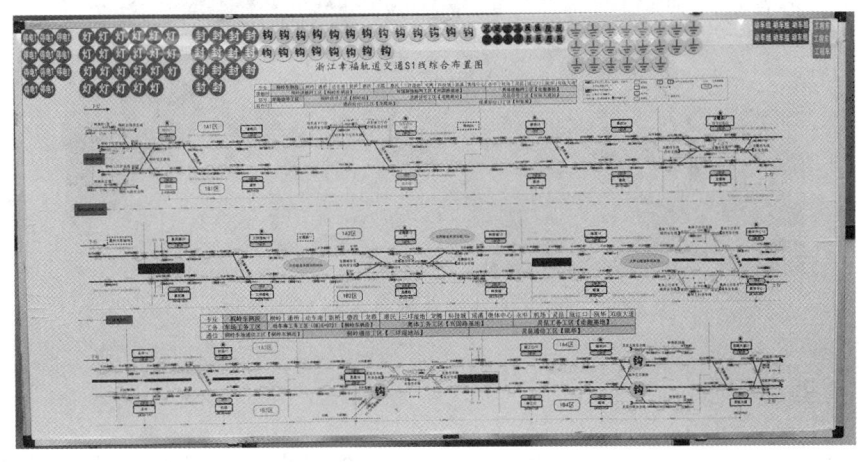

图 4-3-3　施工占线板

1. A 类施工作业

只有主站（指在作业相关区域范围内，施工负责人办理请点手续的地点为主站）无辅站

（指同一施工作业多点进行时，除主站外各个施工联络人办理请销点手续的地点为辅站）的，施工负责人到达主站登记请点，满足施工条件后，主站行车值班员向 OCC 行调请点。行车值班员传达给施工负责人。销点时，施工负责人在确认作业区域出清，到车控室向主站行车值班员销点，主站行车值班员向行调销点。

既有主站又有辅站的，施工负责人、施工联络人（指同一施工作业多个地点进行时，施工负责人所在作业地点外的其他各个作业地点负责施工组织、安全和管理的人员）分别到主站、辅站登记请点，满足施工条件后，辅站向主站请点，主站向行调请点，行调批准后，主站将批准传达给施工负责人及辅站，辅站通知施工联络人。销点时，施工联络人确认自己管辖的作业区域出清后报施工负责人并向辅站销点，辅站向主站销点；施工负责人确认作业区域全部出清后，向主站销点，主站须确认所有辅站已全部销点后方可向行调销点。

2. B 类施工作业

施工负责人到 DCC 车场调度处登记请点。当施工条件满足后，经车场调度员批准后方可施工，销点时确认作业区域出清设备恢复，到车场调度员处销点。

3. C 类施工作业

施工负责人到作业区域所属的车站/OCC 登记请点，经批准后开始作业，销点时确认设备恢复正常，区域出清后到车站/OCC 登记销点即可。

4. 异地销点作业

施工人员在提报计划时在备注栏注明请点车站和异地销点车站。作业开始前，应在登记请点时注明异地销点的地点、人数。请点站要及时通知异地销点站。

只有主站无辅站的，施工负责人在确认作业区域出清，到销点站销点，销点站记录好销点的施工内容、施工负责人姓名、人数、请点地点，核对无误后行调销点。

既有主站又有辅站的，主站异地销点时，主站须及时将异地销点站通知辅站；辅站需异地销点时，作业结束后施工联络人确认自己管辖的范围内已出清，报施工负责人到销点站销点，销点站记录好销点的施工内容、施工联络人的姓名、人数、请点地点后，销点站向主站或主站告知的异地销点站进行销点。销点后车站人员确认工器具人员出清的场景如图 4-3-4 所示。

图 4-3-4　销点后车站人员确认工器具人员出清

（三）请销点条件

1．施工请点

车站人员在向行调请点时，行调需与车站人员确认施工人员是否具备施工资质，得到肯定答复后，确定该施工满足作业条件后予以批点。

（1）A1类计划一般施工条件。

① 作业区域及防护区域空闲。

② 作业区域与防护区域无列车经过。

③ 接触网带电情况满足作业要求（涉及段内接触网时需与场调确认）。

④ 是否需要挂地线，配合挂地线需要挂好后许可，自挂自拆停电后即可许可。

⑤ 工程列车/调试列车是否已到达请点站，相关人员工器具是否都已准备就绪。

⑥ 其他施工条件根据计划执行。

（2）A2类计划一般施工条件。

① 作业时间内无列车经过该区域。

② 接触网带电情况满足作业要求（涉及段内接触网时需与场调确认）。

③ 是否需要挂地线，配合挂地线需要挂好后许可，自挂自拆停电后即可许可。

④ 其他施工条件根据计划执行。

（3）A3类计划一般施工条件。

① 影响区域内无列车经过。

② 若影响接触网则要求接触网带电情况满足作业要求。

③ 其他施工条件根据计划执行。

（4）C1类计划一般施工条件。

① 影响范围内已基本无乘客。

② 需要动火类C1计划施工单位已办理相应《动火作业令》。

③ 其他施工条件根据计划执行。

2．施工销点

行调需与车站人员确认施工人员工器具是否已出清、设备是否已恢复正常、接触网地线是否拆除等，均得到确定回复后，即可予以销点。

（四）施工请销点流程列举

本次列举的流程以温州轨道交通S1线为背景。

1．A1类施工

① 请点登记：施工负责人、联络人提前到主站、辅站进行登记。

② 主站向行调请点：当施工条件达到后由主站向行调请点。

③ 行调批准请点：行调确认符合条件后批准请点。

④ 辅站请点：主站确认行调批准请点后，通知辅站向主站办理请点。
⑤ 车站设置防护：主站确认所有辅站的请点后，组织相关车站设置红闪灯防护，确认红闪灯设置完毕后由主站向行调汇报。
⑥ 发布封锁命令：行调接到主站红闪灯设置完毕的汇报后，发布线路封锁命令。
⑦ 开始施工：主站及辅站向工程车、调试电客车司机交付线路封锁命令，并分别通知施工负责人和联络人可以开始施工。
⑧ 销点登记：施工结束后施工负责人、联络人确认线路出清、设备恢复正常后，分别到主站、辅站进行销点登记，主站、辅站分别负责核实线路出清及设备恢复情况。
⑨ 辅站销点：辅站向主站销点，主站确认所有辅站销点后，向行调汇报。
⑩ 发布解封命令：行调接到主站汇报后发布解除封锁书面命令，由主站及辅站向工程车、调试电客车司机交付解除封锁书面命令。
⑪ 车站撤除防护：主站组织相关车站撤除红闪灯防护。
⑫ 主站向行调销点：主站确认施工作业区域线路出清及防护撤除完毕后向行调销点。
⑬ 行调批准销点：行调与主站确认施工结束、线路出清后批准销点。
⑭ 施工结束：主站确认行调批准销点后通知各辅站，由主站、辅站分别通知施工负责人、联络人施工结束。

2．A2、A3 类施工组织程序

① 请点登记：施工负责人、联络人提前到主站、辅站进行登记。
② 主站向行调请点：当施工条件达到后由主站向行调请点。
③ 行调批准请点：行调确认符合条件后批准请点。
④ 辅站请点：主站确认行调批准请点后，通知辅站向主站办理请点。
⑤ 开始施工：所有辅站请点完成后，由主站和辅站分别通知施工负责人和联络人可以开始施工。
⑥ 销点登记：施工结束后施工负责人、联络人确认线路出清、设备恢复正常后，分别到主站、辅站进行销点登记，主站、辅站分别负责核实线路出清及设备恢复情况。
⑦ 辅站销点：辅站向主站销点。
⑧ 主站向行调销点：主站确认所有辅站销点、施工作业区域线路出清、设备恢复正常后向行调销点。
⑨ 行调批准销点：行调与主站确认施工结束、线路出清后批准销点。
⑩ 施工结束：主站确认行调批准销点后通知各辅站，由主站、辅站分别通知施工负责人、联络人施工结束。

3．C1 类施工组织程序

① 请点登记：施工负责人、联络人提前到控制中心/车站控制室进行请点登记。
② 批准请点：在控制中心向行调申请，在车站向行车值班员申请，属于电环设备施工需行调同意后向电环调度申请。
③ 进场施工：请点完成后，施工人员自行进入正确的作业区域。

④ 销点登记：施工结束后施工负责人、联络人确认施工区域出清后到控制中心/车站控制室进行销点登记。

⑤ 批准销点：确认施工区域出清后，由行调/行车值班员销点。

（五）施工请销点流程图

1．施工请点流程图

施工请点流程如图 4-3-5 所示。

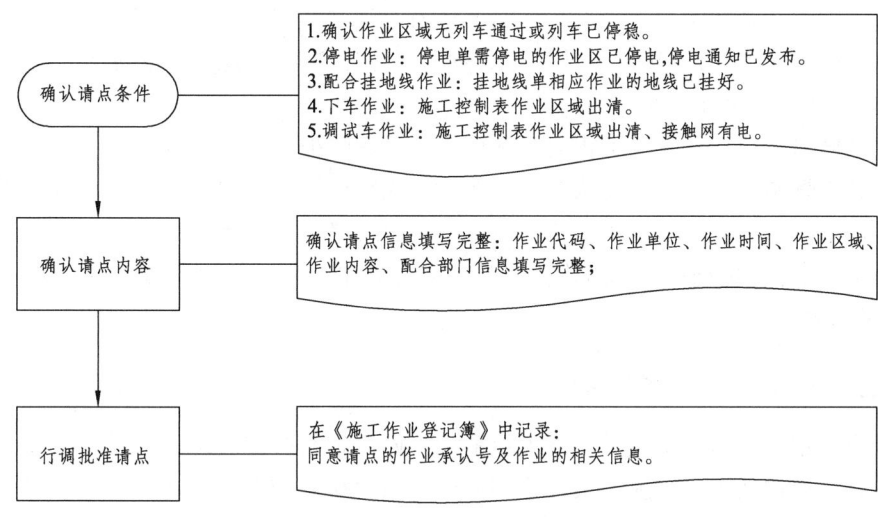

图 4-3-5　施工请点流程

2．施工销点流程图

施工销点流程如图 4-3-6 所示。

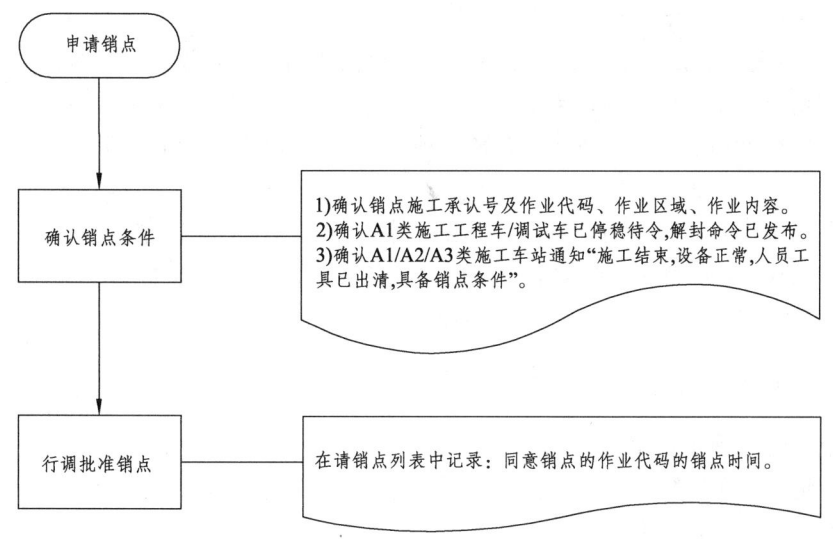

图 4-3-6　施工销点流程

三、停/送电管理

(一) 正线接触轨（网）停/送电程序

正线接触轨（网）供电分区停/送电条件有行调、值班主任及电调共同确认，并交于电调进行操作。停送电通知单如表 4-3-2 所示。温州轨道交通 S1 线正线具体的停送电程序如下：

（1）行调及值班主任共同确认准备停（送）电的接触网供电分区符合停（送）电条件后，由行调通知电调停（送）电。

（2）电调核实停（送）电条件符合要求后，进行停（送）电操作。

（3）电调操作完成并确认按要求停（送）电后，通知行调和值班主任。

（4）行调和值班主任共同确认已停（送）电后，由行调向相关车站发布停（送）电通知。

表 4-3-2　停送电通知单

停（送）电号码：　　　　号

停（送）电理由								
停（送）电区段								
要求停（送）电区段于　　年　　月　　日　　时　　分 行调　　　场调　　　批准具备停（送）电条件							值班主任确认	
							电调确认签收	
电调　　　确认停（送）电区段于　　年　　月　　日　　时　　分停（送）电完成							行调确认签收	
							值班主任确认	
通知记录	××站	××站	××站	××站	××站	××站	××站	××站
	××站	××站	××站	××站	××站	××站	××站	××站

(二) 车辆段接触网停/送电程序

车辆段的接触网供电分区停电、送电条件由场调和电调及相关供电人员共同确认。涉及检查库的停/送电还需检修调度确认；涉及正线的出入段线路时，还需行调确认。温州 S1 线车辆段具体停/送电程序如下：

（1）场调与检调共同确认准备停（送）电的接触网符合停（送）电条件后，由场调通知电调停（送）电；

（2）电调核实停（送）电条件符合要求后，进行停（送）电操作；

（3）电调操作完成并确认按要求停（送）电后，通知场调；

（4）场调确认已停（送）电后，由场调向相关施工单位发布已停（送）电通知。

（三）送电确认流程图

送电确认流程如图 4-3-7 所示。

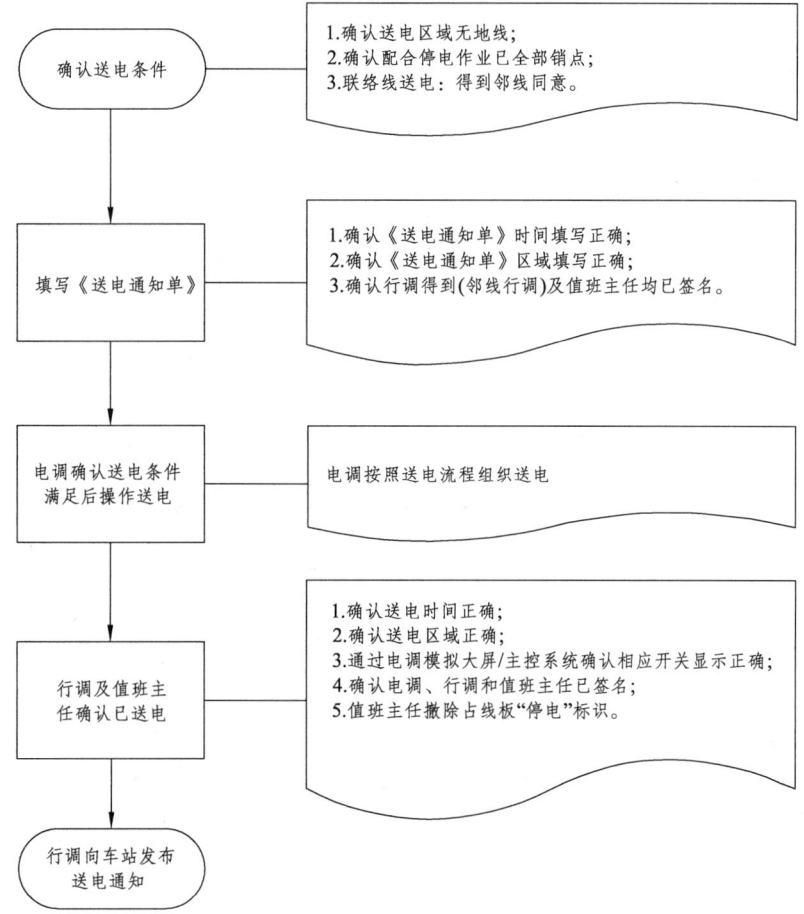

图 4-3-7　送电确认流程

四、抢修组织

在运营时间内，如设备、设施发生故障、损坏，影响正线列车正常运行或乘客服务，值班主任决定组织抢修，视故障影响程度组织"边运营，边抢修"或中断局部线路抢修。

在非运营时间内，如设备、设施发生故障、损坏，影响次日列车正常运行或乘客服务，值班主任决定组织抢修后，行调必要时停止其他施工作业以配合抢修。下文以温州 S1 线区间抢修的规定为例进行说明。

（一）正线、配线发生各类设备故障或事故需封锁区间抢修的组织

（1）由行调负责组织故障情况下的行车，根据值班主任要求组织相关问题的处理。

（2）若需要接触网停电，行调通知电调停电。

（3）行调向有关车站发布封锁线路的命令。

（4）行调发布封锁命令号码、范围和时间后，由现场抢修负责人组织封锁区间内的设备抢修工作。

（5）抢修完毕，现场指挥确认线路出清后报行调，行调记录恢复行车时间，并对封锁区域解封、组织列车运行。

（6）列车或车辆在线路上的起复救援工作按有关规定执行。

（二）运营时间到区间抢修行车设备的规定

（1）搭乘市域动车组到区间抢修行车设备时，须经行调批准。

（2）由行调组织好抢修人员在车站等候，按行调指定的车次上车（行调通知所有列车司机和相关车站）。

（3）抢修人员登乘司机室，通知司机在故障点前停车，从司机室门下车进入检修/疏散平台，尽快进入安全地带后，通过无线手持台报行调，由行调通知司机抢修人员已到安全地点，并同意司机动车。

（4）进入司机室的抢修人员，不得影响司机的工作，并以2人为限。如果超过2人，其余人员到客室乘车，下车时通过司机室侧门进入检修/疏散平台。

（5）未经行调同意，在水泵房的抢修人员只能在水泵房内作业，严禁侵入行车限界，影响行车及人身安全。

（6）须从区间内返回车站时，抢修人员使用手持台向行调申请，行调和值班主任协商后，分别通知抢修人员和列车司机，抢修人员向司机显示"停车"信号，指示司机停车，并打开司机室侧门让抢修人员上车。

五、其他施工组织相关工作

（一）白班施工相关工作

白班行调审核当日施工计划（含周计划、日计划和临时计划），审核过程中发现问题及时向值班主任汇报。

在审核施工计划时，如发现相互冲突且无法协调解决的施工，值班主任有权取消该项施工；值班主任根据作业需要，有权对作业区域的安排做出适当调整，在对计划做出临时变更或调整前，应与生产调度进行沟通；变更或调整后，应及时通知相关施工负责人、生产调度；在施工作业实施过程中，如发现有影响运营或危及安全的事件，行调有权终止该项施工。

一般情况下，应优先安排重点施工，原则上不组织平行作业。

做好与车场接口的施工组织和配合。

（二）夜班施工相关工作

（1）按规定完成本班的施工预想。
（2）根据施工计划，向车场、车站发布调度命令。
（3）组织工程车/市域动车组出场并到达作业区。
（4）组织停电。
（5）组织符合条件的施工请点。
（6）组织施工按时销点。
（7）组织送电。
（8）组织工程车/市域动车组回场。
（9）组织对当天的设备故障进行跟踪。
（10）组织运营前检查。

（三）施工预想

每轮值班的班组在完成交接班后，必须审核《周施工行车通告》《日计划通告》中当班的施工计划并进行施工预想，每一次施工预想都必须考虑周全，按规范填写《施工预想表》，施工预想表如图 4-3-8 所示。针对重要施工计划需列出注意事项及请点条件，掌握施工重点和安全控制点。

施工预想表					
日期：2020年4月14日　白班			行调：个人代码 个人代码　　电调：个人代码 个人代码　　值班主任：个人代码		
工程车/调试车开行情况					
作业代码	车次	作业区域	防护区域	列车出入场运行路径	注意事项
S1A1-01-01	601/602/603/604	新桥站-德政站上下行	新桥站（不含站线）-动车南站，德政站（不含站线）-龙霞路站	工程车/调试车出厂、回厂的完整路径	注意事项
停电安排		拆挂地线安排		其他注意事项	
当晚施工的停电安排及停、送电条件，除填写供电分区外，还需注明该区域停电还是不停电 S1A2-01-01施工需要，1A1/1B1/1C1 区域停电。		S1A2-01-01自挂自拆（当天挂地线的位置和数量，并标明挂、拆地线的条件，并在示意图中的1A1-1A3、1B1-1B3、1C1-1C2供电分区的两端画好地线标记）		作业过程中需要注意的关键环节，（1）A1类作业防护设置区域及相关注意事项；（2）计划有所调整，变更的内容需要重点关注的；（3）两项计划或多项计划之间，存在相互影响可能的，如：道岔检修与LCW/ATS考试；（4）作业过程中，有可能导致发生的故障现象及应对措施，如：信号作业可能导致的计轴预复位；	
重点施工布置					
(1) 较为重要的施工，需其他相关部门提前注意的，应提前做好布置，例如以下几项施工。 (2) 其他重要的施工。					

图 4-3-8　施工预想台账

由行调填写完预想表并签字确认后，交电调审核补充，确认无误后签字交由值班主任进行核对，核对完毕后签名确认。

对 A1 类施工需提前拟定工程车/调试车加开命令、封锁命令、解封命令、调试命令，并

在指定的电脑上存档。

思考题：

1. 请写出 A1 类施工组织程序。
2. A1 类一般满足何种施工条件就可予以请销点？

评价表

项目名称	施工管理	学生姓名	
任务名称	施工组织	分数	
项目		分值	考核得分
1. 施工时间规定		20	
2. 各类请销点规定		20	
3. A1 类请销点流程		30	
4. 正线停送电流程		30	
总体得分			
教师简要评语：			教师签名：

第四节 施工安全

【学习目标】

（1）掌握 A1 类施工的安全防护措施。
（2）了解施工安全防护措施。

施工作业一般在非运营时间段进行，由于运营已经结束，作业人员从心理上容易放松警惕；又因为施工均在夜间进行，作业人员的精神状态和工作环境没有昼间好，安全风险也会增大。因此，运营单位需要加大对施工安全的管控力度，常见的保证施工安全措施有：按规定使用劳动防护用品或安全防护器具，如安全帽、绝缘靴、接地线等；设置安全防护标志，如设置红闪灯；加强安全过程控制，如各类施工台账。

一、安全防护用品及器具

（一）劳动防护用品

施工作业人员需根据作业需求穿戴安全防护用品，凡进入线路施工的作业人员需按要求

穿戴荧光衣、绝缘鞋，并根据作业性质及作业要求使用其他安全防护用品。常见的安全防护用品包括荧光衣、绝缘鞋、安全帽等，如图4-4-1所示。

图 4-4-1　常见安全防护用品

（二）地线防护

一般情况，人员及所持物件与带电接触网距离小于1m的施工作业，或与带电接触轨距离小于700 mm的施工作业，接触网（轨）必须停电并挂接地线，接触网（轨）停电挂地线区域不得小于作业区域，作业人员不得超出地线保护范围作业。对已停电但未挂地线的接触网（轨）视其为带电，人员及所持物件应与其保持一定的安全距离。

现有挂/拆地线方式分为人工挂/拆地线和可视化自动接地线系统，如图4-4-2所示。人工挂/拆地线又分为两种：一是挂/拆地线属于施工作业的一部分，即自挂自拆；二是由接触网专业人员配合施工单位进行挂/拆地线，即配合挂拆，如图4-4-3所示。若利用可视自动接地线系统挂/拆地线将大大缩短挂/拆地线的时间，提高施工效率。温州S1线采用人工挂拆形式，且只允许自挂自拆，其流程如下：

（1）作业区域接触网供电分区停电后，行调确认条件满足，批准该项施工作业的请点。

（2）施工人员与电调办理好相关手续后，由施工人员现场就地挂地线，地线挂好后开始施工作业。

（3）施工作业完成后，施工人员拆除地线，确认设备恢复正常、线路出清，与电调办理好相关手续后向行调销点。

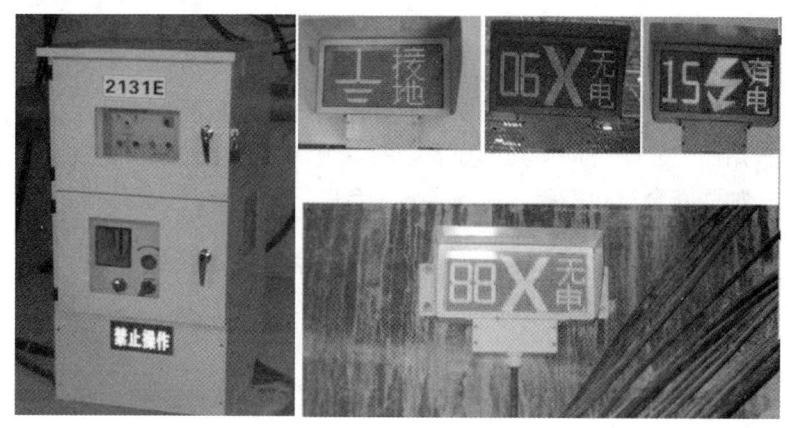

图 4-4-2　可视化装置系统

图 4-4-3　配合挂地线操作

（三）道岔区安全防护

除开行工程车或调试列车等施工作业所需外，须及时将道岔锁定，以防误动。道岔锁定后严格执行"谁上锁谁解锁"的原则。在施工作业需转换道岔时，须做好现场的安全防护工作，加强联系，施工部门（单位）需在被操作的道岔作业现场设置防护人员，确保人员及设备安全后方可通知车控室转换道岔。施工作业结束前，须进行测试，确认道岔功能正常后方可销点。

作业人员使用推车等设备需经过道岔或在岔区停留作业时，应提前与车站/场调联系，离开岔区后及时通知车站。

作业人员在线路上行走时，严禁脚踏尖轨和道岔转动部分，非作业需要，不得将手脚伸入道岔间隙，当听到转辙机转换声或发现道岔转换时，应及时撤离到安全地带。

（四）作业人员及工程车在同一区域作业的安全防护

按施工前进方向，工程车在前，作业人员在后，不得颠倒。非随车作业人员与工程车须保持 50 m 以上安全距离。如需动车时，司机根据施工负责人要求动车。

二、设置安全防护标志

（一）红闪灯设置

以温州 S1 线为例，一般线路范围内有开行列车类的施工作业时需按规定设置红闪灯，

防止人车冲突或作业列车冲出作业区域。

红闪灯通常设置在作业区域及防护区域两端车站，起到警示作用，人员及车辆严禁越过红闪灯。红闪灯设置人员应定期检查红闪灯的状态，确保其状态良好。一般 A1 类施工作业请点批准后，由请点站通知作业区域两端车站设置红闪灯防护；施工单位作业结束后，销点站确认相关车站撤除红闪灯防护后办理销点手续。温州轨道交通 S1 线要求作业区域端墙外 10 m 各设置两盏红闪灯，防护区域端墙外 5 m 各设置一盏红闪灯，如图 4-4-4 所示。

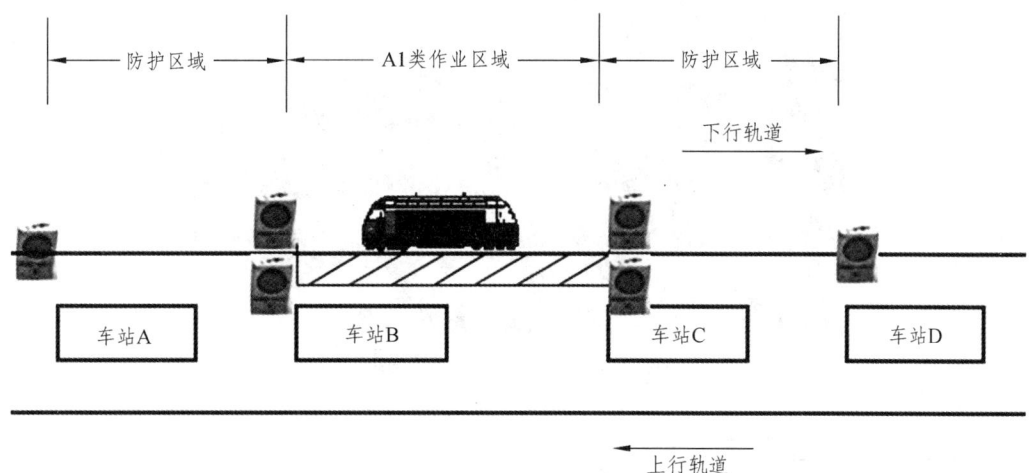

图 4-4-4 红闪灯设置

（二）防护区域设置

防护区域设置的目的是防止人、车、电之间的冲突，各城市轨道交通运营单位设备设施情况不同及考虑角度不同，防护区域设置的要求略有差异。大部分运营单位组织工程车、调试列车运行时，运行前方须保证一站一区间空闲，作为防护区域。通常防护区域接触网带电情况与作业区域保持一致。

（三）封锁/解封

封锁一般指对某个线路区段范围发布封锁命令，只允许命令中指定的列车及人员在该区域进行相关作业，除发布调度命令外，一般还在 ATS 上对两端的轨道区段设置封锁标志，使相关信号无法开放，从而达到防止其他列车进入封锁区域或作业列车冲出作业区域的目的。

封锁作业区域除指定列车及作业人员外，禁止其他列车及人员进入。封锁区域工程车/调试列车运行由施工负责人负责指挥。一般工程车或调试列车在某一区段运行的施工作业需封锁线路。

施工作业先请点再发布封锁命令，施工作业结束后先发布解封命令再销点。行调在发布线路封锁命令前，须确认工程车或调试列车在指定地点待令。线路封锁/解封命令需同时发给作业区域内所有车站及相关设备集中站。车站给司机交付封锁命令前，须确认红闪灯已设置

完毕。行调发布线路解封命令前，须确认工程车或调试列车在封锁区域内的指定地点待令或中途已离开封锁区域。

三、施工过程安全控制

行调及各相关岗位在施工作业过程中，通过一系列台账来对施工的整个过程进行把控，通常有人工签认、双人确认签字、多岗位间互控等方式。

行调在施工过程中常用的台账有：《施工作业登记簿》《停电通知单》《送电通知单》《工程车/市域动车组动车条件确认表》《运营前准备工作检查表》等。

思考题：

1. 请写出温州轨道交通 S1 线自挂拆地线的流程。
2. A1 类作业需做好哪些施工防护？
3. 行调相关施工台账有哪些？

评价表

项目名称	施工管理	学生姓名	
任务名称	施工安全	分数	
项目		分值	考核得分
1. 挂地线防护分哪几类		30	
2. A1 类防护需注意什么		30	
3. 道岔防护的有关规定		20	
4. 施工台账种类及常用卡控方式		20	
总体得分			
教师简要评语：			
		教师签名：	

第五章 日常工作管理

第一节 行车调度员岗位职责

【学习目标】
(1) 掌握行调岗位职责。
(2) 掌握行调与其他岗位调度员的工作接口。

(一) 岗位职责

行车调度员岗位职责如下:

(1) 认真贯彻执行公司、部门的相关规章制度,在值班主任的领导和指挥下,按照《列车运行图》组织行车,与电力调度员、环控调度员、设修调度员配合,共同完成运营组织工作。

(2) 行车组织。

监控行车设备的运作状态,维持正线列车运行秩序,确保列车运行安全、正点;收集并记录行车设备的故障信息,将故障信息及时反馈给相关专业二级调度,确保行车设备状态良好,满足运营需要;组织各部门按照《列车运行图》的要求开展工作,更好地为乘客提供优质服务;按照行车组织有关规章的规定,协调行车各岗位的运作,组织运营工作的落实,确保整个行车系统的正常运作。

(3) 应急处理。

加强各种运营应急处理的学习和演练,提高应急处理能力;及时、正确处理运营应急事件或事故,最大程度地减少运营影响;如实记录应急处理经过,通报故障及延误情况,及时调整列车运行,尽快恢复正常运营。

(4) 施工组织。

当值班组调度员对施工计划进行推演,及时协调处理施工冲突,组织施工单位按计划施工,确保施工安全和提高施工计划的兑现率;负责审批轨行区施工作业,合理组织工程列车

或调试列车的开行,组织实施轨行区施工,以满足行车设备维修要求。

(5)信息通报。

传达上级有关运营工作的指令,发布调度命令,布置、检查、落实行车工作计划,确保行车工作顺利进行。

(6)按相关质量要求对每日设备运行的各类报表进行汇总、审核;对影响正常运营事件进行分析,提出具有针对性的整改措施并有效落实。

(7)参与相关事故分析会,提出合理化建议。

(8)监控各种行车设备运作,收集、填写运营工作有关数据指标并做好原始记录工作。

(9)及时、有效地完成上级交办的其他工作。

(二)行调与其他岗位调度员工作接口

1. 与电力调度员的接口

(1)需进行接触网停/送电作业时,行调确认接触网具备停/送电条件后,填写《停/送电通知单》并签名确认,由值班主任审批签名后交电调办理停/送电手续,电调确认接触网停/送电完毕后签字确认,并将《停/送电通知单》返还行调。

(2)行车设备故障、事故(事件)抢修时,由行调根据现场汇报情况,经值班主任同意后可口头通知电调立即停电;如发生危及设备安全或人身安全的供电故障时,电调告知行调后即可自行停电,事后补填《停/送电通知单》。

(3)电调接报变电所跳闸或发生故障时,立即向各相关调度通报故障,由行调通知车站和司机加强监控,配合查找跳闸原因,把现场反馈的信息及时通报给电调。电调根据故障情况提供正确的供电方案,同时报行调及值班主任。

(4)接触网停电或故障时,电调与行调互相通报故障信息,行调配合电调按照"先通后复"的原则尽最大可能恢复供电。

(5)当电调接到供电局电压波动时,应及时将信息通报行调及值班主任,行调通知全线各站及列车司机加强对设备的监控。

2. 与环控调度员的接口

(1)施工期间,因检修施工、工程列车开行需要开启隧道风机时,行调、环调应共同确认,由环调根据计划开启隧道风机。

(2)有关环控、给排水、低压配电、ISCS、FAS 系统等机电设备的维修施工由环调进行管理,若施工占用轨行区时,必须得到行调同意后方可施工。

(3)因特殊情况,运营服务时间提前或列车晚点延误收车时间时,行调通知环调提早/推迟开启/关闭车站大系统。

(4)运营时间发生列车在隧道内停车超过 2 min 时,行调通知环调列车阻塞的区间,环调做好记录,根据具体情况决定是否执行阻塞工况。

(5)遇设备故障导致乘客需要进行区间疏散时,行调通知环调疏散方向信息,环调开启

相应隧道风机。

（6）因各种原因造成隧道有粉尘或烟雾大，影响司机驾驶视线，行调应通知环调开启隧道通风。

（7）行调接到列车司机在区间运行中闻到有烧焦或异味的报告后，通报给环调，由环调组织车站或人员查找原因，执行相应环控模式。

（8）因维修需要临时开启隧道风机时，经现场人员确认无影响，由环调通知行调后执行，并通知启动隧道风机的车站加强对站台门的监控。

（9）当车站、列车、区间发生火灾、爆炸事故或不明气体、区间排水沟积水或消防水管爆裂等突发事件时，按谁先接报谁负责的原则通知当值全体调度。按照值班主任的组织处理应急情况，环调应按规定执行相应环控模式。行调与环调应共同确认现场情况，经值班主任确认后执行相应模式。

（10）运营期间的机电设备抢修（如区间泵房等）按照先通后复的原则进行，由环调向值班主任提出申请，经行调同意后由环调组织抢修。

3．与设修调度员的接口

（1）在列车服务中断或者紧急情况下，行调将相关的行车设备、设施故障或突发事件/事故等情况与设调通报，设调按照《运营应急信息发布规则》发布应急信息。

（2）行调在故障处理完毕后，应协助设调跟进故障信息。

思考题：

1．简述行调岗位职责。
2．简述行调与电调的工作接口内容。
3．简述行调与环调工作接口内容。

评价表

项目名称	日常工作管理	学生姓名	
任务名称	行调岗位职责	分数	
项目		分值	考核得分
1. 行调岗位职责		30	
2. 行调与电调的工作接口内容		25	
3. 行调与环调工作接口内容		25	
4. 行调与设调工作接口内容		20	
教师简要评语：			
		教师签名：	

第二节 行车调度员日常作业流程

> 【学习目标】
> 掌握行调岗位各项日常工作流程。

行调作为全线列车运行的指挥官,对列车按计划安全高效运行起着决定性作用。因此,运营单位对常见的固定作业程序,应规定基本流程,便于执行标准化作业和保证列车运行安全。以温州 S1 线为例,常见的作业程序如下。

(一) 出车(属行车时间)

出车流程如图 5-2-1 所示。

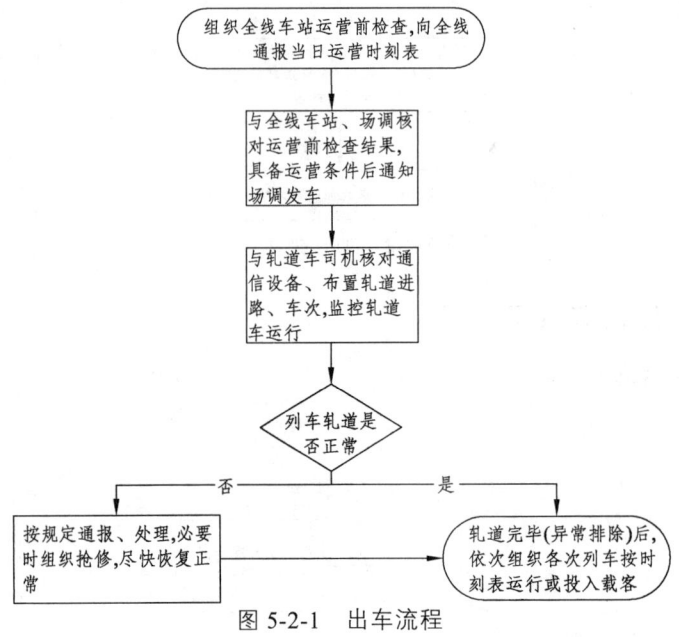

图 5-2-1　出车流程

出车是每天正式运营的第一项工作:运营列车应按列车运行图的安排依次出段,最早出段的分别行经上、下行线的列车兼任轧道任务。

(二) 加开列车(属行车时间)

加开列车流程如图 5-2-2 所示。

因运营调整、施工或列车调试等情况,需经常组织列车运行图计划之外的列车加开到正线范围执行某项任务。加开时应注意以下几点:

(1) 确认加开列车是否满足上线要求,以及为执行加开任务而采取的运行限制条件是否与正线正在运行的其他列车冲突。

(2) 确认加开列车进路正确,加强对加开列车的监控。

（3）发车前与司机进行通话测试并核对相关运行命令。

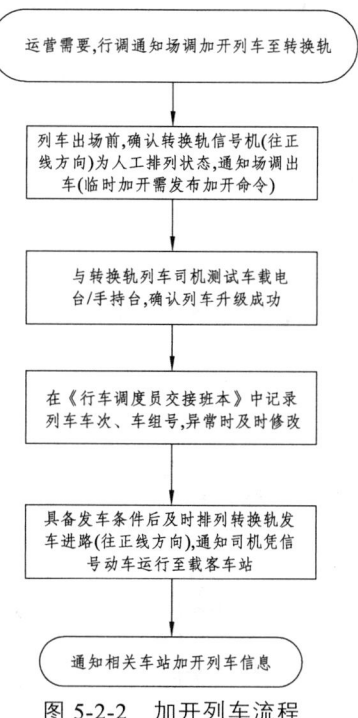

图 5-2-2　加开列车流程

（三）收车（属行车时间）

收车流程如图 5-2-3 所示。

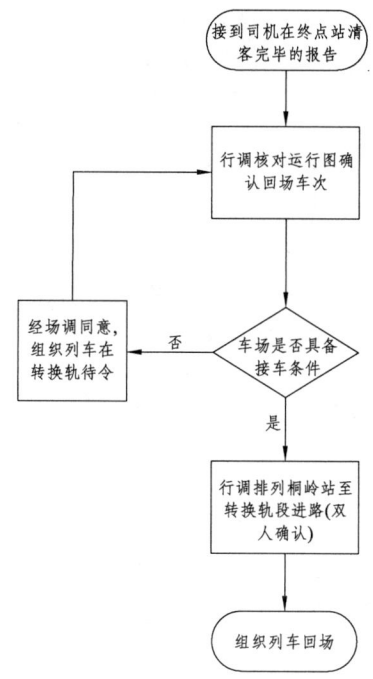

图 5-2-3　收车流程

收车是指运营列车完成列车运行图规定的运营任务后,根据运行图安排依次回段的过程。收车时须注意以下几点:

(1) 收车前须确认列车车次正确且在退出服务的车站清客完毕。
(2) 收车前需与场调确认列车是否具备回段条件。
(3) 收车时需确认回段进路满足条件,且需双人对回段进路进行确认。

(四) 监控列车运行 (属行车时间)

监控列车运行流程如图 5-2-4 所示。

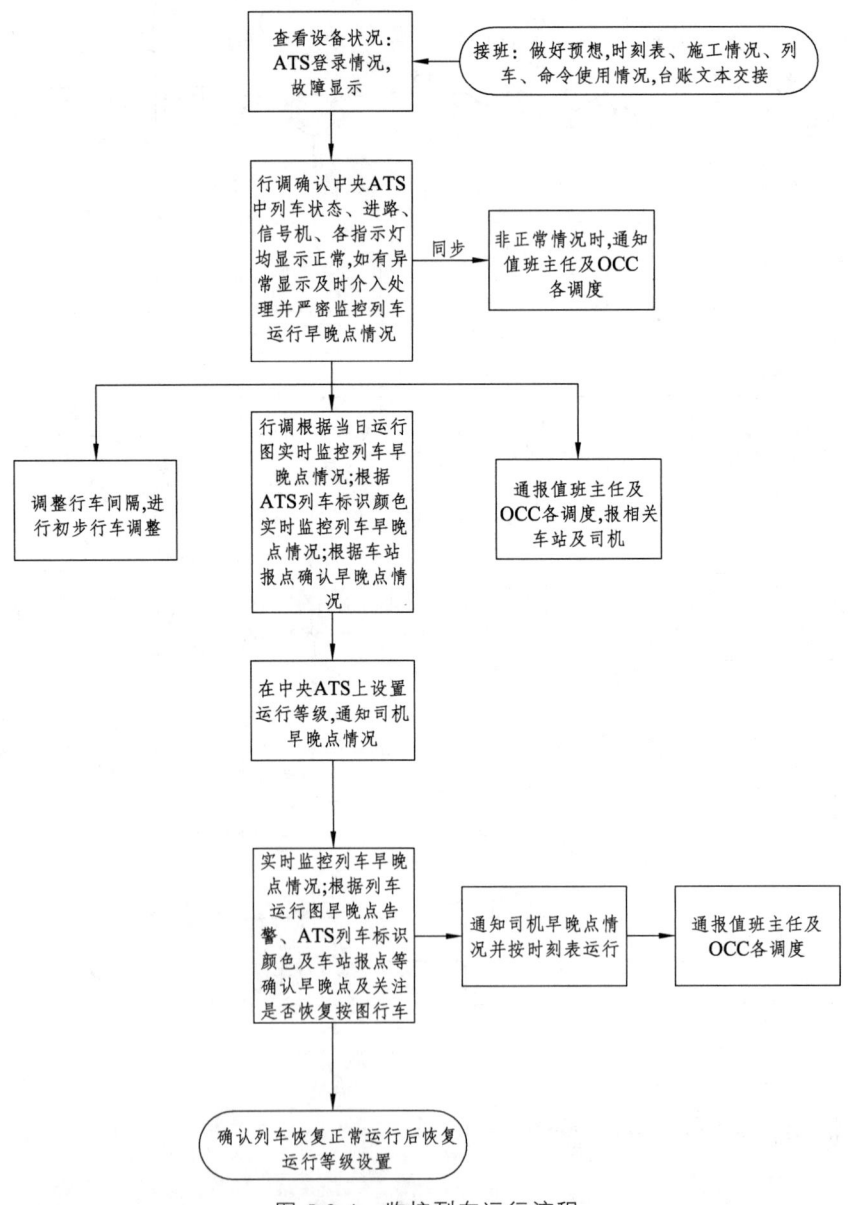

图 5-2-4 监控列车运行流程

监控列车运行是行调日常工作中最主要的工作，占据了行调工作的大部分时间，行调可通过 ATS 系统及相关生产台账或辅助占线板等做好列车运行的监控工作。

（五）施工实施流程（属施工时间）

施工实施流程如图 5-2-5 所示。

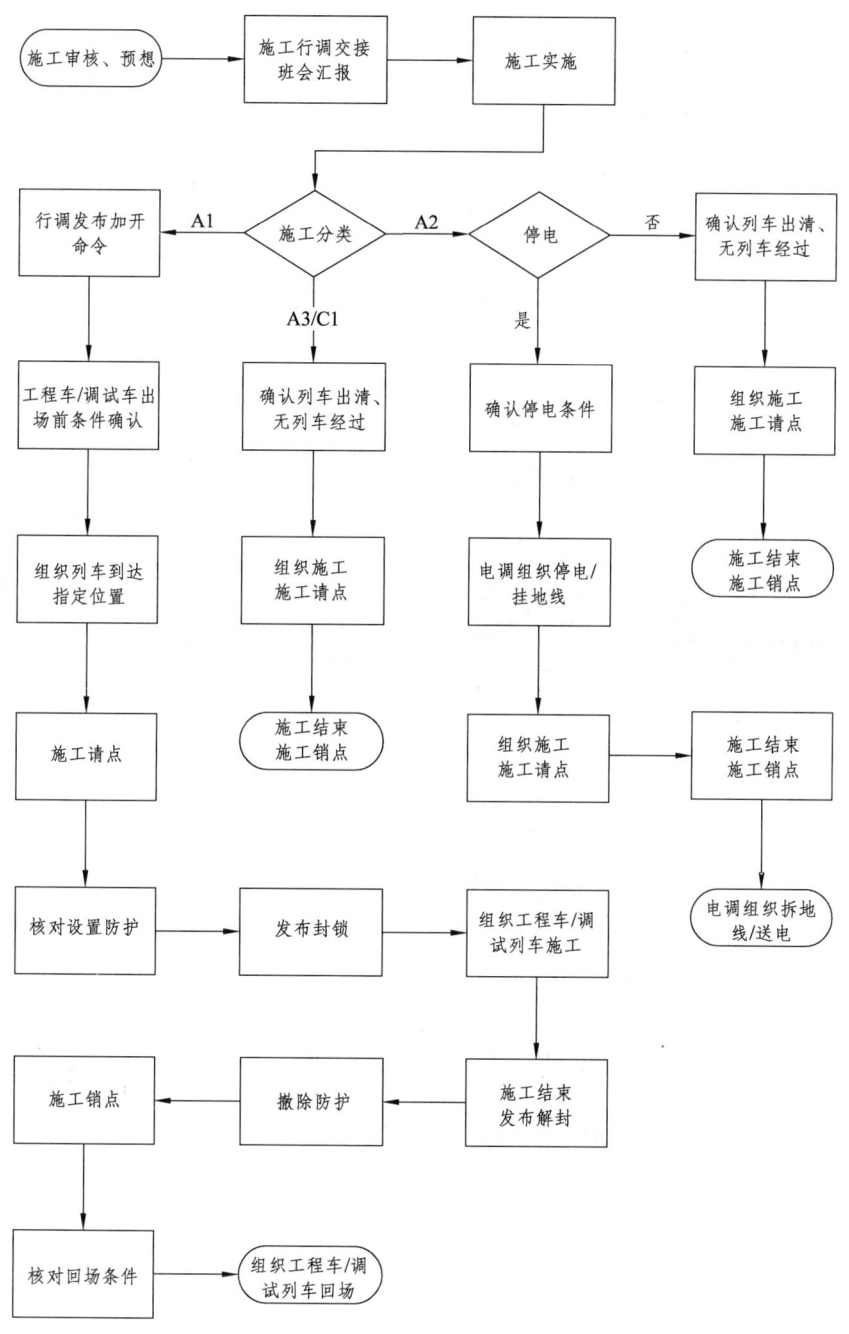

图 5-2-5　施工实施流程

施工是指在非运营时间根据施工行车通告中的施工计划安排，有序组织各项设备维修养护及功能调试工作的过程，行调应按流程分类别对相应的施工计划进行预想和请销点工作。

（六）运营前检查（属施工向行车过渡时间）

运营前检查流程如图 5-2-6 所示。

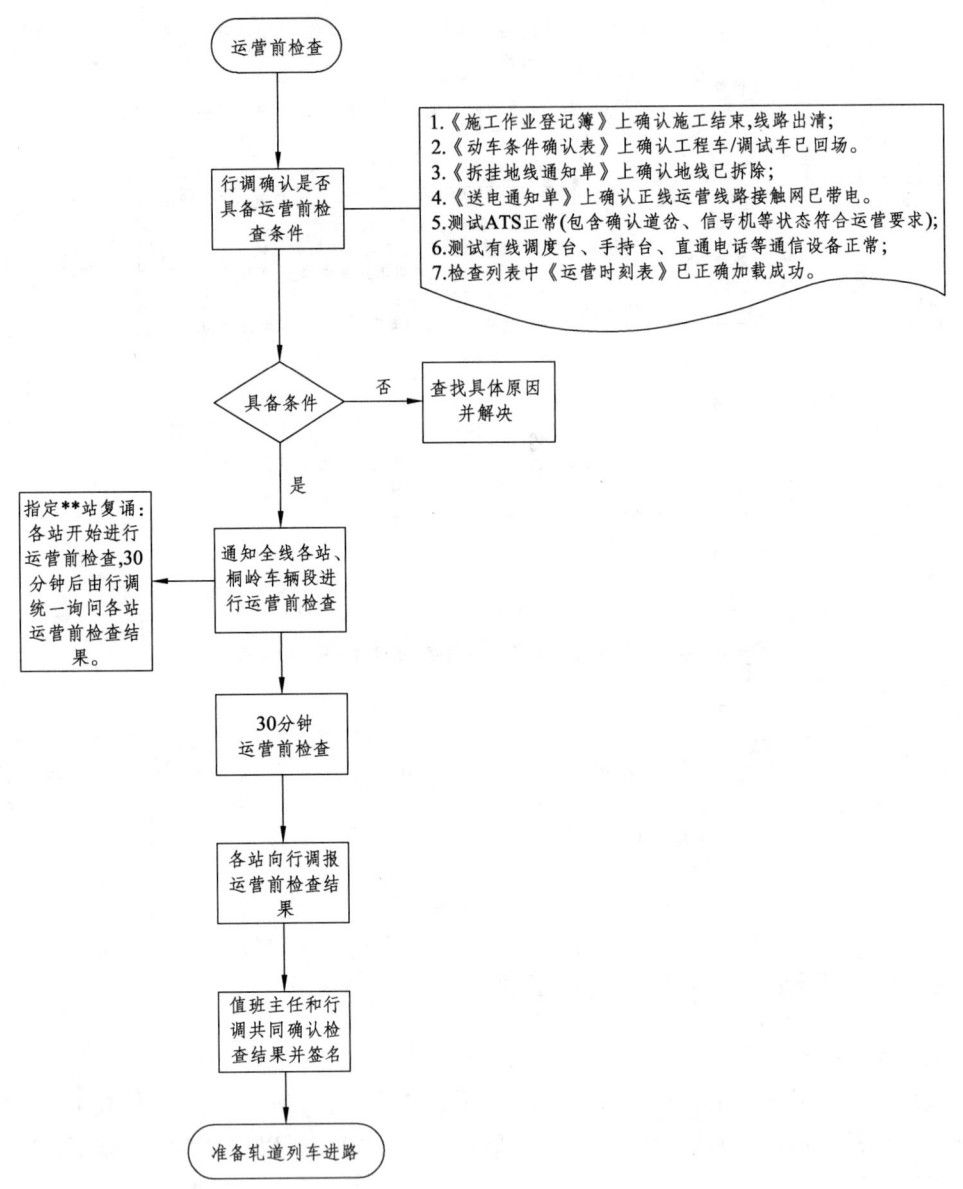

图 5-2-6　运营前检查流程

运营前检查是待夜间施工全部结束，由行调组织各车站及车辆段统一对各项行车设备状态进行再次检查和测试的过程，通过运营前检查可以在正式载客前对设备的基本功能进行再次核验，若发现影响运营的问题可以及时进行抢修，减少对运营的直接影响。

(七）施工准备流程（属行车向施工过渡时间）

施工准备流程如图 5-2-7 所示。

行调根据施工行车通告的施工计划，提前对当晚的各类施工进行施工预想，通过施工前预想及准备工作可以提高施工安全控制水平、提高施工组织效率，有利于各项施工按计划按要求有序完成。

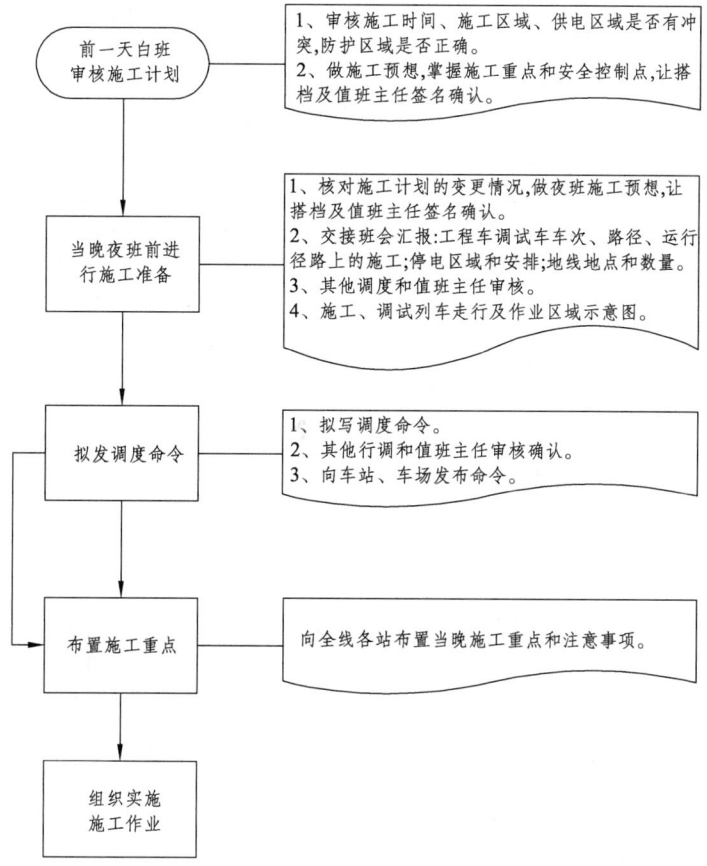

图 5-2-7 施工准备流程

(八）调试车动车流程图（属施工时间）

调试车动车流程如图 5-2-8 所示。

调试列车是为了对特定行车设备的功能进行测试所开行的列车，是常见的施工内容之一，因开行列车对开行路径上的其他施工及人员安全会产出冲突，所以应作为重点施工内容掌握，须严格按流程执行。

(九）工程车动车流程图（属施工时间）

工程车动车流程如图 5-2-9 所示。

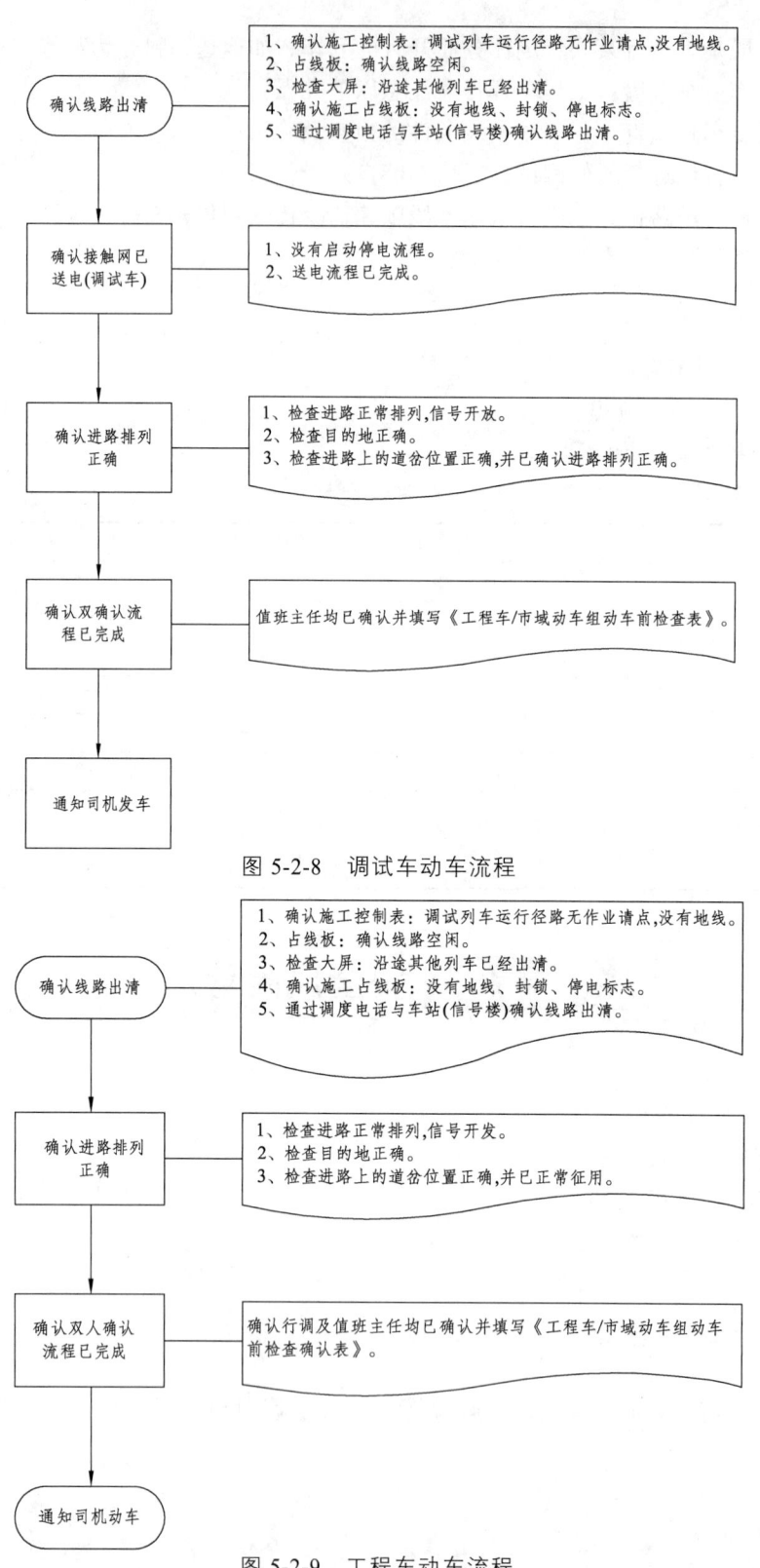

图 5-2-8　调试车动车流程

图 5-2-9　工程车动车流程

工程车一般是为执行某项特定任务而开行的列车，如运送物料、为某些作业提供检修平台（如接触网作业车）等。工程车开行需注意以下几点：

（1）必须由车长负责工程列车上线条件的检查及确认；

（2）必须与行调进行通信测试且通信功能良好；

（3）确认运行进路排路正确，限速区段限速命令传达到位；

（4）车上货物装载及人员处于安全状态。

思考题：

1. 简述加开列车流程。
2. 简述运营前检查流程。
3. 简述监控列车运行流程。

评价表

项目名称	日常工作管理	学生姓名	
任务名称	行调日常作业流程	分数	
项目		分值	考核得分
1. 日常出车、收车及监视列车运行流程		30	
2. 加开列车作业流程		20	
3. 运营前检查工作流程		20	
4. 施工作业流程		30	
教师简要评语：			
		教师签名：	

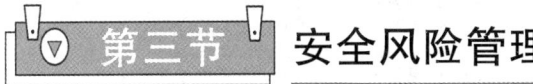

第三节　安全风险管理

【学习目标】

（1）掌握安全风险因素。

（2）了解安全分析流程。

（3）了解运营风险数学公式。

一、安全风险因素

结合城市轨道交通运营特点，将运营范围内的危险源可总体分为人、物、环、管四类风险因素。

（一）人的因素

指在运营生产活动中，来自人员或人为性质的危险和有害因素。包括心理/生理性危险

和有害因素、行为性危险和有害因素；心理／生理性危险和有害因素包括负荷超限、健康状况异常、情绪异常、辨识能力异常等情况；行为性危险和有害因素包括违章作业、指挥错误、监护失误、突发性过激行为等情况。在行业里人的因素风险主要来自内部职工、项目外包人员、乘客以及市民。职工在运营系统中扮演着重要角色，主导着系统的正常运作，是运营安全管理的核心输出力量。随着行业快速发展，高新技术的不断引进，运营系统自动化程度越来越高，设备设施的自动控制越来越先进，但是工具永远是为人类服务的，工具的先进性会给使用者带来更多技术风险，而一旦系统瘫痪、设备故障，员工业务技能薄弱、心理素质差、应急能力欠缺、冒进臆测、违章作业等情况均会导致严重的事故发生。例如，在行车工作中，调度员未与车站、司机确认区间空闲，便要求司机动车，这就是典型的臆测行车，很容易酿成列车脱轨、挤岔、相撞等恶性事故。

随着运营企业市场化的不断推进，运营相关项目外包程度越来越高，例如保安、保洁、安检等岗位及电扶梯委外维修、消防设施委外监测等设备设施外包，而这些非内部人员长期进驻运营范围，但工作地点一般不固定，劳务派遣流动率大、管理成本高是最大现实问题，因此外包人员往往存在管理风险和人为不可预测的风险。

（二）物的因素

指运营范围内机械、设备、设施、材料等方面存在的危险和有害因素。按其性质可分为物理性、化学性及生物性危险和有害因素。

运营环境中涵盖多种专业、多个系统、大量的设备设施，物理性风险主要是指运营设备设施的不安全状态所带来的运营风险。信号系统故障导致运营中断、晚点，自动售检票系统瘫痪影响客运组织，供电系统故障导致运营中断，客运设施故障导致乘客受伤，其他设备防护设施失效导致事故等等，而这些因素往往带来的后果比较严重，受影响范围较广。化学性和生物性危险和有害因素主要存在于乘客随身携带的行李物品中与项目外包单位专项物资中，例如乘客携带的易燃品、腐蚀品、致害动物、致病微生物等影响公共安全的物品，而这类有害因素往往由外包安检机构通过专业设备严格检查控制。

（三）环境因素

环境因素指的是运营生产作业环境中的危险和有害因素。环境因素包括运营内部环境与外部环境两方面。

内部环境包括乘客的乘降环境、员工的作业环境以及设备设施的运行环境。车站楼梯、拐角、通道的设计能力与客流高峰不匹配，往往造成端部短时冲击过大，存在人员密集风险。作业环境通风不畅、光线不足、温湿不良等情况是作业人员与设备运行的共性风险，对于运营风险管理来讲，这些环境风险既可以影响到作业人员身心感受，极易引发误操作、违章作业等人因风险，同时也会对设备的正常运行造成威胁。

外部环境主要包括自然灾害如暴雨、雷电、冰雹、台风、地震、沙尘暴、洪水、雾霾、高温、寒冷等，尤其是暴雨、台风恶劣天气频繁影响运营，各大城市车站被雨水倒灌的案例

每年均有发生，对运营安全造成极大威胁。同时，国际反恐形势、市民安全意识、国家政策法规也会对运营安全产生影响。

（四）管理因素

管理因素指的是运营安全管理和管理责任缺失所导致的危险和有害因素。管理因素在运营系统中包括管理机构不完善、管理规章制度不健全、管理权责不清、管理决策失误、安全管理不到位、安全保障不力、安全经费投入不足、应急预案不可靠、组织协调混乱等风险。

管理因素贯穿于运营系统中的每一个环节，扮演着核心中枢的角色，综合作用于人因风险、物因风险以及环境风险，是运营安全的核心着力点。管理因素往往是运营安全管理的双刃剑，有效的管理措施能够促进运营安全形势的良性、持续、稳定的发展；反之，管理的缺失将导致运营系统的紊乱、无序、失控，进而导致安全隐患层出不穷，诱发运营事故，甚至造成灾难性的后果。根据近年国内外运营事故的统计分析结果，每起事故的背后都离不开管理责任的影子，而风险评估事前控制是管理措施有效介入的良好时机，由此可见，管理因素是最具有可操作性、最容易加以调整和改善的因素，是避免运营事故最有效的手段，同时管理风险也是运营风险中最大的风险因素。

四种安全影响因素及其与安全管理之间的关系如图 5-3-1 所示。

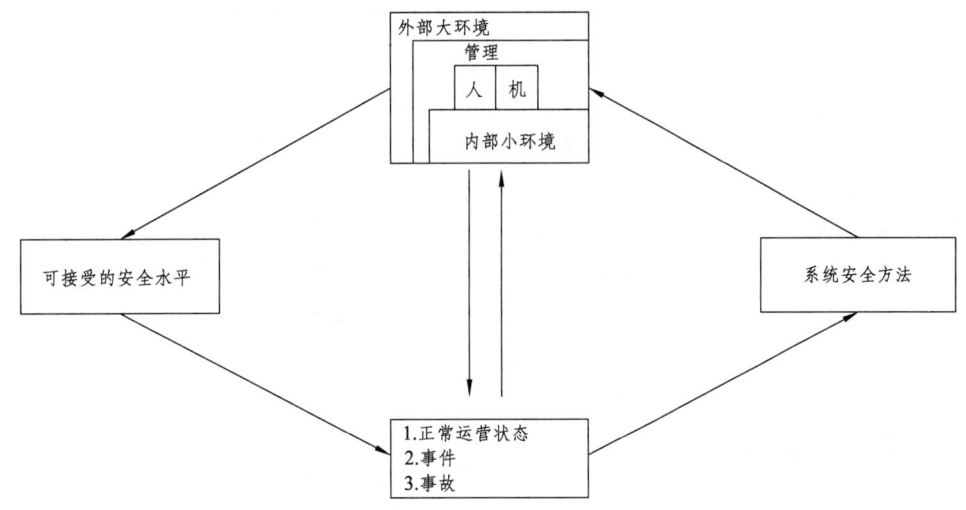

图 5-3-1　运营安全影响因素及其关系示意

二、风险分析

风险形容的是事物的某种状态，而状态必然有所承载的对象，运营风险的载体归根结底是运营系统中的危险源（或者称为风险源）。

城市轨道交通运营单位是直接为乘客提供全方位的服务，运营管理是运营单位实施的运营调度、列车运行、车站管理和机电设备、土建设施的运行与维护以及客运服务等工作的总称。运营系统一般包括机车车辆系统、通信信号系统、自动售检票系统、机电自动化系统、

供电系统、消防系统、信息系统等，各个系统同时运行为运营提供支撑，创造经济价值。而风险是客观存在的，任何系统出现问题均会导致运营损失。因此，结合以上几种定义可以将运营风险总结为运营管理过程中的不确定性对运营生产目标的影响，而影响的大小可以从风险发生的后果严重程度与风险发生的概率大小两个方面进行综合考量。即运营风险数学公式可以表示为

$$R = f(C, P) = C \times P$$

式中：R —— 某运营风险因素的大小；
C —— 某运营风险因素的后果；
P —— 某运营风险因素的概率。

三、事故定义及分类

（一）事故定义

事故是指在运营过程中，因违反规章制度、劳动纪律、作业纪律或作业技术规定、技术不良、设备不良及其他原因造成的人员伤亡、设备损坏、影响正常生产作业或危及安全生产的事件，且造成的后果达到了《事故调查处理规则》规定的标准。

（二）事故分类

城市轨道交通事故按其内容分为行车事故、设备事故、工伤事故、火灾事故。凡在运营工作中造成人员伤亡、设备损坏、中断行车、危及运营安全及经济损失等情况的，均构成行车事故。

按照事故的性质、人员伤亡、经济损失及对运营造成的影响程度，运营事故分为：特别重大事故、重大事故、较大事故和一般事故。

1．特别重大事故

运营中发生下列情形的，为特别重大事故。
（1）死亡 30 人以上；
（2）重伤 100 人以上（含急性中毒）；
（3）直接经济损失在 1 亿元以上；
（4）中断运营 48 h 以上；
（5）发生特别重大火灾事故。

2．重大事故

运营中发生下列情形的，为重大事故。
（1）死亡 10 人以上，30 人以下；

（2）重伤50人以上，100人以下；

（3）直接经济损失5 000万元以上，1亿元以下；

（4）中断运营24 h以上；

（5）发生重大火灾事故；

（6）发生爆炸或毒气袭击等恐怖事件，造成严重后果的。

3．较大事故

运营中发生下列情形的，为较大事故。

（1）死亡3人以上，10人以下；

（2）重伤10人以上，50人以下；

（3）直接经济损失1 000万元以上，5 000万元以下；

（4）中断运营12 h以上；

（5）发生较大火灾事故。

4．一般事故

一般事故分为：一般A类事故、一般B类事故、一般C类事故、一般D类事故。

（1）运营中发生下列情形之一，未构成较大以上事故的，为一般A类事故。

① 死亡1~2人；

② 重伤3人以上10人以下；

③ 直接济济损失500万以上，1 000万元以下；

④ 中断运营6 h以上；

⑤ 发生一般火灾事故。

（2）运营中发生下列情形的，为一般B类事故。

① 重伤2人；

② 直接经济损失100万以上，500万元以下；

③ 中断运营3 h以上，6 h以下。

（3）运营中发生下列情形的，为一般C类事故。

① 重伤1人；

② 直接经济损失50万元以上，100万元以下；

③ 中断运营2 h以上，3 h以下。

（4）发生下列情形为一般D类事故。

① 直接经济损失10万元以上，50万元以下；

② 中断运营1 h以上，2 h以下；

③ 运营时段正线列车脱轨、冲突、挤岔、分离、碰轧脱轨器；

④ 单轨正线线路发生撞岔；

⑤ 擅自降级或切除车载ATP运行；

⑥ 运营时段正线列车冒进信号或越过警冲标；

⑦ 载客列车停站错开门、未关闭车门开车、运行途中开门；

⑧ 列车夹人动车；
⑨ 工作车、列车占用道岔区段时，道岔转动；
⑩ 信号系统故障造成升级显示；
⑪ 未办或错办闭塞发出列车；
⑫ 列车运行中车辆断轴、车轮崩裂，制动器、车钩连接装置等部件脱落，以及走行部轴承、传动装置等破损不能继续运行；
⑬ 擅自改变列车运行方向行车；
⑭ 向占用线接入列车，向占用区间发出列车；
⑮ 正线接触网断线、倒杆或塌网；
⑯ 未准备好进路接、发列车；
⑰ 列车、工作车溜入区间或站内；
⑱ 线路正线钢轨断轨；
⑲ 列车带电进入停电区；
⑳ 行车指挥无线通信系统故障，造成全线无线通信中断 30 min 及以上、局部无线通信中断 60 min 及以上；
㉑ 工作车无凭证发车；
㉒ 无证驾驶列车、工作车、内燃机车；
㉓ 有责乘客坠轨；
㉔ 运营时段单个车站照明全部熄灭；
㉕ 运营时段正线列车撞轧侵限物；
㉖ 错送电、漏停电、错停电、漏送电。

因事故死亡、重伤人数 7 日内发生变化导致事故等级变化的，相应地改变事故等级；上面所称的"以上"包括本数，"以下"不包括本数。

四、安全事件分析流程

1．对发生影响运营指标事件、违规作业、影响运营安全事件及重大隐患等安全事件进行班组分析及部门分析（需要分析的事件可根据公司具体规定执行）

（1）发生运营延误时间 5 min 以下故障事件时，可视情况在 2 个工作日内完成分析，发生运营延误时间 5 min 及以上故障事件时须立即做好分析。
（2）5 min 以上清客、掉线、退出服务，当班期间收集材料，班后立即分析。
（3）安全管理人员对事件进行追踪，各专业协助分析事件。

2．事件分析流程
（1）材料收集整理。
由安全专职人员收集录音、台账、规章及 ATS 等材料证据，按照"四不放过"原则进行整理分析。

（2）材料递交。

要求责任班组将事件详细经过进行整理报告，报送安全专职人员，形成事件分析报告。

（3）材料审核及会议安排。

安全专职人员收到事件报告材料后，对内容进行检查审核，对事件原因、内容、过程、结果进行分析，完成《事件分析报告》。组织召开安全事件分析会，对事件问题进行责任落实、考核落实、整改落实。

（4）参会人员。

包括责任班组、安全专职人员、相关专业工程师及相关专业调度员。

3．安全事件分析会议程

（1）参会人员提前 5 min 到会并做好签到。

（2）根据《事件分析报告》将事件概况、录音分析、运行图及 ATS 回放。

（3）责任班组进行自我分析点评。

（4）值班主任及调度员对事件进行分析点评及自我分析。

（5）由部门负责人、相关工程师及参会人员进行点评并分析事件存在的问题，再提出整改措施。

（6）安全专职人员根据汇报材料完成《四不放过分析表》并存档。

（7）根据绩效考核规定就事件存在问题进行事件考核通报。事件考核通报以通报文件形式下发。

4．结果控制

（1）根据事件经过、原因、结果、影响、处置意见、整改措施在《事件分析报告》中做好事件分析，分析报告按规定存档。

（2）根据《事件分析报告》内容，参照相关规章，对事件责任人定性定责，落实考核，制定整改措施。

（3）根据《事件分析报告》内容，责任班组做好问题整改，落实整改措施，并对全员进行事件的学习教育及反思。

（4）安全专职人员根据事件整改措施，监督检查整改结果，并跟进需要协调外部门及规章修订的事项。

（5）在部门月度安全例会上，事件分析报告作为本月安全教育培训内容，全员进行事件学习讨论。

5．安全分析实例列举

×月×日列车紧制导致晚点事件分析通报

一、事件概况

20303 次列车德政下行进站前产生不明原因紧制，缓解动车后运行至德政下行站台。ATP+模式动车出站再次产生紧制。行调通知重启 CC 以 NRM 动车。

值班主任通知行调及时组织龙霞备用车上线，替开故障列车。

20303 运行至龙霞下行，司机确认重启 CC 不成功。行调通知司机运行至机场站清客退出服务。

二、当值人员

值班主任：张三。

行调：李四、赵七。

三、事件经过

×月×日 08：04，20303 次（12 车）德政下行进站信号机前 ATO 模式不明原因紧制。司机以 RM 模式缓解动车，无故障原因。

08：04，行调组织 20203 次列车瑶溪站、奥体下行多停 1 min。

08：06，行调通知德政站、龙霞路站、惠民路站车站因下行 20303 次紧制，预计晚点 3 min 及以上，做好乘客服务。

08：07，20303 次列车德政站下行停稳后没有门使能，转 RM 模式动车开门，德政下行站台门红闪。

08：08，20303 凭地面信号显示及车站"好了"手信号，以 ATP+模式动车后再次产生紧制，司机报车地通信与 CC 显黄，行调通知司机重启 CC 后以 NRM 限速 60 动车。

08：10，值班主任通知行调组织龙霞备用车运行至惠民路下行站台待令。

08：11，行调通知全线各站，龙霞备用车惠民路站下行比照 20303 时刻表投入载客服务。

08：14，行调通知惠民路站备用车惠民路站不停站通过，在三垟湿地站下行投入载客服务。

08：16，20303 运行至龙霞路站下行确认 CC 重启失败，自检信息正常，车地通信与 CC 显黄，列车以 ATO 模式出站。

08：17，行调通知生产调度列车紧制情况。列车到达德政下行恢复 ATO 模式，ATP+模式动车，产生紧制，重启 CC 以 NRM 模式运行至龙霞路下行，恢复 ATO 模式。

08：19，行调通知场调备用车发转换轨 1 道待令。

08：19，司机汇报列车重启 CC 不成功，ATO 模式可用。行调询问生产调度列车退出服务意见。

08：23，行调通知生产调度司机汇报重启不成功是 CC 与通信显黄，询问生产调度故障车是否在机场下行退出服务。

08：27，行调与生产调度确认故障列车处理意见未给出回复需要再次确认。

08：29，生产调度确认故障列车机场上行清客完毕空车回场处理。

08：30，通知机场站 50101 次在机场站上行改开 20304 次投入载客服务。

08：40，20303 次运行至机场站下行清客后原地待令。

四、事件影响

列车多次紧制及 CC 重启失败，导致故障列车 20303 次需要下线回场处理，终到延误 6 min 42 s。

五、事件原因

列车多次紧制，重启 CC 不成功。

六、应急处置分析

应急处置存在可借鉴处：

值班主任建议行调及时将备用车组织在故障车之前上线替开，缩短列车故障导致的运营延误时间。

存在以下不足：

（1）行调接到司机汇报的故障信息后，未及时将信息通报值班主任。

（2）行调未在第一时间做好列车故障预想，没有提前准备组织备用车上线替开。

七、定性定责

行调李四、赵七，未及时将故障车信息通报值班主任。存在信息通报不及时的责任，对行调李四、赵七进行教育批评。

八、整改措施

（1）严格执行标准化作业，及时做好运营及故障信息通报。

（2）严格执行应急处置流程，对相关故障进行标准化处理。

（3）针对列车及线路设备故障，各岗位做好故障预想及应急处置工作。

思考题：

1. 安全风险要素有哪几个？
2. 环境因素风险内部环境和外部环境的因素主要有哪些？
3. 简述运营风险分析数学公式及式中各因素的含义。
4. 简述安全事件/事故分析中对结果控制的要求。

评价表

项目名称	日常工作管理	学生姓名	
任务名称	安全风险管理	分数	
项目		分值	考核得分
1. 安全风险因素		30	
2. 安全分析矩阵分析		20	
3. 安全事件分析相关规定		20	
4. 事故定义及分类		30	
教师简要评语：			
		教师签名：	

第四节 标准化制度管理

【学习目标】

（1）了解行调岗位 6S 管理规定。

（2）掌握交接班内容及交接班时间的相关规定。

（3）了解台账填记规范内容。

（4）掌握眼看手指口呼制度的内容。

一、6S 管理

(一) 6S 概念及含义

6S 管理主要包含整理、整顿、清扫、清洁、素养和安全 6 个要素，是企业标准化管理的常用工具之一，其基本含义如图 5-4-1 所示。

图 5-4-1　6S 要素及含义

(二) OCC 大厅 6S 管理规定

（1）OCC 大厅各条线路工作扇区范围须明确，并使用简易隔离警戒线进行围蔽，除运营相关人员或已取得门禁授权的人员外，其他人员进入该区域必须经值班主任允许。

（2）OCC 文档、台账按照现有要求分柜、分卷盒保存。卷柜钥匙及保管权限统一由值班主任负责，具体要求详见图 5-4-2 所示。

（3）值班主任负责日常大厅文件柜管理工作。

图 5-4-2　OCC 文件卷盒管理

（三）工作桌面管理

（1）各岗位工作桌面正常情况下须保持整洁有序，所用台账及相关记录放置在相关岗位桌垫上；处理非正常情况时，待处理完毕后须及时进行归位整理，各岗位工作桌面具体要求由相关单位根据实际情况制定并实施。

（2）各岗位除规定的生产台账外，其他临时草稿记录本（纸）等无关物品，在一班工作结束后应及时清理或带离工作岗位。

（3）个人物品（如水杯等）有固定存放处所的，使用完毕后应及时放置到固定存放处所。

工作桌面示例如图5-4-3所示。

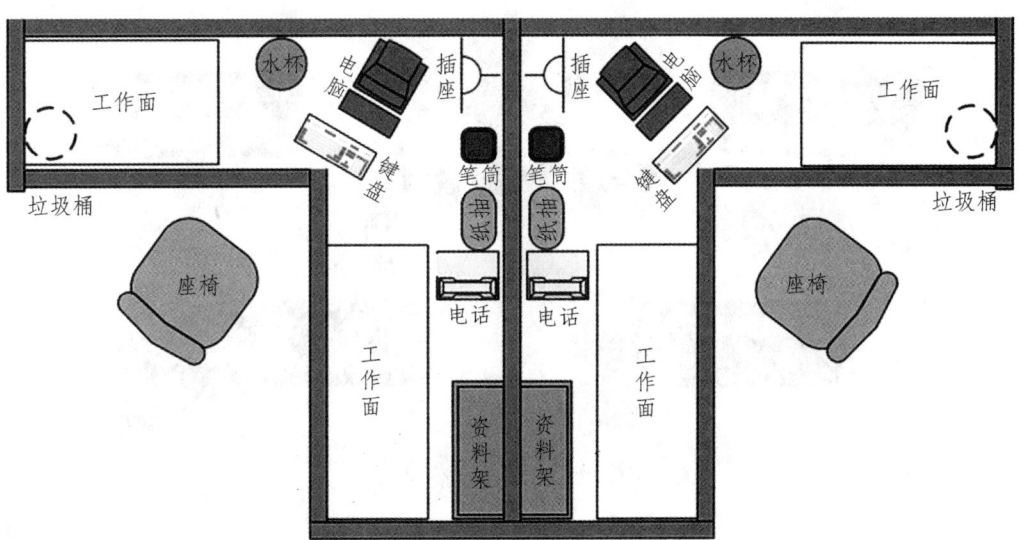

说明：
1. 键盘如放在桌面上，按此规定位置放置，如放在键盘抽屉一层，则桌面相应区域改为工作面；
2. 个人可移动抽屉放置在资料架正下方的角落处，台式电脑主机放置在插座正下方角落处；
3. 垃圾桶放置于过道侧内方角落的黄色地贴角落处；
4. 个人其他工作所需物品可参照上图按照使用习惯有序放置在工作面处。

图5-4-3　工作桌面示例（仅供参考）

（四）个人手机管理

（1）调度员工作期间手机统一存放在手机放置盒（在值班主任处），如需使用手机，向值班主任说明使用事由并取得允许后方可使用，使用完毕立即放回原位，如图5-4-4所示。

（2）设备间廊道严禁堆放个人物品及杂物，当班班组负责日常巡查，发现个人物品及时进行清理，发现其他闲杂物品不便处置时，可联系保洁人员协助进行处理。

（3）空置房间室内暂存物品须整理整齐，靠墙靠角有序堆放，屋内地面及柜面打扫干净。

图 5-4-4 手机定置管理

二、交接班管理

(一) 交接班流程

交接班是调度班组日常生产和管理工作的重要一环,交接双方要根据倒班制度要求,适时提前到岗进行交接前的准备、预想及正式交接工作,一般通过班前会和班后会(班组长主持)的形式对本班工作进行预想和总结,并通过现场面对面交接的形式对每个岗位进行交接。交接班流程如图 5-4-5 所示。

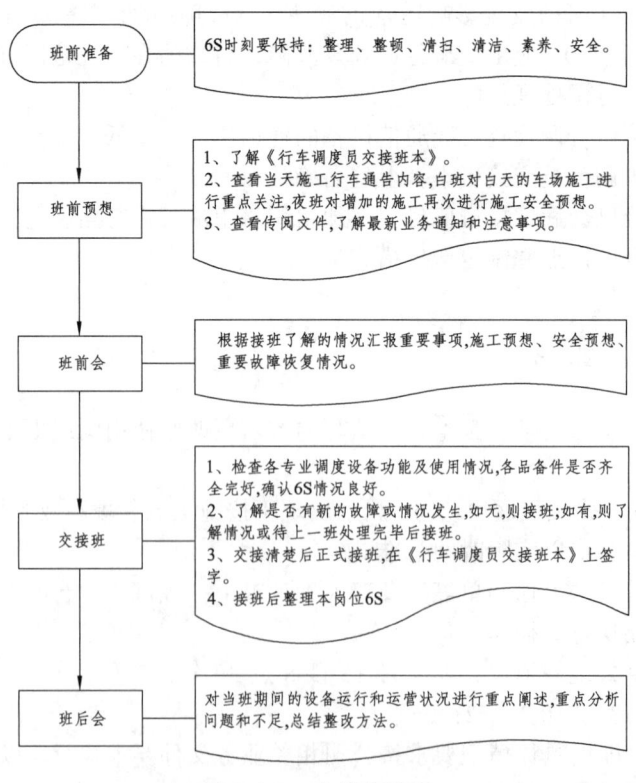

图 5-4-5 交接班流程

（二）交接班要求

（1）交班行调应在交班前 20 min 整理好值班记录，做好交班准备；接班行调应提前 15 min 到岗了解交班情况。

（2）交接班时，交班行调应按规定将需要交接的内容逐条向接班者详细说明，对于遗留未完成的工作应重点强调，对接班行调提出的疑问应仔细解释清楚，不得遗漏交班事项，交接班应包含但不限于以下内容：

① 当日执行的时刻表及有关要求。
② 上一班施工遗留情况、本班的施工计划及车场内影响列车出/入场的施工、接触网供电情况。
③ 车辆、信号、供电、线路等设施设备的故障处理情况和运营状态。
④ 当日使用过的加开车次、晚点、停运等情况，上线列车车组号或备用车情况。
⑤ 领导重点交办事项、本班的重点工作及需要跟进的工作。
⑥ 备品备件、交接班台账、施工计划等是否齐全。
⑦ 线路封锁、限速等行车类调度命令号码和内容，调度命令号码使用情况。
⑧ 通信设备：无线调度台、调度专用电话、无线手持台等通信设备功能状态。
⑨ 各类办公用品及文件按"6S"要求归类并放置整齐，收拾好个人物品，保持工作环境清洁整齐。
⑩ 其他需要交接的事项。

（3）接班时，接班行调向交班行调了解运营情况，是否有新接报的故障，明确后接班。

（4）若接班时或接班前发生影响运营正常秩序的故障/事件/事故，先不进行交接班工作（经上级领导同意时除外），应由交班行调处理故障，待故障在可控范围方可进行交班，接班行调有义务协助交班行调处理故障。

（5）接班后，接班行调检查无线通信设备的通话质量的高低，检查运行图是否正确，交接班完成后在《行车调度员交接班本》上签名确认。

（6）在夜班交接班会后，接班值班主任须组织班组成员进行当晚施工预想并做好记录，提出重点施工的安全关键点并制定卡控措施。

三、台账填记规范

（1）填写认真，字迹清晰、工整，如填写内容需更改则使用画线更正法，并需更改人盖章确认。

（2）行调严格按有关流程逐项填写，严禁出现不按施工流程填写或先执行后补填等现象。

（3）各类时间填写应以实际时间为准。

（4）停电通知单、送电通知单等涉及双人确认或上一级审核的台账内容，必须双人确认或上一级审核后才能执行或操作。

（5）日期时间格式统一填记，如4月15日8点30分，应写为"4.15　8：30"，10月2日12点06分，应写为"10.2　12：06"。

（6）各种生产台账的具体填记要求按公司相关业务文件要求执行。以温州S1线为例，部分生产台账填记标准样式举例如表5-4-1~表5-4-4所示。

表 5-4-1 S1 线运营前准备工作检查表

S1 线运营前准备工作检查表

2020年4月14日   时刻表：   今日加载时刻表编号：

检查开始：03 时 58 分

行调：＿＿个人代码＿＿   值班主任：＿＿个人代码＿＿

接触网：带电（√）

序号	站名	施工结束线路出清	ATS/联锁正常	站台门正常	通信设备正常	ISCS系统	工号	序号	站名	施工结束线路出清	ATS/联锁正常	站台门正常	通信设备正常	ISCS系统	工号
1	桐岭站	√	√	√	√	√	个人代码	15	奥体中心站	√	√	√	√	√	个人代码
2	潘桥站	√	√	√	√	√	个人代码	16	永中站	√	√	√	√	√	个人代码
3	动车南站	√	√	√	√	√	个人代码	17	机场站	√	√	√	√	√	个人代码
5	新桥站	√	√	×	√	√	个人代码	18	灵昆站	√	√	√	√	√	个人代码
6	德政站	√	√	√	√	√	个人代码	19	瓯江口站	√	√	√	√	√	个人代码
7	龙霞路站	√	√	√	√	√	个人代码	20	瓯华站	√	√		√		个人代码
9	惠民路站	√	√	√	√	√	个人代码	21	双瓯大道站	√	√	√	√	√	个人代码
10	三垟湿地站	√	√	√	√	√	个人代码	90	桐岭车辆段	√	√	√	√	√	个人代码
12	龙腾路站	√	√	√	√	√	个人代码								
13	科技城站	√	√	√	√	√	个人代码								
14	瑶溪站	√	√	√	√	√	个人代码								
备注	德政站 3-1 屏蔽门电机故障，已打隔离位，线路限速请示														

填表说明：(1) 所有检查的项目符合运营要求时打"√"，不符号打"×"，不需要填写的项目打"/"；

(2) 有其他情况时应在备注栏进行说明。

(3) "年月日及检查时间"栏：填写当日及检查时间；

(4) "时刻表"栏：填写当日执行的时刻表，并与车站核对。

(5) "行调及值班主任"栏：应填写当日值班调度员及值班主任的代码，如"T030"。

(6) "接触网"是否带电：由行调共同确认，带电打"√"，否则打"×"。

(7) "施工结束线路出清"栏：车站确认本线路出清并报行调后，行调在该栏内打"√"。

(8) "ATS/联锁正常"栏，车站确认本站 ATS/联锁状态正常并报行调后，行调在该栏内打"√"。

(9) "站台门"栏，车站确认本站站台门正常并报行调后，行调在该栏内打"√"。

(10) "车站确认本站通信设备正常并报行调后，行调在该栏内打"√"。

(11) "行值工号"栏：填记当个车站行车值班员工号。

(12) "备注"栏：填记每个车站需要记载的情况。

(13) "场调"栏：填记场调代号。

(14) "备注"栏：填写全线需要说明的事项，如没有则填无。

(15) 台账中签名部分均使用个人代码填写。

表 5-4-2 工程车/市域动车组动车条件确认表

工程车/市域动车组动车条件确认表

车次号：601次/602次/603次/604次 车组号：0101车/0102车		日期：2020年×月×日 作业代码：S1A1-01-01		作业区域：桐岭-机场（根据施工计划如实填写）			
	路径	检查内容	是/否	确认情况			通知动车时间
				确认时间	签名		
出场	注明（列车车次）及运行路径	·核对调度命令 ·接触网带电（市域动车组） ·车站核对线板线路出清（DCC） ·进路排列正确	是 是 是 是	23:50	个人代码+个人代码		23:55
分段行车		·确认施工情况登记簿，施工台线板线路出清（市域动车组） ·接触网带电 ·车站核对线路出清，防护撤除 ·进路排列正确					
分段行车		·核对调度命令（含封锁令） ·确认施工情况登记簿，施工台线板线路出清（市域动车组） ·接触网带电 ·车站（DCC）核对线路出清，封锁线路已解封，防护撤除 ·进路排列正确					
回场		·确认施工情况登记簿，施工台线板线路出清（市域动车组） ·接触网带电 ·车站（DCC）核对线路出清，封锁线路已解封，防护撤除 ·进路排列正确					
分段回场							

填表说明：
（1）"车次号、车组号"栏：此栏如实填写。
（2）"日期"栏：此栏如实填写。
（3）"作业区域"栏：根据施工计划如实填写。
（4）"路径"栏：注明（多列车时，单列无需填写）及运行路径。
（5）"确认情况"栏：
　① 填写"是"或"否"，无需检查的项目（如接触网带电）划"/"。
　② 签名：填写发车司机和值班主任填写的代码。
　③ 确认时间：按实际时间填（确认时间要早于动车时间）。
　④ 通知动车时间：填写工程车/动车组司机动车时间。
（6）"分段行车"栏：（存车线）一待令地点使用调度个人代码填写。
（7）台账中签名部分均使用个人代码填写。分段行车时，需要换乘其他方向运行时，按分段行车填写动车表。例如桐岭车辆段一龙霞路下行（存车线）为第一段，龙霞路上下行至桐岭为第二段。

表 5-4-3 施工作业登记簿

施工作业登记簿

2020 年 4 月 14 日　　　　　当值行调：　　　　　代码：　　　　　（白/夜 √）

承认号	作业代码	请点车站	作业单位及内容	供电要求	计划时间	批准时间	行调代码	桐岭车辆段	桐岭站	潘桥站	动车南～永中站	机场站	灵昆站	瓯江口站	瓯华站	双瓯大道站	备注	销点时间	行调代码
1	S1A1-01-01	桐岭站	中铁通 施工单位名称、人员数量（件）及作业具体内容	带电	23:00:00-次日 03:30	22:50	T00X										动车南销点	次日 03:25	T00X
2	S1A1-01-02	桐岭站	中铁通	带电	23:00:00-次日 03:30												擅自取消		
承认号	作业代码	请点车站	作业单位及内容	供电要求	计划时间	批准时间	行调代码	桐岭车辆段	桐岭站	潘桥站	三垟迟滞站	机场站	灵昆站	瓯江口站	瓯华站	双瓯大道站	备注	销点时间	行调代码

填表说明：
（1）"年月日"栏目使用阿拉伯数字填写。"当值行调"如实填写当值班夜班行调姓名，在白班或夜班写"√"。
（2）"承认号码"栏：填写阿拉伯数字，施工承认号当班从 1 开始，按顺序进行编号，并做好交接（如果第二天又有一个施工又开始的，同样从 99 开始批复）。
（3）"作业代码"栏：填写《施工行车通告》中记载的代码。
（4）"请点车站"栏：填写计划要施工地点通告中规定的施工单位中记载的车站。
（5）"作业单位及内容"栏：填写施工单位名称（简称），及作业具体内容（可填写部分内容）如："停电停挂"。
（6）"供电要求"栏：填写接触网停电或停挂该施工施工供电的时间。
（7）"计划时间"栏：填写该施工计划开始作业和结束作业的时间。
（8）"批准时间"栏：填写行调同意施工的时间。
（9）"行调代码"栏：填写批准该施工或销点的行调代码。
（10）销点时间应与批准施工计划时间不一致时，应如实填写。
① 各项作业请点时，需在相应作业区域划直线，并标明"上""下"以区分上下行线。（上行线在直线下方、下行线在上方）作业区域包含两端站台时，必须严格划线，即该站所在栏也必须划满。
② 作业区域不含出入段线时，在不含站所划线的直线上写"X"或者"出"标注。（上行线在直线下方打"X"）。
③ 作业区域含出入段线时，在段内段/场外栏应写明"渡"字样或使用""标注。
④ 取消施工时，在批准栏和使用时间，折返线，存车线及段内上线和公用段，填写"无"。
⑤ A3 类非设备房作业时，使用"公"标注，并写明房间名称，如"公通信大厅"等。
⑥ "备注"栏：填写施工车站，其他需要记载的事项，本项施工请点和销点为同一车站时，无需在备注栏填写销点站。
（11）接触网线路的停电作业"彩色粗笔"在施工作业区域两端划竖线。
（12）一个开车作业签中签发列车或调度列车运行车和开工程列车时多组开车开行时间在 0 点后的需写"次"。
（13）特殊标记：
① 接触网线路的停电作业用"彩色粗笔"在施工作业区域两端划竖线。
（14）台账中签中签发个人均使用调度个人代码填写。

表 5-4-4 停电通知单

停电通知单

停电号码：T020101　号

停电理由	配合施工			
停电区段	1A1/1B1/1C1			
要求停电区段	2020年4月14日16时12分			
行调	个人代码+个人代码	场调 个人代码	批准具备停电条件	个人代码 值班主任确认
电调	个人代码 个人代码	确认停电区段干	2020年4月14日18时12分 分停电完成	电调确认签收 个人代码+个人代码 行调确认签收 个人代码+个人代码 值班主任确认 个人代码

通知记录	桐岭车辆段	桐岭	潘桥	动车南	新桥	德政	龙霞路	惠民路
	三垟湿地 √	光腾路	科技城	瑶溪	奥体中心	永中	机场	灵昆
	瓯江口 √	瓯华	双瓯大道	√	√	√	√	

填表说明：（1）停电号码为月日加次数，如T020101表示2月1日第一次停电，"T"代表停电。

（2）"停电理由"栏：填写安排停电的理由，如施工需要。

（3）"停电区段"栏：填写需要停电的供电区分段，如1A1-1A3供电分区。

（4）"行调确认"栏：填写需要停电区段已具备停电条件的时间，精确到分，并签写姓名及代码确认（需两名行调调度员共同签写）。涉及车场的记录处准停电签名代码处，并在批准停电条件栏中填写确认，有场调向行调申请，行调向场调签写其他相关信息。

（5）"值班主任确认"栏：填写值班主任代码确认。

（6）"电调确认"栏：填写需要停电区段已停电完毕的时间，并签写代码确认。

（7）"通知记录"栏：行调确认停电完毕后，通知相关车站、车辆段、场调、信号楼值班员代码填写在相应任务栏中，并将行调确认填写在行调确认栏内打"√"。

（8）填写错误时，按规定改正，并在修改处盖上名章，或整页打"×"，重新填写；严禁将整页撕去。合账中签名部分均使用调度个人码填记。

四、操作标准

(一) 眼看、手指、口呼

操作设备时,执行"一看、二按(点击)、三确认、四呼唤"及"眼看、手指、口呼"制度,如图 5-4-6 所示。

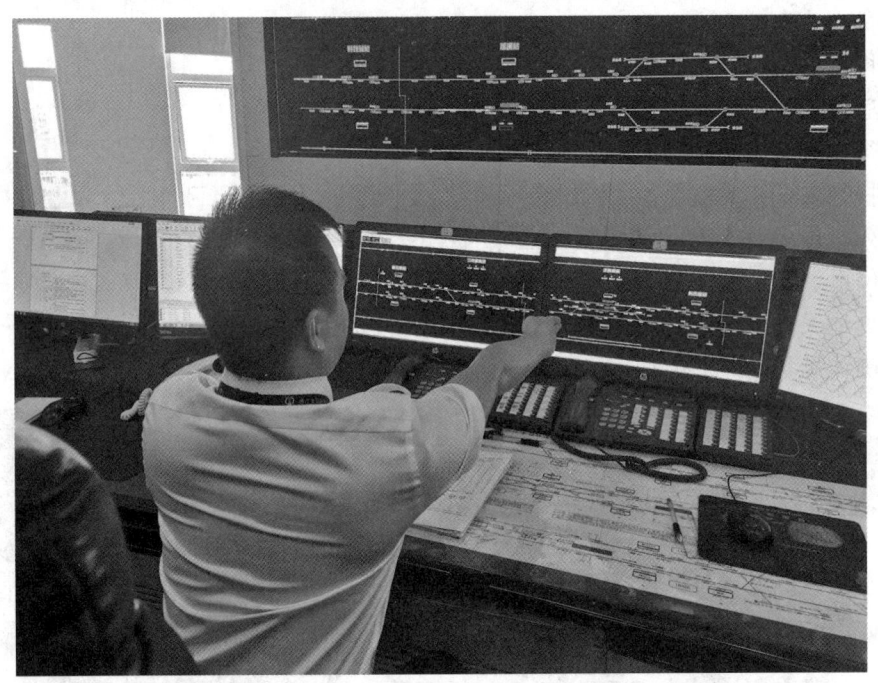

图 5-4-6 眼看、手指、口呼

眼看:看准应操纵的按钮。

手指:中、食指并拢成"剑指",指向应确认的按钮(在计算机联锁设备等电子终端操作时,为鼠标箭头或光电笔对准应确认的按钮)。

口呼:规定用语,吐字清楚。

(二) 双人确认

1. 双人确认原则

(1) 目的确认。

执行命令前,需确认行调的意图、目的是否正确一致。

(2) 条件确认。

执行命令前,需确认满足执行命令的安全前提条件、无敌对条件存在。

(3) 过程确认。

执行命令时,确认操作步骤、方式正确。

（4）结果确认。

执行命令后，确认命令操作成功、结果正确。

2．双人确认内容

需双人确认的内容主要有：

（1）发布书面调度命令。

（2）排列、取消列车进路。

（3）授权列车越过禁止信号机。

（4）运营列车清客、停运、下线。

（5）行车计划临时调整。

（6）执行安全相关命令。

（7）列车出/入车辆段、进出施工区域。

（8）停电、挂地线条件。

（9）拆地线、送电条件。

双人确认场景如图 5-4-7 所示。

图 5-4-7　双人确认

思考题：

1. 交接班内容主要有哪些？
2. 简述台账填记规范。
3. 简述"眼看、手指、口呼"制度的内容及要求。

评价表

项目名称	日常工作管理	学生姓名	
任务名称	标准化制度管理	分数	
项目		分值	考核得分
1. 6S管理规定		20	
2. 交接班制度管理规定		30	
3. 台账填记规范		25	
4. "眼看、手指、口呼"制度内容及要求		25	
教师简要评语：			
		教师签名：	

第六章 应急处置

第一节 处置原则

【学习目标】
(1) 掌握应急处置的基本原则。
(2) 掌握处置原则中的重要限速值等相关措施。

应急处置一般应遵循"安全第一、兼顾效率"的原则，以温州 S1 线为例，应急处置的主要原则如下：

(1) 危及员工或乘客生命安全时要遵循"先救人，救人与处理事故（事件）同步"的原则。

(2) 列车在区间发生异常，条件允许应尽量组织列车进站处理。

(3) 行调接报列车、接触网、线路等异常，在相关专业人员未到达前，需按规定执行限速确认。在限速运行中发生异常，司机应及时采取制动措施。

(4) 如现场人员发现设备异常暂不能判断其影响，且相关规章均没有明确限速要求时，行调组织首列车限速 25 km/h 运行，如无异常，维持该限速；若仍有异常，则按照 5 km/h 的梯度依次下调限速值确认情况，无异常则维持限速运行，仍有异常最低可限速 5 km/h 通过，待抢修队伍到达后按照其要求执行。

(5) 设备故障或发生轨保事件时，维保单位专业人员及轨道保护人员，须及时向 OCC 提供设备故障下的安全防护措施及运营限制条件。

(6) 遇故障情况需限速运行时，根据 S1 线信号设备特点，若平均速度低于 40 km/h，可能造成列车紧急制动（EB），这属于正常现象。

(7) 遇大雾等天气能见度较低时，司机按以下原则执行限速：能见度小于 50 m 时，限速 25 km/h；能见度在 50 ~ 100 m 时，限速 50 km/h；能见度在 100 ~ 150 m 时，限速 60 km/h；能见度在 150 ~ 200 m 时，限速 80 km/h。

（8）遇大风情况时，7级大风区域限速 60 km/h，8级大风区域限速 25 km/h，9级及以上大风需组织列车进站避让，9级及以上风力持续 15 min，获上级领导批准后可组织该区段停运。

温州 S1 线气象服务平台界面如图 6-1-1 所示。

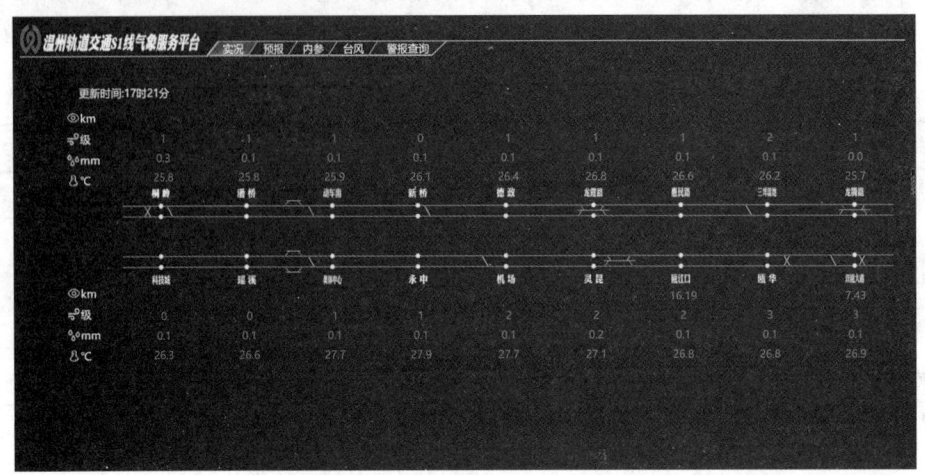

图 6-1-1　温州 S1 线气象服务平台界面

（9）司机或现场其他人员发现线路两侧施工，存在侵入限界风险，行调组织列车限速 25 km/h 通过该区段，司机发现异常及时采取制动措施。并及时汇报相关管理部门，后续运行按其意见办理。靠近线路的施工吊车如图 6-1-2 所示。

图 6-1-2　靠近线路的施工吊车

思考题：

1. 简述大风情况下的应急处置原则。
2. 简述大雾天气下的应急处置原则。
3. 简述现场设备故障无法判断影响时的列车限速原则。
4. 简述危及员工或乘客生命安全时的应急处置原则。

评价表

项目名称	应急处置	学生姓名	
任务名称	处置原则	分数	
项目		分值	考核得分
1. 大雾、大风恶劣天气情况的处置原则		40	
2. 发生危及乘客人身安全时的处置原则		30	
3. 发生设备故障时的处置原则		30	
教师简要评语：			
		教师签名：	

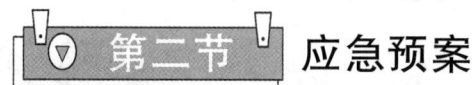
第二节　应急预案

【学习目标】

（1）掌握应急预案体系的构成。
（2）掌握常见故障场景的应急处置方法及基本流程。

一、应急预案定义

应急预案是针对具体设备、设施、场所和环境，在安全评价的基础上，为降低事故造成的人身、财产与环境损失，就事故发生后的应急救援机构和人员、应急救援的设备、设施、条件和环境、行动步骤和纲领、控制事故发展的方法和程序等，预先做出科学而有效的计划和安排。

二、应急预案体系构成

应急预案分为3个层级，由一个综合应急预案、若干专项应急预案及现场处置方案组成。

专项应急预案应遵循综合应急预案的各项原则,现场处置方案应对专项应急预案进行细化和补充。

应急预案的启动流程一般分为以下几个步骤:启动预案、封锁现场、疏散人群、抢救伤员、勘查现场、恢复秩序,如图 6-2-1 所示。

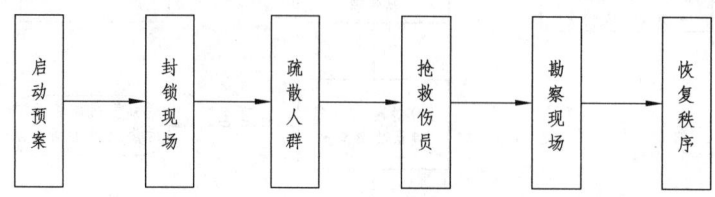

图 6-2-1　应急预案启动流程

三、应急处置

下文以 S1 线应急处置为例,将几种重要场景下的应急处置规定列举出来。

(一)列车救援应急处置

1．应急处置原则

(1)列车在出/入段线故障无法动车时,由场调组织利用段内列车执行救援任务,故障期间如需要进行出入段作业时,通过变更进路的方式组织。

(2)列车在正线故障无法动车时,由行调组织执行救援任务,同时进行相应的行车调整。

(3)列车在正线发生不影响运营的故障时,行调可组织该车运行至终点站退出服务,为避免故障进一步扩大,应及时通知生产调度或检调派人跟车保障。

(4)司机在故障处理过程中,可尝试 0.5 m 以内的动车试验,但禁止越过信号机。

(5)行调通过"两看"(看大屏、看CCTV)第一时间排除外部原因(ESB、站台门报警、计轴区段红光带等)导致无法动车。

(6)排除造成无法动车的外部原因后,司机按故障处理程序执行后仍不能动车,立即按规定进行清客,执行救援程序。

(7)司机处理故障成功后,行调根据司机报告的信息(操作的旁路、开关、驾驶模式及注意事项)结合检调意见,判断是否清客及限速运行。

(8)故障列车停在终点站折返线,不影响列车正常折返时不组织救援。

(9)故障列车停在离配线较近的站台时,可尝试换端。

(10)故障列车处理时间节点遵循 1/3/5/7 min 的处置原则。

2．应急处置流程

应急处置流程如图 6-2-2 所示。

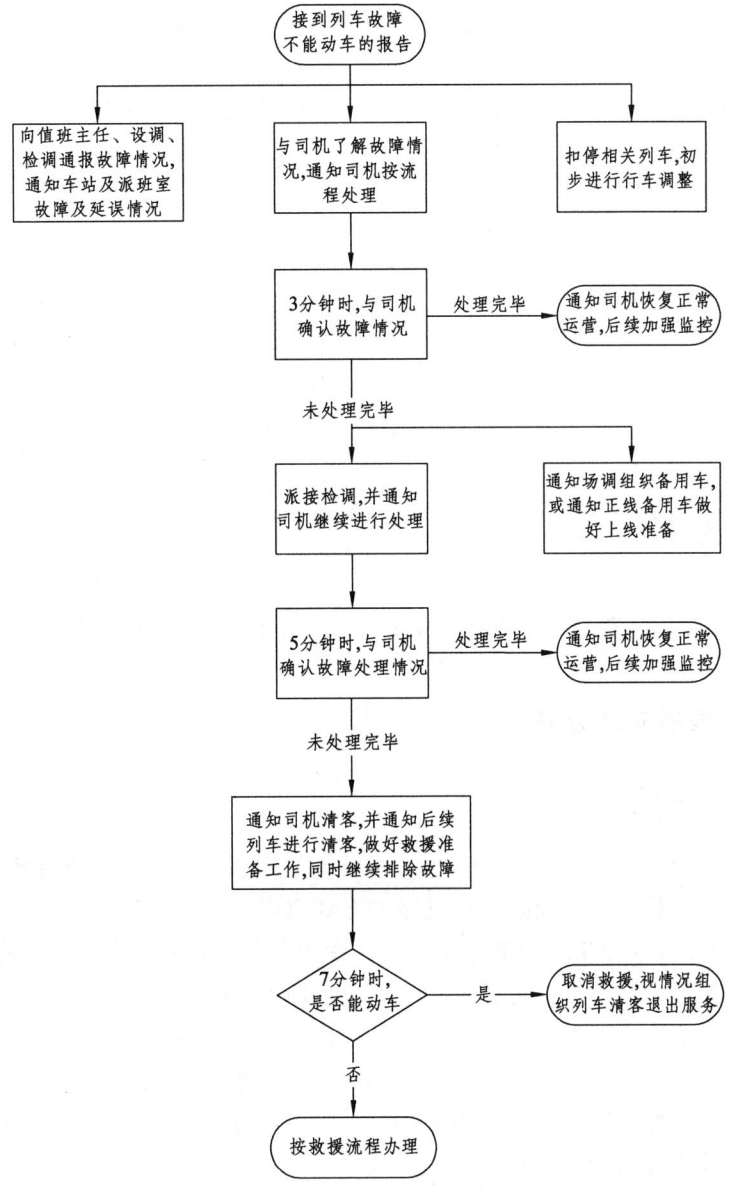

图 6-2-2 应急处置流程

(二)站台门故障应急处置

1. 应急处置原则

(1)站台门发生一个、多个或全部不能开启或关闭的情况时,现场站务人员参照对应的《现场处置方案》执行,行调加强对故障处置的安全卡控。

(2)站台门发生破裂时,行调组织后续列车限速 25 km/h 进出站,并通知生产调度组织相关人员检查处理。

(3)经临时处理后不影响行车时,由维修人员提供列车进出站限速值,行调组织列车限速运行,待运营结束后处理。

2．应急处置程序

应急处置程序如表 6-2-1 所示。

表 6-2-1　应急处置程序

值班主任	行调	环调	电调	设调
（1）接行调报告后，组织当值调度执行客车故障救援应急程序。 （2）按《运营应急信息发布规则》有关程序进行通报，必要时启动相关应急预案。 （3）及时向行调、设调了解故障处理进展情况，做出相应决策。 （4）跟进电话/信息发布情况	（1）当接报故障信息时，立即扣停前后列车，必要时执行全线调整。将信息通报值班主任及各调。 （2）3 min 时通知检调故障情况必要时协助司机排故。 （3）5 min 时组织救援列车、故障列车清客。 （4）通知车站、司机做好相关车站乘客服务。 （5）7 min 时立即启动列车救援程序。 （6）故障列车退出正线后及时恢复正线运行。 （7）及时向值班主任通报后续处理进展。 （8）组织各专业人员添乘列车进行检查	（1）列车在隧道区间停车超过 2 min，报值班主任同意后，开启隧道风机阻塞模式。 （2）协助值班主任通报相关领导	（1）供电有异常及时处理及通报。 （2）协助值班主任通报相关领导	（1）按规定发布信息或进行电话通报。 （2）协助值班主任完成运营日报、事件分析报告的编写工作。 （3）填写 EAM，并及时跟进后续故障处理情况，更新和通报信息

3．应急处置流程

（1）单对滑动门故障处置流程如图 6-2-3 所示。

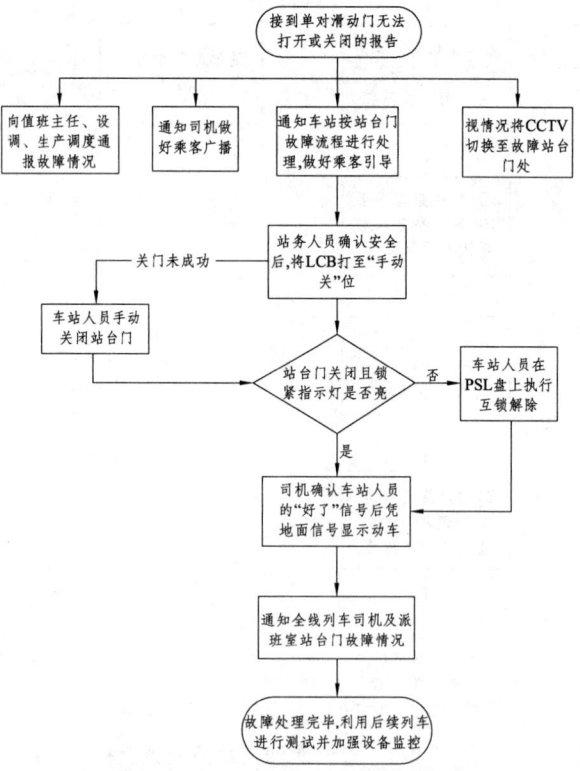

图 6-2-3　单对滑动门故障处置流程

205

（2）整侧滑动门故障处置流程如图 6-2-4 所示。

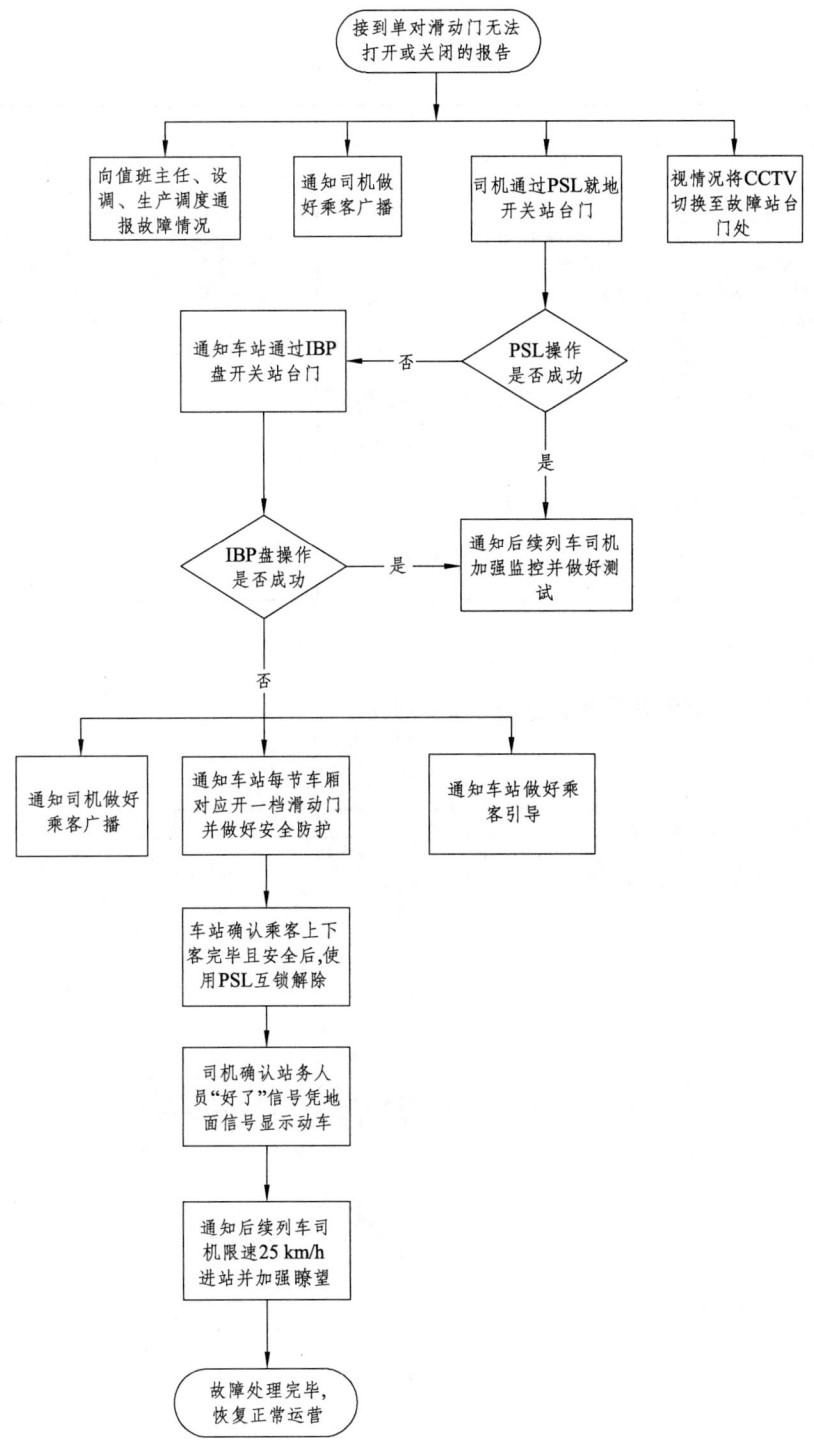

图 6-2-4　整侧滑动门故障处置流程

4．应急处置程序

（1）单对滑动门故障应急处置程序如表 6-2-2 所示。

表 6-2-2　单对滑动门故障应急处置程序表

值班主任	行调	设调
（1）接行调报告后，向行调了解滑动门故障情况及滑动门隔离情况。 （2）根据列车延误情况，做出列车调整方案决策。 （3）按《运营应急信息发布规则》有关程序进行通报。	（1）接到单对滑动门无法打开或关闭的报告后，向司机/车站了解滑动门位置，通知车站按站台门故障流程进行处理并将信息通报生产调度。 （2）行调扣停后续列车，同时切换 CCTV 至故障滑动门处。 （3）跟进站台处理情况，如 LCB 打至手动关无效，站务人员打互锁解除确认现场安全后向司机显示"好了"信号。 （4）行调通知全线列车司机做好乘客服务工作。如列车延误，及时向车站发布列车延误信息和调整列车运行。	（1）及时向行调了解滑动门故障及隔离情况。 （2）立即通报生产调度并跟进处理进度进行通报。 （3）按《运营应急信息发布规则》规定发布信息。 （4）协助值班主任完成运营日报、事件分析报告的编写工作。

（2）整侧滑动门故障应急处置程序如表 6-2-3 所示。

表 6-2-3　整侧滑动门故障应急处置程序表

值班主任	行调	设调
（1）接行调报告后，向行调了解滑动门故障情况。 （2）根据列车延误情况，做列车调整方案决策。 （3）按《运营应急信息发布规则》有关程序进行通报。	（1）接到整侧滑动门无法打开或关闭报告后，任命值站为事故处理主任按站台门故障流程进行处理，并将该信息通报生产调度。 （2）行调扣停后续列车，同时切换 CCTV 至故障滑动门处。 （3）如车站使用互锁解除后仍无法开/关门时，通知车站在 IBP 盘上操作站台门。 （4）IBP 盘仍无法开/关门时，通知车站每节车厢对应开一档滑动门并做好安全防护及乘客服务，通知司机做好乘客广播。 （5）如列车延误，及时向车站发布列车延误信息和调整列车运行。 （6）如有故障站台门处于打开状态时，须组织车站进行防护，后续列车限速 25 km/h 进出该站。	（1）及时向行调了解故障情况，并通报生产调度。 （2）按《运营应急信息发布规则》规定发布信息。 （3）协助值班主任完成运营日报、事件分析报告的编写工作。

（三）接触网挂异物应急处置

1．应急处置原则

（1）区间（含地下站站台范围）接触网有异物时。

① 若司机判断能通过时，先通过后报告行调；行调立即通知中铁通生产调度派人处理，

在中铁通人员未处理前，后续列车按首趟车办法通过。

② 若司机判断不能通过时，停车后立即报行调，行调通知中铁通生产调度派人按抢修办理，由行调安排中铁通人员添乘列车到现场处理。不能通过的列车按行调命令反方向运行至后方站。

（2）车站范围内接触网有异物时。

高架及地面站站台范围内接触网挂有异物时，原则上司机通过换弓操作通过异物，由车站人员配合司机确认前弓是否通过异物。运营结束后通知生产调度派人对相应区段的接触网进行检查。

2．应急处置流程

应急处置流程如图 6-2-5 所示。

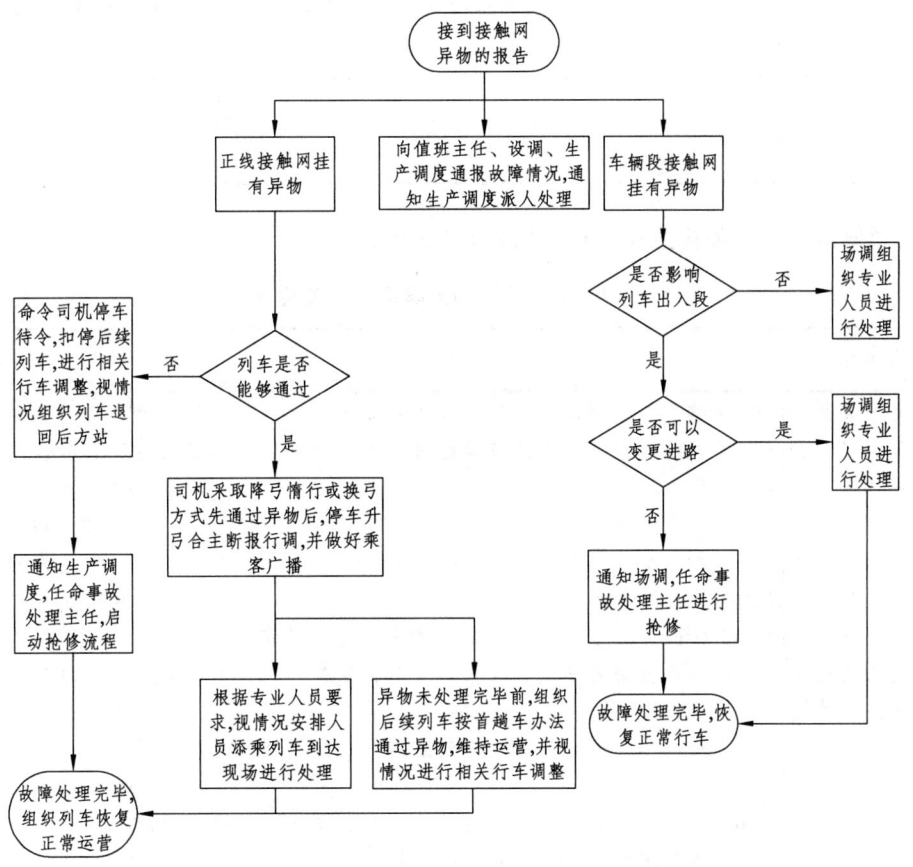

图 6-2-5　应急处置流程

3．应急处理程序

应急处理程序如表 6-2-4 所示。

表 6-2-4　应急处理程序表

值班主任	行调	电调	环调	设调
（1）接电调报告后，启动接触网挂异物故障应急处理程序。 （2）要求电调组织处理，尽快恢复供电和电调协商处理办法。 （3）影响运营时，根据电调提供的影响范围和行调制订行车方案。 （4）要求设修调度发布故障信息并电话通知上级领导。 （5）向当值调度跟进故障处理进度。	（1）立即与司机和车站联系，了解异物情况。 （2）如接触网跳闸停电，立即组织区段内列车维持进站降弓，安排抢修人员到达现场。 （3）如异物影响行车，优先组织后续列车降弓惰行通过，如不能惰行通过，通知司机尝试换弓通过或退回车站。 （4）如异物影响接触网供电，配合电调组织接触网停电和抢修，并进行相应行车调整。 （5）如异物不影响接触网供电和行车的或异物处理完毕后，对故障点进行限速。 （6）如需带电处理异物，组织抢修人员利用行车间隔对异物进行处理	（1）通知生产调度安排抢修。 （2）若接触网跳闸立即通知行调并按规定处理，根据故测数据寻找故障点。 （3）如异物影响供电和行车，按值班主任要求安排接触网停电。 （4）异物不影响接触网供电和行车，待运营结束后处理	（1）确定停电影响范围和是否有列车停在地下区间内。 （2）有列车停在地下区间内时，按列车阻塞情况执行。 （3）必要时通知车站按电调要求关闭相应开关下的设备运行以降低负荷	（1）确认跳闸情况及影响范围。并和电调跟进处理进度。 （2）根据情况通报相关领导，根据规定发布信息。 （3）协助值班主任完成运营日报、事件分析报告的编写工作

（四）列车挤岔应急处置

1．应急处置原则

（1）列车挤岔后，严禁擅自动车。在工务专业人员的确认和指挥下，列车可以不超过 5 km/h 的速度缓慢离开岔区或固定好道岔后进行后退。

（2）挤岔列车是继续运营还是退车检查，由车辆检修调度派人现场检查后决定。

（3）司机报挤岔故障后，车站或司机现场确认故障情况，无法判断时可拍摄照片或视频发送至生产调度按其指示处理。

2．应急处置流程

应急处置流程如图 6-2-6 所示。

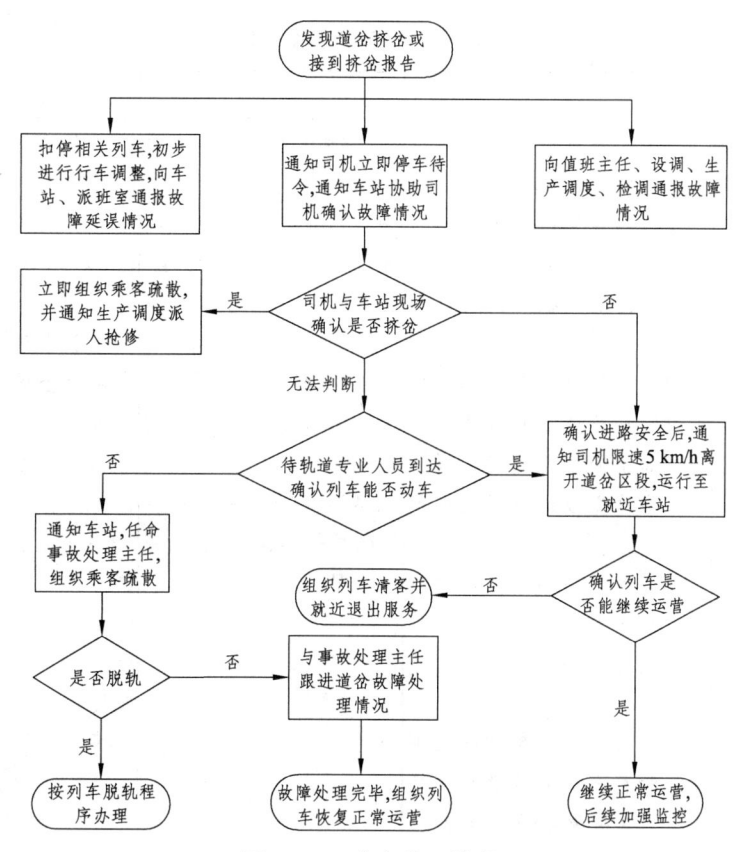

图 6-2-6 应急处置流程

3．应急处置程序

应急处置程序如表 6-2-5 所示。

表 6-2-5 应急处置程序

值班主任	行调	环调	电调	设调
（1）接行调报告后，值班主任立即启动列车挤岔应急处理程序。 （2）通知检调、生产调度派人抢修。 （3）需启动公交接驳时，报相关领导同意后启动。 （4）按《运营应急信息发布规则》通报信息	（1）确定列车车次、车组号和被挤道岔号码、受影响区段、是否影响邻线行车、列车载客量及人员伤亡情况，报告值班主任。 （2）扣停开往受影响区段的列车，通报各站和司机。 （3）通知挤岔列车原地待令，严禁动车；同时通知车站和司机进行区间乘客疏散。 （4）通知检调、生产调度组织人员抢修。 （5）如需要停电时，通知电调对相应区段接触网停电。 （6）若挤岔并造成脱轨时，则同时按列车挤岔及脱轨程序处理	（1）接行调报告后，向行调确认列车位置及是否有乘客。 （2）根据现场情况开启隧道风机通风。 （3）注意监控相应区域的设备情况。 （4）必要时开启相应隧道照明配合抢修工作	（1）确认挤岔的位置及对供电设备影响。 （2）根据值班主任要求对相关的区段进行停电，监督接触网人员挂接地线并及时通知行调。 （3）如挤岔车辆造成接触网损坏，则组织接触网专业派人到现场检查抢修	（1）了解事件及处理情况，按规定发布信息，协助值班主任发布抢修令。 （2）根据值班主任要求通报安全技术部。 （3）协助值班主任完成运营日报、事件分析报告的编写工作

（五）台风（大风）应急处置

1．应急处置原则

（1）出现台风红色预警（风力 9 级及以上）时，严禁组织列车在地面/高架线路运行。

（2）地面线路某区段出现 7 级风报警时，市域动车组限速 60 km/h 运行；出现 8 级风报警时，该区段列车限速 25 km/h 运行；风力报警增大至 9 级时，列车限速 25 km/h 就近进站避风。持续 15 min 不再发生 7 级及以上报警时，则恢复正常速度；风力报警达 9 级及以上，且持续 15 min 不下降时，值班主任按规定向上级领导申请该区段停运。停运后组织具备运行条件的其他区段维持运营。

2．申请地面或高架线路停运原则

（1）出现 9 级及以上风力报警且持续 15 min 及以上时，值班主任申请停运，经领导同意，短信通知部门负责人、电话通报综合部及安全技术部负责人。

（2）台风登陆或其他恶劣天气条件气象部门预告将会达到停运条件时，经请示领导同意后，及时向社会及乘客公告停运信息。

（3）停运程序启动后，列车到就近车站或车场，做好防溜措施，降下受电弓，临时避让；必要时停止相应区段的接触网供电。

3．应急处置流程

应急处置流程如图 6-2-7 所示。

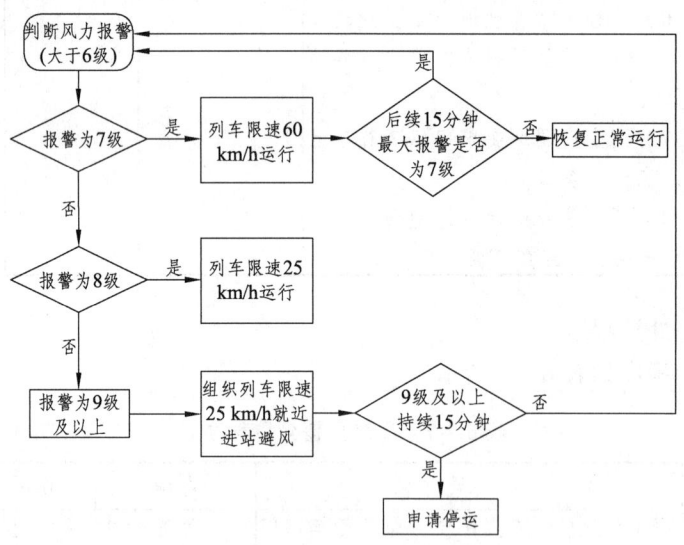

图 6-2-7　应急处置流程

4．应急处置程序

（1）一级预警处置程序

一级预警处置程序如表 6-2-6 所示。

表 6-2-6　一级预警处置程序表

值班主任	行调	电调	环调	设调
（1）达到台风一级预警，启动一级预警处置程序。 （2）按《运营应急信息发布规则》进行通报。 （3）根据影响程度，制定行车调整方案。 （4）根据设备受损情况，及时发布抢修令。 （5）达到停运条件时，按规定向相关领导申请停运。 （6）预警解除后，及时通知各部门，要求检查相关设备，恢复正常运营	（1）根据值班主任要求向各行车部门下达启动台风一级预警命令，当风力达到 9 级及以上时，组织列车限速 25 km/h 进站避让。 （2）若在运营开始前列车未出场时待条件允许后，再组织列车出场，恢复正常运营。 （3）若在运营过程中，根据值班主任要求，组织未受影响区段列车维持小交路运营。若条件允许，视情况组织部分列车回车场。 （3）必要时，通知电调停止相关区段的接触网供电。 （4）发布相关的运营服务信息。通知相关影响的车站做好乘客服务工作。提醒相关车站组织乘客到安全地带避风。 （5）报告生产调度组织人员对行车设备进行巡视、检查。 （6）了解车站、地面线路、隧道积水实时情况并及时报告值班主任和有关部门。 （7）按生产调度要求组织工程车开行，配合抢修工作。 （8）预警信号解除后，地面线路恢复行车条件后组织正常运营	（1）通知中铁通生产调度派人加强对变电所及接触网设备的巡视。 （2）若台风对供电设备造成的影响及时通报值班主任。 （3）必要时，停止相关区段供电。 （4）若台风造成设备损坏通知生产调度派人进行抢修。 （5）处理完毕，按行调通知送电	（1）监控车站和高架线路所辖设备运行情况。 （2）接报灾情时，视情况采取应急措施。 （3）报警解除后通知相关人员检查所辖设备情况，尽快恢复正常运行。 （4）配合抢险队伍的灾后工作	（1）接收台风变化信息，及时报告值班主任，发布相关信息。 （2）接到气象台台风红色预警需要停运时，及时向社会及乘客公告停运信息。 （3）不断收集台风变化情况，并向值班主任报告，按影响情况继续发布信息/电话。 （4）协助值班主任完成运营日报、事件分析报告的编写工作

（2）二级预警处置程序。

二级预警处置程序如表 6-2-7 所示。

表 6-2-7　二级预警处置程序表

值班主任	行调	电调	环调	设调
（1）达到台风二级、三级预警值时，启动二级预警处理程序。 （2）按《运营应急信息发布规则》进行通报	（1）根据值班主任要求向各行车部门下达启动台风二级预警命令，当风力达到 7 级时，组织工程车限速 25 km/h 运行，组织市域动车组限速 60 km/h 运行；当风力达到 8 级时，组织工程车限速 25 km/h 避让，组织市域动车组限速 25 km/h 运行。	（1）通知中铁通生产调度派人加强对变电所及接触网设备的巡视。 （2）若台风对供电设备造	（1）监控车站和高架线路所辖设备运行情况。 （2）接报灾情时，视	（1）接收台风变化信息，及时报告值班主任，发布相关信息。 （2）不断收集台风变化情

续表

值班主任	行调	电调	环调	设调
（3）根据影响程度，制定行车调整方案。 （4）根据设备受损情况，及时发布抢修令。 （5）需启动公交接驳时，报相关领导同意后启动公交接驳。 （6）预警解除后，及时通知各部门，要求检查相关设备，恢复正常运营	（2）若在运营开始前列车未出场时待条件允许后，再组织列车出场，恢复正常运营。 （3）若在运营过程中，根据值班主任要求，组织未受影响区段列车维持小交路运营。若条件允许，视情况组织部分列车回车场。 （4）必要时，通知电调停止相关区段的接触网供电。 （5）发布相关的运营服务信息。通知相关影响的车站做好乘客服务工作。提醒相关车站组织乘客到安全地带避风。 （6）报告生产调度组织人员对行车设备进行巡视、检查。 （7）了解车站、地面线路、隧道积水实时情况并及时报告值班主任和有关部门。 （8）按生产调度要求组织工程车开行，配合抢修工作。 （9）预警信号解除后，地面线路恢复行车条件后组织恢复正常运营	成影响要及时通报值班主任。 （3）必要时，停止相关区段供电。 （4）若台风造成设备损坏通知生产调度派人进行抢修。 （5）处理完毕，按行调通知送电	情况采取应急措施。 （3）报警解除后通知相关人员检查所辖设备。 （4）配合抢险队伍的灾后工作	况，并向值班主任报告，按影响情况继续发布信息/电话。 （3）协助值班主任完成运营日报、事件分析报告的编写工作

（六）联锁故障应急处理

1. 应急处置原则

（1）故障发生后，遵循"判断—控车—找车—摆车—锁岔—发令—排路—降速—控间隔"的流程处理。

（2）正线与车场接口设备出现联锁故障，原则上暂停进出场，优先组织正线列车运营；需组织列车出场时，按先出场后调整的原则办理。

（3）某一联锁区联锁故障，已执行电话闭塞法行车后，原则上在故障区域边界车站不组织列车折返。

（4）当相应联锁区联锁故障，适当组织部分列车进存车线退出服务。

（5）在收到信号人员故障恢复的信息后，值班主任将信息通知行调，行调遵循"判断—发令—控车—恢复"的流程取消电话闭塞法。

（6）取消电话闭塞法后，严格控制好列车间隔，及时恢复按图行车。

（7）正线钩锁的道岔，原则上待运营结束后再拆除。

2．应急处置流程

应急处置流程如图 6-2-8 所示。

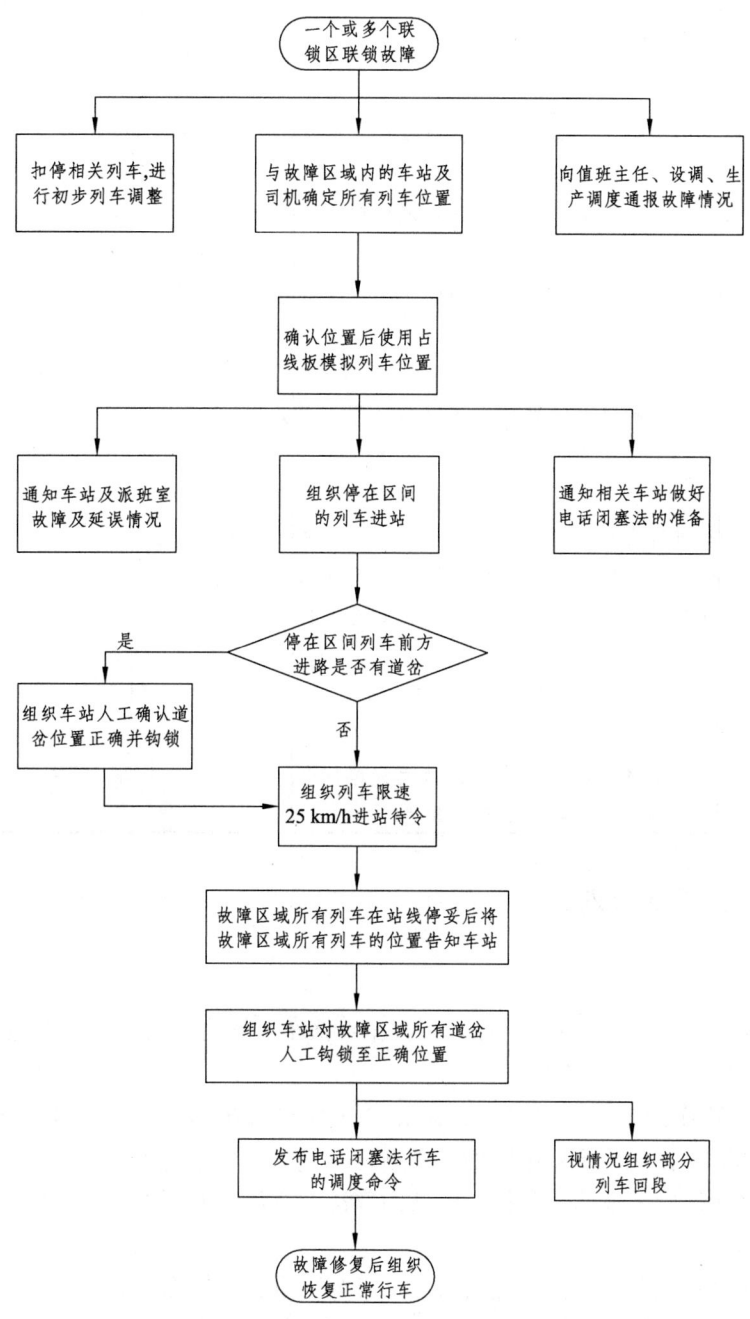

图 6-2-8　应急处置流程

3．应急处置程序

应急处置程序如表 6-2-8 所示。

表 6-2-8　应急处置程序表

值班主任	行调	设调
（1）确认故障后，报相关领导，启动联锁故障应急程序。 （2）根据故障时的具体情况，向行调及设修调度下达相关运营方案。 （3）监督和协调各调度的工作。 （4）设备恢复正常后，及时组织各调恢复正常运营。	（1）通过故障现象、报警信息、排路、列车紧制等进行故障判断。 （2）确认故障后，将故障情况通知值班主任及设修调度，要求信号专业人员尽快抢修。 （3）与司机及车站共同确认列车位置，组织列车全部进站停稳、执行电话闭塞法组织行车区段内全部道岔（不含折返站需手摇道岔）人工钩锁完毕，确认信号设备仍未恢复正常（20 min），经相关领导同意，向车站及司机发布采用电话闭塞法组织行车的命令。 （4）按值班主任下达的运营方案进行小交路运营，组织相关列车退出服务、全线列车多停或限速、两端站晚发等。 （5）抢修完毕后组织正线列车恢复正常运营	（1）接收故障报告后，了解故障情况并发布信息通知。 （2）实时跟进现场抢修人员的处理情况，通报值班主任并及时跟进发布相关信息。 （3）将故障发生的时间、经过及处理情况进行记录。 （4）协助值班主任完成运营日报、事件分析报告的编写工作

（七）CC 故障应急处置

1．应急处置原则

（1）列车需要重启 CC 的条件根据设备管理单位及运营公司商定结果执行，一般情况下列车在各类信号模式均不可用或发生直接影响运营安全的故障无法处理时才进行重启 CC。

（2）原则上不组织列车在正线重启 CC，优先组织列车维持运行至终点站退出服务后重启。

（3）运营开始前，列车发生故障需要重启 CC 时，可根据生产调度建议预防性重启 CC。

（4）重启 CC 地点根据故障列车迫停位置进行决策：在车站 300 m 进站预告标至站台范围内时发生车载设备故障时，行调立即组织列车在该站台分、合 CC 空开后，以 NRM 模式运行至下一站查看是否重启成功；未到达 300 m 进站预告标时，行调立即组织故障列车在区间就地分、合 CC 空开后，以 NRM 模式运行至前方站查看是否重启成功。

（5）列车距离终点站只有 1~2 个区间时，可不组织重启 CC，列车直接以 NRM 模式维持运行至终点站，利用折返时间在折返线重启 CC（或回场重启）。

（6）重启 CC 具体操作程序按信号专业技术交底文件执行。

2．应急处置流程

应急处置流程如图 6-2-9 所示。

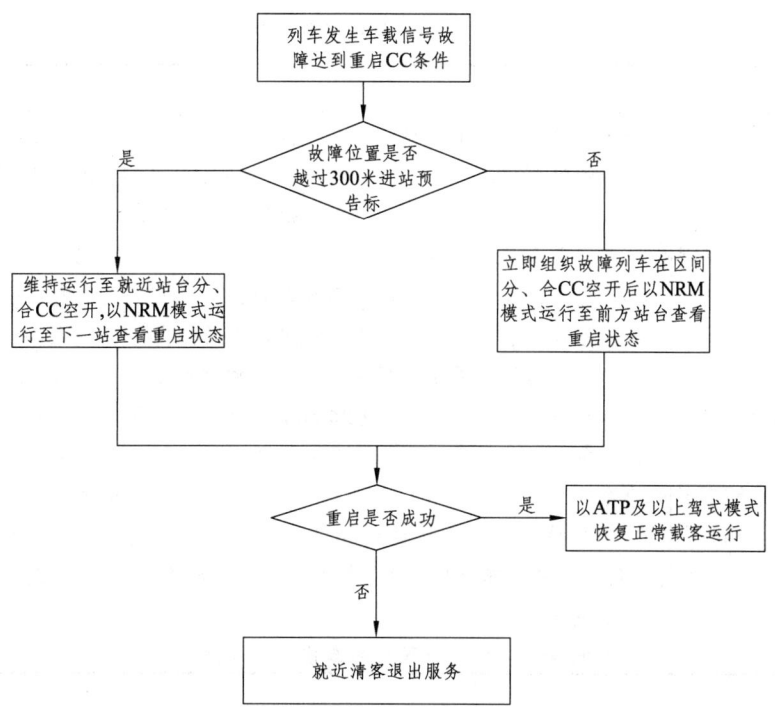

注：上行列车已越过潘桥300米进站预告标、下行列车已越过科技城300米进站预告标（东段开通后为瓯华300米进站预告标）时，不组织重启CC，列车直接以NRM模式维持运行至终点站，利用折返时间在折返线重启CC（或回场重启）。

图 6-2-9　CC 故障应急处置流程

3．应急处置程序

应急处置程序如表 6-2-9 所示。

表 6-2-9　CC 故障应急处置程序

值班主任	行调	设调
（1）确认故障后，启动 CC 故障应急处理程序，通知设调发布信息。 （2）根据故障情况，向行调下达行车调整方案。 （3）设备恢复正常后，及时组织恢复正常运营	（1）通过故障现象进行判断，按流程图及规章要求决定是否需要重启 CC，并报告值班主任。 （2）通知生产调度，根据其建议并结合运行图运行情况决定是否组织列车退出运营。 （3）根据规定或生产调度的要求通知司机重启 CC，重启成功后根据信号专业人员及检调要求决定是否维持运营；若重启不成功立即清客就近退出服务。 （4）按值班主任要求进行行车调整，必要时组织备用车上线	（1）接收故障报告后，了解故障情况并发布信息通知。 （2）实时跟进现场抢修人员的处理情况，通报值班主任并及时跟进发布相关信息。 （3）将故障发生的时间、经过及处理情况进行记录。 （4）协助值班主任完成运营日报、事件分析报告的编写工作

（八）列车火灾应急处置

1. 应急处置原则

（1）原则上不组织乘客越过火场逃生。

（2）列车区间发生火灾时，通知司机尽量驾驶列车运行至前方站，按列车站台火灾应急处理程序执行；当列车迫停区间时，司机立即向行调报告停车位置，经行调允许后按《区间疏散应急预案》程序组织乘客疏散。

（3）若是爆炸或恐怖袭击引起的火灾，应立即通知轨道公安并组织全线列车停运，待轨道公安排查并同意后，通知生产调度、检调派人检查行车设备后恢复正常运营。

（4）发生火灾时，车站或司机先进行初期灭火，若火势不可控，按应急处理程序执行，车站立即拨打119、120、110。当列车在区间发生火灾时，由OCC拨打相关救援电话。

2. 应急处置流程

列车火灾应急处置流程如图6-2-10所示。

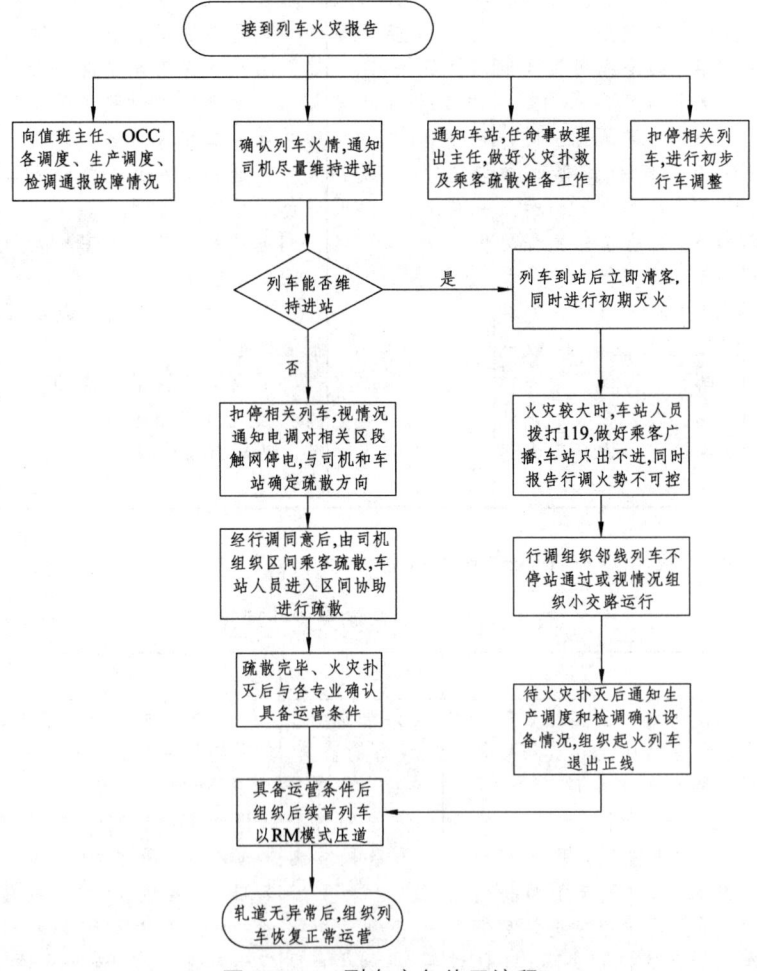

图6-2-10 列车应急处置流程

3. 应急处置程序

（1）列车站台火灾处理程序如表 6-2-10 所示。

表 6-2-10　列车站台火灾处理程序

值班主任	行调	电调	环调	设调
（1）了解火灾情况，启动列车站台火灾应急处理程序，并及时发布信息。 （2）根据设备受损情况，及时发布抢修令。 （3）根据火情与行调确定行车调整方案并通知行调执行，必要时组织对故障设备进行抢修。 （4）跟进火灾情况，及时按《运营应急信息发布规则》规定发布信息。	（1）了解火灾情况、起火地点、设备损坏及人员伤亡等情况，报告值班主任、生产调度及检调。 （2）立即通知车站和司机启动《列车和正线轨行区火灾应急预案》，对起火列车进行清客。 （3）及时扣停相关列车，按值班主任的指示进行行车调整。 （4）向全线司机和车站发布信息。 （5）火势不可控时，行调组织邻线列车跳停或组织小交路运行。 （6）根据值班主任要求启动公交接驳。 （7）必要时通知电调停止相应区段接触网供电。 （8）火灾扑灭后确认设备状态，恢复正常运营	（1）加强供电设备监控，注意起火车站变电所设备运行情况。 （2）必要时根据行调要求对相关区段接触网停止供电。 （3）火灾处理完毕，通知生产调度组织相关人员检查设备运行情况。 （4）设备正常条件下，根据行调通知，恢复相关区段接触网供电	（1）列车到达车站，按站台火灾处理向车站了解火灾具体情况，并报告值班主任。 （2）环调与地下站确认站台火灾模式是否执行成功，若失败，通知车站在 IBP 盘上执行站台火灾模式。 （3）通知地下站按站台火灾模式开启相应设备，隧道通风系统未实现联动功能时，手动开启隧道通风模式协助排烟；当站台火灾较大并且大系统排烟模式不能满足要求时，通知地下站在确保安全情况下开启首末端站台门通过隧道风机协助排烟。高架及地面站站台火灾时，通知车站组织站台人员通过站厅进行疏散。 （4）通知生产调度安排人员前往事故车站协助救灾。 （5）根据火灾情况，及时通报值班主任。 （6）火灾扑灭后，通知生产调度派人检查相关设备恢复情况，必要时组织抢修	（1）了解火灾情况，发布信息，协助值班主任进行电话通报；督促车站拨打119、120、110。 （2）根据了解火灾情况，及时发布信息。 （3）协助值班主任完成运营日报和事故分析报告的编写工作

（2）列车区间火灾处理程序如表 6-2-11 所示。

表 6-2-11　列车区间火灾处理程序

值班主任	行调	电调	环调	设调
（1）了解火灾情况，启动列车区间火灾应急处理程序，并及时发布信息。 （2）根据设备受损情况，	（1）了解火灾情况、起火地点、设备损坏及人员伤亡等情况，报告值班主任。 （2）通知司机和车站启动《列车和正线轨行区火灾应急预案》，起火列车能维持进站时，通知司机维持进站后按列车站台火灾流程办理；不能进	（1）加强对供电设备的监控。 （2）根据值班主任通知停止相关区段接触网供电。 （3）火灾扑灭后，通知生产调	（1）加强环控设备监控，发现异常及时报值班主任。 （2）如列车火灾停在地下区段时，环调与行调确定列车车次号、所在区间、着火车厢、乘客疏散方向。在值班主任同意情况下，环调开启相应的区间列车火灾联	（1）了解火灾情况，发布信息，协助值班主任进行电话通报。 （2）跟进了解火灾情况，及时发布信

续表

值班主任	行调	电调	环调	设调
及时发布抢修令。 （3）根据火情与行调确定行车调整方案并通知行调执行，必要时组织对故障设备进行抢修。 （4）跟进火灾情况，及时按《运营应急信息发布规则》规定发布信息。	站时，列车在区间停稳降弓后由司机组织区间乘客紧急疏散，同时扣停进入该区间列车；若来不及扣停时，组织已进入区间列车退回发车站。 （3）向全线司机和车站发布信息。 （4）任命值站为事故处理主任协助司机进行灭火。 （5）跟进现场火灾情况，必要时通知电调停止相应区段接触网供电。 （6）火灾扑灭后，通知生产调度和检调派人确认起火列车状态，按其要求组织列车回场或就近退出服务，并对行车设备进行检查确认，恢复正常运营	度派人对供电动设备设备状态进行确认，必要时组织设备抢修。 （4）根据需要对接触网恢复供电	动设备。 （3）检查车站相应火灾联动设备运行情况，通知生产调度安排人员协助救灾。 （4）若相应火灾联动无法执行成功，在值班主任同意下，授权车站在IBP上执行对应区间火灾模式，PA/PIS由车站人工手动下发。 （5）拨打119、120。 （6）随时与事故车站保持联系，及时掌握现场情况并报值班主任。 （7）火灾扑灭后，通知车站检查确认环控设备状态，通知生产调度安排人员检查相应设备恢复情况，若有故障及时抢修	息。 （3）协助值班主任完成运营日报和事故分析报告的编写工作

思考题：

1. 简述列车救援应急处置的原则及流程。
2. 简述站台门故障应急处置的原则及流程。
3. 简述台风（大风）应急处置的原则及流程。

评价表

项目名称	应急处置	学生姓名	
任务名称	应急预案	分数	
项目		分值	考核得分
1. 应急预案体系构成		15	
2. 列车救援应急处置		15	
3. 站台门故障应急处置		15	
4. 联锁故障应急处置		20	
5. CC故障应急处置		15	
6. 列车挤岔应急处置		20	
教师简要评语： 教师签名：			

第三节 行车调整

【学习目标】
（1）掌握常用的行车调整方法。
（2）掌握各种行车调整方法的使用时机和使用方法。

一、常见行车调整方法

（一）扣　车

扣车是指将列车扣停在站台或区间，以延长列车在站台的停站时间或区间运行时分，一般在发生故障或事件时采用。扣车原则主要有以下几项：

（1）扣停列车原则上"谁扣谁放"，当中央 ATS 故障时，对原在中央 ATS 工作站扣停的列车，经行调授权后由相关车站放行。

（2）如信号系统具备扣车功能，当行调需扣车时，在中央 ATS 上操作或通知车站在车站 ATS/IBP 盘上操作。

（3）如信号系统不具备扣车功能，当行调需扣车时，可通知司机或由车站转达司机执行。行调应使用无线调度台/无线手持台通知司机扣车；行调使用有线调度电话通知车站扣停列车时，车站使用无线手持台、口头通知或显示紧急停车手信号等方式要求司机扣车。如车站扣车不成功时，必须立即报告行调。

（二）越　站

（1）越站是指按原计划需要正常停站的列车，因故障或事件需要在某个或某几个站变更为不停站通过的行车调整方法。

（2）越站时需注意以下几点：

① 特殊情况下，运营列车越站时，需经值班主任批准。

② 当收到上级领导/公安部门通知，自××时起，××站上、下行执行越站或××站恢复正常客运服务时，立即启动/终止越站程序。

③ 值班主任接到越站的通知时，立即决定第一趟越站列车车次，行调及时将××站越站计划告知全线各次列车司机、派班室及全线各站。

④ 行调在信号设备上设置越站命令，使停站列车在指定车站越站。

⑤ 有计划地越站时，行调应提前向越站的车站发布命令，同时通知司机。

⑥ 原则上不能连续组织两列同方向的列车在同一车站越站。

（三）多停晚发

多停晚发是指当正线范围内发生设备故障或事件时，为降低故障影响又能维持一定限度的运营服务，此时需要将列车运行周期延长，以尽量均衡列车追踪间隔或调整列车早晚点时所采用的一种行车调整方法。

当后续到达终点站的列车出现延误，造成行车间隔较大时，可适当控制列车在始发站的发车时间，即在始发站组织提前或延迟发车，从而均衡行车间隔，避免出现行车大间隔。在采取提前发车时，可视情况通知司机及前方车站适当延长停站时间，如早点时间较多时可分别在几个车站扣停，避免在一个车站停留时间过长。站前折返站采用单一轨道组织列车折返或加开列车时，通常会采取提前发车的调整方法。

（四）停　运

停运是指运营期间因突发设备故障或事件，原运行图中的某条或某几条计划运行线无列车开行，此时需要将无列车开行的运行线停运，停运会影响到列车运行图的兑现率。

当列车终到延误较大，折返作业后的预计发车时间延误一个行车间隔及以上，或在运行途中出现故障按规定须在终点站退出服务无备用车顶替时，可视情况将原车次停运；采用停运时，需经值班主任同意，行调向有关车站和司机发布停运命令。

（五）小交路折返

（1）小交路运行是指列车在具备折返条件的中间站进行折返的运行方式，相对于在两端终点站折返的列车而言，在中间站折返列车的运行距离会比较短，因此被称为小交路，如图6-3-1所示。

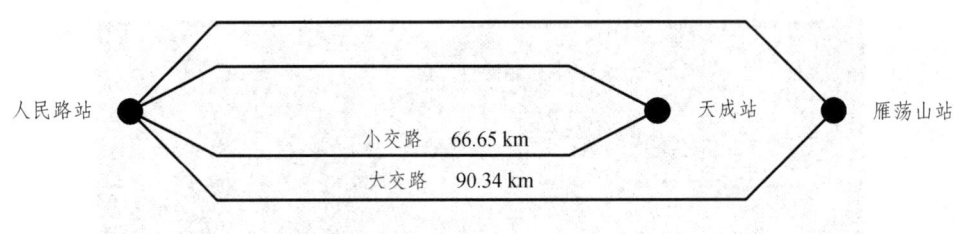

图 6-3-1　小交路示意

（2）正常情况下小交路运行可以适应小交路区段大客流的需要；非正常情况，当某段线路因设备故障或事件无法继续运营时，小交路运行可以维持设备正常区段的运营，减少影响范围。

（3）采用小交路运行时，需注意以下几点：

① 行调需提前向司机和车站发布小交路折返的命令，以便司机和车站提前做好乘客广播和引导工作。

② 进行折返作业时，须确认折返线路空闲，无敌对进路，并提前准备好折返进路。

（六）加开备用车

加开备用车是指因正线列车发生故障不能继续维持运营或产生大间隔时，需要将备用车加开到正线范围，替开故障列车或弥补大间隔的行车调整方法。加开备用车时应注意以下几点：

（1）行调提前向车站、场调及派班室发布加开的口头命令，提前输入正确的车次号。

（2）组织备用车空车直接运行到故障区域内的车站或大客流车站载客运行。

（3）正线突发故障造成大间隔时，组织备用车调整行车间隔。

（4）当车辆段内部分线路需停电作业影响备用车使用时，场调及时通知行调，行调视情况将备用车组织到接触网带电的转换轨处待令；当车辆段内全部线路停电作业时，行调视情况将备车组织到正线就近存车线或转换轨待令。

（5）正线出现其他特殊情况时，行调可视情况加开备用车。

（七）临时限速

临时限速是指对正线范围内某个或某几个区段执行限速运行的方法。一般线路故障影响列车运行安全时可采取降速的方式以保证安全；另外，当需要调整列车在区间的运行时分时，也可以通过限速的方式进行调整。

采用临时限速注意事项：

（1）当正线运营秩序发生紊乱时，行调可命令司机采用信号保护下的人工驾驶模式限速运行，延长区间运行时间，增大单列车的列车运行周期。

（2）限速运行时，行调须与司机明确驾驶模式及速度要求，核实清楚限速的起止点。

（3）对 ATO 模式运行的列车临时限速可以在 ATS 上进行设置，行调也可以向司机发布限速命令，由司机转为人工驾驶模式执行限速命令。动车南至新桥区间设置临时限速操作界面如图 6-3-2 所示。

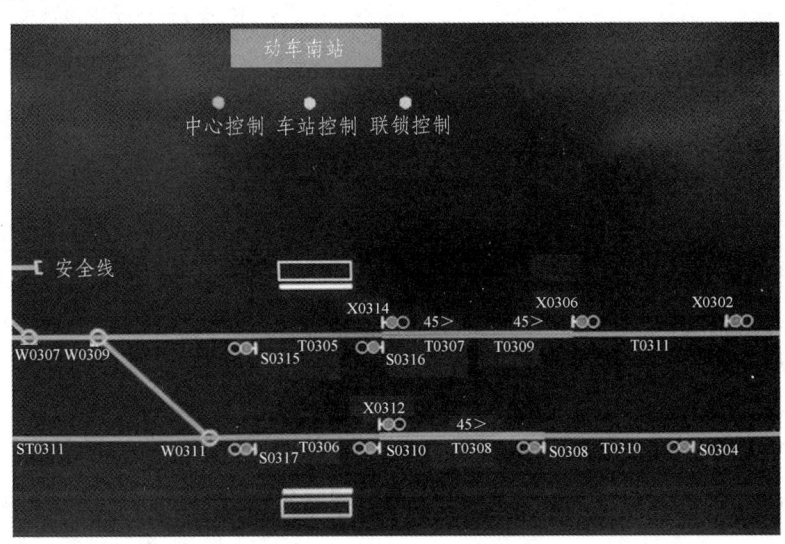

图 6-3-2 动车南至新桥区间设置临时限速

（八）反方向运行

反方向运行是指当出现某个方向的运营线路中断或列车严重堵塞时，可组织该方向的部分列车经相关配线转到另一线路上反方向运行的行车调整方法。

反方向运行可以在两个方向运能严重不均衡时用来均匀行车间隔，使两个方向的运能趋于均衡。反方向运行时，需注意以下几点：

（1）行调应提前通知相关车站做好广播及同一站台上、下客的客流组织工作。

（2）反方向运行的列车进路应提前排列，确认进路正确。

（3）反方向运行区段起止点进路应重点掌握，避免敌对进路的出现。

（4）反方向运行应与司机明确列车驾驶模式及限速等事项。

（九）单线双向运行

单线双向运行（拉风箱），就是在一条固定进路同一时间内只有一列车往返运行，如图 6-3-3 所示。

当一条线路上某个区段堵塞时，可以在另一线路上的相同区段采用此种行车方式，须注意在两端车站必须控制好列车进路，防止列车冲突。视情况在中央 ATS 上设置信号防护。

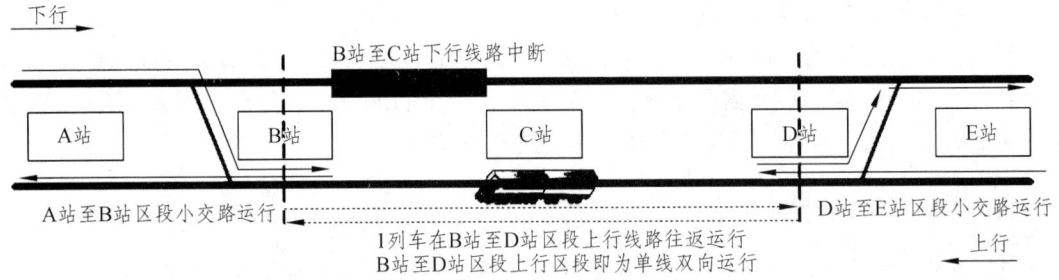

图 6-3-3　单线双向运行示意图

二、行车调整案例分析

某地铁 1 号线 B 站至 C 站区间突发接触网跳闸故障，造成该区段列车停运。为维持运营，运营公司启动了公交配套预案，采用"哑铃型"交路进行行车调整：在两端非故障段（A 站至 B 站，C 站至 D 站）组织小交路运行，并调集近百辆公交车接驳乘客。跳闸故障发生约 3 h 后，故障基本排除，但还处于运营调整恢复中，由 B 站至 C 站下行××次列车运行至 C 站时，与正在 C 站折返的××次列车侧面碰撞。当时，组织事故救援也采用了"哑铃型"交路：A 站—B 站、C 站—D 站采取小交路运行；B 站—C 站上行线路采取单线双向运行，因单线双向运行运力有限，B 站—C 站间继续配合采用公交接驳运输乘客。哑铃型交路示意图如图 6-3-4 所示。

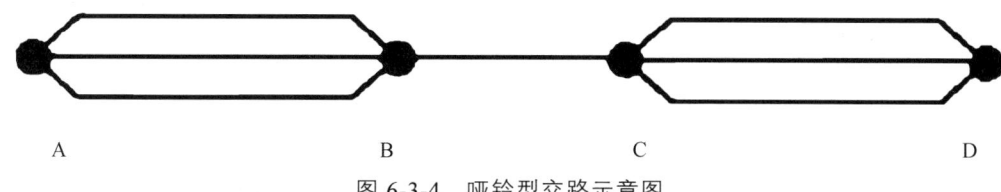

图 6-3-4　哑铃型交路示意图

结合以上案例对其中的运行调整进行分析如下。

1．小交路运行分析

（1）相对于单一交路而言，小交路的行车组织工作比较复杂，特别是对小交路折返站的行车监控，需要重点组织。在设备故障和突发事件直接影响正常运营时，小交路列车占用折返渡线时间较长，对通过能力有一定影响，行车调整的难度较大。

（2）安全风险系数较大。

采用小交路运行时，列车在中间站折返会与正常运行的列车产生交叉干扰，甚至产生敌对进路，安全控制上存在一定的隐患。

（3）增加了客运组织及服务工作的难度。

由于小交路运行往往是在某一区段使用，需要在中间站进行清客、换乘、引导等工作，且上下客有时在同一站台进行，不仅如此，还需要车站和列车给乘客提供准确的信息，以帮助乘客正确乘坐列车，因此增加了司机及车站人员客运组织和服务工作的难度。

（4）增加了乘客的等待时间和换乘次数。

采用小交路运行的区段在与大交路衔接时，列车的直达性较差，乘客需要在中间站换乘；采用混合交路运行时，乘客需要选乘正确的列车，行车间隔较大。因此，乘客候车等待时间及换乘次数均会有所增加，对客运服务水平有一定影响。

2．单线双向运行分析

（1）单线双向运行可以降低故障或事件对运营的直接影响，避免双线中断运营的情况发生。

（2）单线双向运行区段客运组织难度有所增加。需要在相应的区段加强客流引导。

（3）单线双向运行行车间隔较大，运能有限。在单线双向运行区段，因为只有1列车往返运行，乘客等待时间较长，在客流较大的线路往往还需公交接驳配合，驳运超出运能之外的乘客。

（4）单线双向运行区段的两端站行车控制存在一定的安全风险。因为两端站与正常双向运行的区段相衔接，因此两种进路存在一定交叉，有敌对进路存在的可能。在两端站应加强安全把控，尽可能组织平行作业；当不具备平行作业条件、列车进路存在交叉时，应及时扣停相关列车，严格把控行车安全。

思考题：

1. 列出常见行车调整方法（至少列举出7种）。
2. 简述越站的使用时机和注意事项。

3. 简述反方向运行的使用时机和注意事项。

评价表

项目名称	应急处置	学生姓名	
任务名称	行车调整	分数	
项目		分值	考核得分
1. 常用的行车调整方法种类		40	
2. 反方向运行调整方法		20	
3. 加开备用车调整方法		20	
4. 行车调整方法分析		20	
教师简要评语：			

教师签名：

第四节 信息发布

【学习目标】

（1）掌握运营应急信息定义。
（2）掌握信息发布原则。
（3）掌握运营应急信息常见分类。

运营信息收发是 OCC 主要职责之一，特别是在设备故障或应急情况下的信息发布，对故障信息通报、应急响应速度、运营信息通告、社会舆论引导等都起到了重要作用。

温州 S1 线信息发布虽由设修调度负责，但作为行调，应树立良好的信息发布意识和沟通意识，主动协助配合设调完成相关的信息发布工作，且对影响行车和客服的相关信息要及时通知司机和相关车站。

（一）运营应急信息定义

运营应急信息是指在运营公司管辖范围内，造成或者可能造成乘客或员工人身伤害、财产损失、设备设施故障或影响公司形象等事件的信息。

（二）运营应急信息分类

根据应急信息对运营影响的程度进行如下分类。

225

1．通报信息

因设备、设施轻微故障，对行车、客运、服务指标影响不大，只需相关专业作简单临时处理，可维持到运营结束后再进行维修的故障，控制中心（OCC）视情况发送信息。

2．预报信息

因天气、自然灾害等原因，事先无法确知事发的时间及程度，需通过气象服务保障系统或其他途径（须确认）获得的有可能对市域铁路运营造成影响的灾害警报信息。控制中心（OCC）在接报到相关的灾害警报信息后，须及时发送该警报信息，以便相关部门、维保单位提前做好应急准备。一旦发生，能够最大程度地降低此事件对运营的影响。

3．急报信息

指对行车、客运、服务影响较大，直接或有可能导致列车延误 5 min 及以上、线路行车中断以及涉及关站的重要设备设施故障、自然灾害及治安事件等突发事件或事故，需相关部门、维保单位立即做出应急响应后，才能恢复运营服务的信息，控制中心（OCC）应立即发布。

（三）信息发布原则

（1）运营应急信息的发布要求及时、准确、客观，不得延报、误报、漏报，如发现信息内容有误时，应立即更正。

（2）发布运营应急信息前，OCC 应详细了解现场情况，在接到现场报告后，原则上需在 5 min 内完成初次报送；若现场情况比较复杂，可先通报现场初步概况并持续跟进，滚动报告。信息发布平台如图 6-4-1 所示。

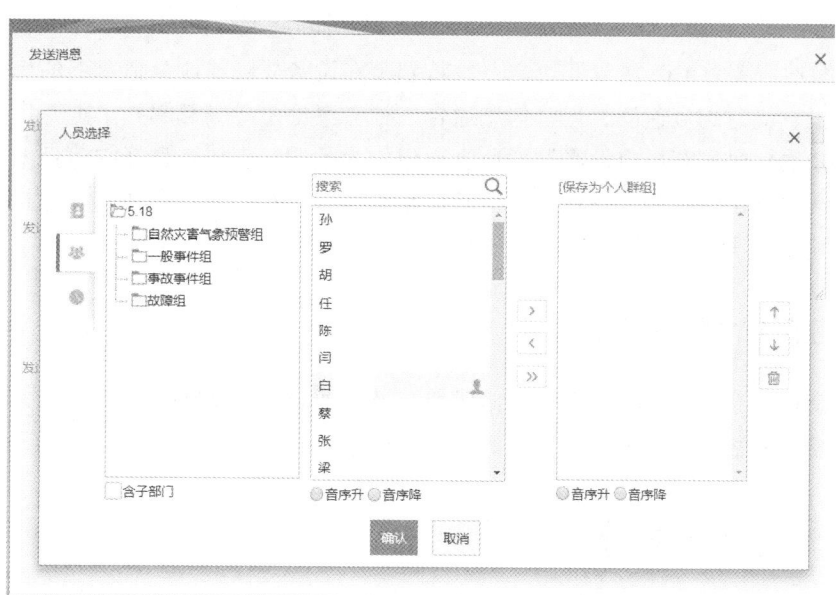

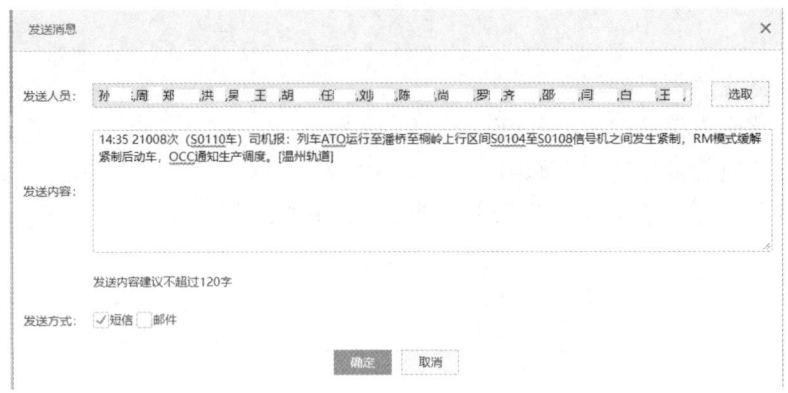

图 6-4-1　信息发布平台

（四）响应等级划分

根据设备设施故障或突发事件的影响程度不同将应急信息响应等级分为两级。

1．一级响应

（1）发生火灾、爆炸、毒气、恐怖袭击、道床损伤、人员伤亡等应急事件。
（2）发生一般 D 类及以上事件、事故。

2．二级响应

（1）发生列车 5 min 及以上晚点。
（2）发生行车设备故障，需进行救援、清客、小交路运行等行车调整。
（3）设施设备发生故障，暂未对运营造成影响，但故障影响有可能进一步扩大，对运营服务造成一定影响。
（4）AFC 设备故障影响三个及以上车站，对运营服务造成一定影响。
（5）公司范围内发现聚众闹事、打架斗殴、可疑物品、轨行区进入、乘客晕倒等事件。
（6）发布气象蓝色及以上预警且有可能对市域铁路运营造成影响的信息。
温州 S1 线气象服务平台预警信息如图 6-4-2 所示。

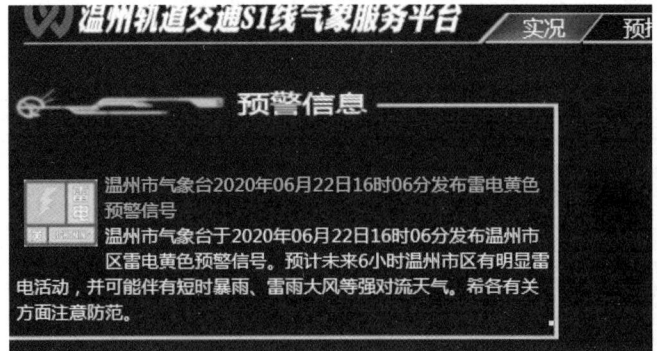

图 6-4-2　温州 S1 线气象服务平台预警信息

思考题：

1. 简述运营应急信息的定义。
2. 简述运营应急信息的常见分组。
3. 简述运营应急信息的发布原则。
4. 运营应急信息按照Ⅰ级突发事件处理的内容主要由哪些？

评价表

项目名称	应急处置	学生姓名	
任务名称	信息发布	分数	
项目		分值	考核得分
1. 运营应急信息定义		25	
2. 运营应急信息分类		25	
3. 运营应急信息发布原则		25	
4. 运营应急信息响应等级		25	
教师简要评语： 　　　　　　　　　　　　　　　　　教师签名：			

第七章 未来调度模式展望

第一节 无人驾驶条件下的调度指挥

随着无人驾驶技术日趋成熟,基于无人驾驶模式下的调度指挥工作研究也不断深入开展,无人驾驶条件下需对调度模式进行一定的调整,主要特点表现在高度集中的综合调度指挥。OCC将集成列车驾驶的直接控制及应急处置功能。下面将主要以综合调度指挥为切入点进行初步探讨。

(一)综合调度指挥总体功能要求

(1)整合与行车密切相关的全部信息,实现对正线、车辆段、停车场全线路所有专业系统的全自动运行和监控。

(2)额外增加对车辆内外信息的收集及显示,实现对全自动驾驶的车辆提供全面的信息服务。建立直接面向乘客的统一平台,实现对火灾、水淹车内状况监视等紧急情况下的安全处理,实现远程乘客服务功能,确保故障安全处理能力。

(3)优化控制中心行调、电调、环调、设调、车辆轮值工程师等岗位的设置,保证中心调度员操作有效便捷,发挥出全自动驾驶的优点。

(二)综合调度指挥基本模型

全自动无人驾驶更多的是管理控制理念的变化,以往司机的工作和责任由中心自动化系统代替。控制中心所面临的职责由以往下达命令、监视执行、听取汇报变为对现场的远程实时控制。这种运营调度指挥、管理、责任界定的变化,仅仅靠ATP/ATO设备提高可靠性是不能完成的,现场情况透明化、远程操控的实时化、故障紧急情况多专业协作联动处理的迅捷化,这些都要求一个透明、实时、多专业联动的操控调度系统。全自动无人驾驶在调度指挥方面需要突破的关键技术包括:充分利用全自动无人驾驶的技术特点,实现调度与控制一体

化，实现节能运输；实现以 ATS 为核心的综合行调指挥功能扩展；从技术层面集成信号与综合监控一体化，建立多专业联合故障救援的综合调度指挥系统。

（三）综合调度指挥研究思路

基于自动化系统发展的技术基础，将 ATS 与传统综合监控深度集成，提供更加全面的列车监控、乘客服务、综合维修调度功能及辅助决策支持功能，将集成平台上额外增加车辆的信息（车辆前端及车顶增加摄像头加强瞭望功能、车辆上配置的牵引、制动、车门 PIS、照明、空调、PA、CCTV、无线）充分融合进综合调度系统，调度员"视线延伸"至车辆内外，最终构成面向全自动无人驾驶的以 ATS 行车为核心的综合自动化系统。

（四）全自动无人驾驶场景设置

（1）全自动无人驾驶按照列车运行范围分为车辆段库内作业、正线运营两大类，按运营场景分为正常运营和故障处理两大类。综合分析，在实现全自动无人驾驶调度综合指挥时，需根据线路实际情况，归纳设置各类型的运营场景，正常运营时，各个环节有机密切联系起来；发生非正常情况时，应根据故障情况，实现故障原因的快速诊断和场景切换，调度员的主要任务就是对发生的故障进行确认并切换至相应的运营场景。

（2）实现全自动无人驾驶后，综合调度指挥系统需能提供融合信号、供电、机电、车辆、通信、站台门、乘客服务、网络等设备管理控制功能，从而将调度员的功能集中和强化，能统一对全线的设备进行状态监视，进行设备的预防维修、状态维修和计划维修，并针对设备故障提供分析支持，辅助维护调度决策。

（五）未来发展展望

随着云计算技术、LTE-M 技术、5G 技术的成熟和推广，建立基于云计算技术的硬件平台将变得更加简单。而 CCTV/PIS 等需要高带宽传送信息采用 LTE-M 或 5G 通信技术，以行车为核心的综合调度指挥系统构建将更加节约化，从而真正实现节能高效、减员增效的运营，真正体现出全自动无人驾驶的优点。

第二节　调度指挥与人工智能结合应用

随着未来科技水平的不断提升，城市轨道交通有望实现智慧化调度指挥。列车运行智能控制、客流智能监测、环境智能监测、设备维修智能化等，通过以上多系统多方面的智能化和先进的技术手段，将城市轨道交通各系统有机统一起来，从而实现"运能-需求"导向的相匹配的智能化运输方式。

（一）实时客流分析

客流是城市轨道交通运营管理的重要基础指标，如何实时准确地统计分析客流数据，对于日常运营管理和突发事件情况下的决策处置来说具有重要的参考意义。随着各城市轨道交通建设的日益完善，乘客出行路径选择变得更加丰富，后续客流将持续增加。因此，及时了解并获取主要运营服务指标、提升运营服务质量，服务乘客出行是运营单位最关心和迫切需要解决的问题。

实时客流分析系统逻辑架构可分为数据层、平台层、处理层和应用层，各层依托统一的技术标准、管理规范和安全保障体系进行建设，通过模块化设计，实现客流数据实时处理和分析。该客流分析系统通过建立大数据分析模型，结合清分路径选择算法，将实时客流进行路径分配之后，再结合列车运营班次信息，将实时客流动态映射到线网的不同区间，预估每位进站乘客所在的时空轨迹，然后对各个车站及断面进行客流量统计。

以某城市地铁7、9号线为例，实现了乘客实时刷卡或扫码进站信息的统计分析，结合列车运行时刻表、节假日、天气等客流影响因素，实时预测线网客流状态，并对客流状态指标进行图形转换；通过建立线网运营状态指标模型，实现线网断面客流量、拥挤度等指标测算；实时监控线网客流状态，并向乘客提供实时客流信息，发布运营公告等服务；引导市民出行路径选择行为，规避拥堵区间，提高市民出行的整体服务水平。

（二）运能精准匹配

通过对运营服务源头实现精准实时统计，可以为匹配运能提供客流依据。收到实时客流数据后，控制中心根据客流实时数据对列车基本运行图进行微调，以更优得匹配精确客流的需求，当客流数据与基础运行图运能偏差较大时，及时发出报警，调度员人工介入，增加或减少列车上线数量。

（三）设备维修智能化

对轨道交通设备的智能维修以及养护，与其他机械设备也有一定的异同。从我国当前对各系统设备的维修方式来看，主要有以下几种类型：

1. 故障修

所谓故障修是指在设备出现故障时，对其进行的事后维修。通过故障修的方式，能够有效节约成本。但是如果在突发故障的情况下对其进行检修，将会影响到正常运营，对乘客出行造成影响。

2. 计划修

所谓计划修是按照原定的维修养护计划，对设备进行相应的养护。这种维修方式适用于有固定故障周期的设备，因为已提前制订维修计划，有利于部署维修前的各项准备工作。

3．状态修

所谓状态修是指在设备使用过程中，对其实施监控和分析，对其运行状态进行分析，合理安排预防性维修。状态修的优势是能够提高维修工作的针对性，提高设备维修的效率。

综合以上分析，设备维修智能控制系统应重点加强对设备状态的监控，尽可能实现状态修和计划修，避免故障修，从而减少对运营服务的影响。

对系统监测到的故障实行分级报警，维修人员根据报警等级对设备进行有针对性的维护。此外，对于软件方面出现的故障，借助维护程序集成到智能维修系统实现自动修正。

（四）智能化的其他应用

结合现有摄像设备，通过与人脸识别技术的结合，全线各站点除实现基本运营服务功能外，还可以实现安全监测，协助锁定犯罪嫌疑人等功能。

参考文献

[1] 刘其斌,马桂贞. 铁路车站及枢纽[M]. 北京:中国铁道出版社,2007.

[2] 国家标准化管理委员会. 城市轨道交通运营指标体系:GB/T 38374—2019[S]. 北京:中国标准出版社,2019:12.

附 录

附录 A 列车运行图
附录 B S1 线综合布置图

本书编写人员

主　　编　　王　威

副 主 编　　韩　星　王　静　张向丰

参编人员　　朱旭鹏　项光达　史常潮　吴铭达　乐明娇

主　　审　　黄博川

参　　审　　金超群

编委会 >>>>

主　　任	丁建宇
技术顾问	金　林
副 主 任	张向丰
委　　员	（按姓氏拼音字母排序）

陈德茂　　陈雁鸣　　池绵绵　　傅　唯
韩　星　　孔国权　　乐明娇　　李　红
林周瑜　　陆诗钊　　马向东　　孙瑞超
王　威　　吴秋蓉　　吴　越　　徐　军
杨　广　　张冠男　　张　威　　郑乔峰
郑　清　　郑　伟　　周思思　　朱旭鹏

图书在版编目（CIP）数据

行车调度员 / 温州市铁路与轨道交通投资集团有限公司运营分公司编. —成都：西南交通大学出版社，2021.1
市域轨道交通专业技能培训教材
ISBN 978-7-5643-7948-3

Ⅰ.①行… Ⅱ.①温… Ⅲ.①城市铁路－调度－技术培训－教材 Ⅳ.①U239.5

中国版本图书馆 CIP 数据核字（2020）第 269641 号

市域轨道交通专业技能培训教材
Xingche Diaoduyuan

行车调度员

温州市铁路与轨道交通投资集团有限公司运营分公司　编

责任编辑	梁志敏	
助理编辑	宋浩田	
封面设计	吴　兵	

出版发行	西南交通大学出版社
	（四川省成都市金牛区二环路北一段 111 号
	西南交通大学创新大厦 21 楼）
邮政编码	610031
发行部电话	028-87600564　028-87600533
网址	http://www.xnjdcbs.com
印刷	四川煤田地质制图印刷厂

成品尺寸	185 mm×260 mm
印张	15.25　　插页 1
字数	377 千
版次	2021 年 1 月第 1 版
印次	2021 年 1 月第 1 次
定价	46.00 元
书号	ISBN 978-7-5643-7948-3

课件咨询电话：028-81435775
图书如有印装质量问题　本社负责退换
版权所有　盗版必究　举报电话：028-87600562

市域轨道交通专业技能培训教材

行车调度员

温州市铁路与轨道交通投资集团有限公司运营分公司　编

视频学习

西南交通大学出版社
·成　都·